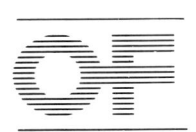

BAHNERLEBNIS
DEUTSCHLAND

Bernd Eisenschink
Jürgen Hörstel
Dieter Kempf

Orell Füssli

Titelbild:
Die Strecke Stuttgart – München erklimmt zwischen den Bahnhöfen Geislingen und Amstetten mit der «Geislinger Steige» die Schwäbische Alb. Von dem markanten Aussichtsfelsen unterhalb des Bahnhofes Amstetten ist ein herrlicher Blick auf die erste als Gebirgsbahn ausgeführte Strecke Deutschlands möglich.
Am 22. Oktober 1983 fand eine von der Friedensbewegung organisierte Kundgebung statt, in deren Verlauf eine Menschenkette zwischen Stuttgart und Ulm gebildet wurde.
Gleichzeitig passiert 103 142 mit IC 117 «Nymphenburg» (Dortmund – Innsbruck) den Ort des Geschehens, während die Demonstration aus der Luft gefilmt wurde.

Rückseite:
Auch bei Nebel sicher und pünktlich:
613 616, 913 004 und 613 606 verschwinden am 31. Mai 1985 als E 3529 (Holzminden – Braunschweig) im dichten Morgennebel bei Lenne zwischen Holzminden und Kreiensen. Für den Triebwagen war diese Zugfahrt einer der letzten Einsätze, da die ehemaligen Fernschnelltriebwagen der Baureihe 613 einen Tag später beim Bw Braunschweig abgestellt wurden.

Die Reisebeschreibungen verfaßten
Bernd Eisenschink, Jürgen Hörstel und Marcus Niedt
Die 131 Farbaufnahmen stammen von
Bernd Eisenschink (90), Jürgen Hörstel (29),
Dieter Kempf (7) sowie Marcus Niedt (3)
und Martin Werth (2)

Titelbild: Bernd Eisenschink
Rückseite: Jürgen Hörstel

Lektorat: Armin Ochs
© Orell Füssli Verlag Zürich und Wiesbaden 1987
Grafik: Heinz von Arx, Zürich
Satz: B&K Offsetdruck GmbH, Ottersweier
Lithos: Repro Singer AG, Zürich
Druck: B&K Offsetdruck GmbH, Ottersweier
Einband: Großbuchbinderei Spinner, Ottersweier
Printed in Switzerland
ISBN 3 280 01623 8

INHALT

7 Vorwort
9 Vom Nördlinger Ries ins Altmühltal
25 Zwischen Schwäbischer Alb und Odenwald
45 Von der Eifel zur Rhön
69 Rheinland und Westfalen
89 Zwischen Nord- und Ostsee
101 Zwischen Harz und Weser
117 Vom Steigerwald in den Bayerischen Wald
133 Vom Allgäu in das Berchtesgadener Land

VORWORT

Von unseren zahlreichen Fahrten auf dem Schienennetz der Deutschen Bundesbahn haben wir acht Reisen herausgesucht, welche die Landschaften zwischen Nordsee und Alpen in ihrer ganzen Vielfalt zeigen. Die einleitenden Texte gehen auf die einzelnen Regionen ein, machen auf landschaftliche Besonderheiten, Bauwerke, geschichtliche oder kulturelle Sehenswürdigkeiten aufmerksam, sie geben aber auch Hinweise zum Fahrtverlauf. Sie sollen Interesse wecken und zu Eisenbahnfahrten anregen.

Mit «Bahnerlebnis Deutschland» ist ein Bundesbahn-Bildband entstanden, der Bahn und Landschaft als harmonisches Ganzes darstellt, obwohl die Bahn eine bestimmende Rolle hat. Das Buch soll aber auch zeigen, wie sympathisch eine Technik sein kann, wenn sie sich der natürlichen Umgebung anpaßt. Der Band will die mit Worten kaum erklärbare Faszination sichtbar machen, die von der Eisenbahn ausgeht.

Einen besonderen Stellenwert erhielten daher stimmungsbetonte Aufnahmen – Aufnahmen in den frühen Morgen- und späten Abendstunden, bei Nebel, Regen und außergewöhnlichen Lichtverhältnissen, Fotos auch, welche die jahreszeitlichen Schönheiten miteinbeziehen. Oft waren mehrere Versuche erforderlich, bis ein Bild entstand, wie wir es uns vorstellten.

Schließlich soll das Buch auch ein Plädoyer für das Verkehrsmittel Eisenbahn sein, dessen Vorteile hinsichtlich Energie- und Platzverbrauch, Sicherheit und Zuverlässigkeit nicht genug erwähnt werden können. Neben Schnellfahr- und Neubaustrecken dürfen die Nebenlinien nicht vergessen werden, die eine wertvolle Alternative zum überbordenden Straßenverkehr sind und die durch dichtere Zugfolge, Taktfahrplan, kurze Fahrzeiten und komfortableres Wagenmaterial attraktiv gemacht werden können.

An dieser Stelle möchten wir die Gelegenheit wahrnehmen, den Eisenbahnern Dank zu sagen, die mit ihren Informationen und ihrer Hilfe zum Gelingen vieler Aufnahmen entscheidend beigetragen haben.

Bernd Eisenschink   Jürgen Hörstel   Dieter Kempf

VOM NÖRDLINGER RIES INS ALTMÜHLTAL

Ausgangspunkt unserer ersten Reise, die uns durch das Nördlinger Ries, nach Dinkelsbühl, durch das Weißenburger Land und das Altmühltal führen wird, ist die am Rande des Riesbeckens gelegene Kreisstadt Donauwörth. Es ist eine Fahrt durch die abwechslungsreiche Landschaft Mittelfrankens, eine Reise voller Sehenswürdigkeiten und Gegensätze, sowohl in landschaftlicher als auch in städtebaulicher Hinsicht.

Die günstige Verkehrslage Donauwörths im Einzugsbereich von Schwaben, Franken und Bayern hat die Geschichte und Kultur der Stadt und ihrer Umgebung geprägt.

Die gut erhaltene Stadtanlage aus dem 13. Jahrhundert wurde nach schweren Kriegszerstörungen wieder aufgebaut. Mittelpunkt ist die alte Reichsstraße, ein Teil der Verbindungsstraße von Nürnberg nach Augsburg. An ihr befinden sich auch die beiden großen Kirchen, das Rathaus sowie das Fuggerhaus.

Aus eisenbahntechnischer Sicht ist interessant, daß der größte Arbeitgeber am Platz die Firma Messerschmitt Bölkow Blohm (MBB) ist; hier in Donauwörth ist die Verkehrstechnik des Konzerns angesiedelt. Unter anderem wurden hier auch die drei Mittelwagen des Inter-City-Experimental (ICE) gefertigt.

Donauwörth ist auch ein bedeutender Bahnknotenpunkt. Die Nord-Süd-Achse der Hauptbahn Nürnberg – Augsburg kreuzt hier die Ost-West-Verbindung Regensburg – Ulm. Daneben zweigt auch die Strecke über Nördlingen und Aalen nach Stuttgart ab. Bemerkenswert ist, daß die erste direkte Bahnverbindung von München nach Nürnberg nicht wie heute direkt über Treuchtlingen, sondern bis zum Oktober 1906 über Nördlingen – Gunzenhausen – Pleinfeld führte. Von Augsburg her ging 1844 der Bahnbau ohne Schwierigkeiten nordwärts durch das breite Lechtal bis Donauwörth. Dort aber traten für die Bahnbauer jener Zeit unlösbare Probleme auf – die Überquerung des Fränkischen Jura in Richtung Treuchtlingen und weiter nach Pleinfeld. Die schwierige geographische Lage um Otting-Weilheim machte die ursprüngliche Planung einer Direktverbindung hinfällig. «Moderne» Baustoffe wie Beton waren noch nicht bekannt, der Mensch mußte sich den Gegebenheiten der Natur anpassen. Deshalb entschloß man sich für den längeren, aber wesentlich einfacheren Weg über Nördlingen.

Diese Strecke benutzt auch unser Eilzug von München nach Stuttgart, für zwei Jahre verkehrte hier auch der TEE «Rheingold», obwohl die direkte Verbindung zwischen den beiden süddeutschen Landeshauptstädten über Ulm führt.

Kurz nach Verlassen des Bahnhofes Donauwörth trifft die Bahnstrecke auf die Wörnitz und folgt ihr in nördlicher Richtung. Nach elf Kilometern Fahrt wird Harburg erreicht.

Das urtümliche Städtchen mit romantisch-verträumten Winkeln liegt an einer Engstelle der Wörnitz und wird von der hoch über dem Tal gelegenen Burg überragt. Ursprünglich diente sie dem Schutz der Reichsstraße von Donauwörth nach Nördlingen, heute beherbergt die Burg eine Kunstsammlung der Fürsten von Oettingen-Wallerstein.

Im Ortsbereich von Harburg überquert die Bahn dreimal nacheinander den Fluß. Dabei bietet sich ein ungehinderter Blick auf die stattliche Burganlage.

Auf der eingleisigen elektrifizierten Strecke Donauwörth – Aalen, die eine wichtige Entlastungsfunktion für die süddeutsche Hauptverbindung Stuttgart – München hat, erreichen wir nach fünfzehn Minuten Fahrt Nördlingen. Ab Hoppingen, wo die Bahnlinie das Wörnitztal verläßt, fällt die außerordentliche Kargheit der Landschaft auf. Ein fast waldloses, kreisrundes Becken ohne jede Erhebung erstreckt sich bis zum Horizont. Es trennt die Schwäbische von der Fränkischen Alb. Entstanden ist das «Nördlinger Ries» vor Millionen Jahren durch den Einschlag eines Meteoriten.

Nördlingen, Hauptort des Rieses, bildet als Ganzes ein städtebauliches Denkmal. Die Innenstadt ist kreisförmig angelegt und lückenlos von einer Stadtmauer mit insgesamt 15 Türmen und Toren umschlossen. Da die Stadt jahrhundertelang nicht über ihren spätmittelalterlichen Kern hinausgewachsen ist, hat sich das ursprüngliche Stadtbild bewahren können.

Nördlingen war einst eine Drehscheibe des mittelfränkischen Schienenverkehrs. Hier liefen die Strecken aus Dombühl, Wemding und die ehemalige Hauptbahn aus Gunzenhausen zusammen – alle drei sind heute für den Personenverkehr stillgelegt. Im Sommer 1980, als diese Bahnstrecken noch betrieben wurden, ließ sich unser nächstes Reiseziel, die Stadt Dinkelsbühl, noch mit dem Zug erreichen. Unter den Eisenbahnfreunden war die Bahnlinie dorthin wegen ihrer «alten bayerischen Flügelsignale» bekannt und vielbesucht.

Der gesamte Betrieb auf den Nördlinger Nebenbahnen wurde damals mit umweltfreundlichen Akkumulatorentriebwagen abgewickelt. Mit einem dieser in den fünfziger Jahren an die Bahn abgelieferten «ETA»s verlassen wir Nördlingen.

Bis nach Fremdingen verläuft die Fahrt recht monoton durch die weite Ebene des Rieses. Von hier an wird die Landschaft zunehmend hügeliger und ist dichter bewaldet, wir haben das Ries durchfahren und nähern uns zügig Dinkelsbühl. Schon von weitem ist die eindrucksvolle Kulisse der Stadt zu erkennen.

In ihren Mauern fühlt man sich um Jahrhunderte zurückversetzt. Stilgerecht restaurierte Fachwerkbauten und kopfsteingepflasterte Straßen lassen die Zeit vergessen, und nirgends wird der Besucher an den Häuserfassaden Werbeflächen finden. Der Stadtkern ist, wie in Nördlingen, von einem Mauerring aus dem 12. Jahrhundert umschlossen und nie zerstört worden. Ein besonderes Kleinod ist das direkt am Marktplatz gelegene, um das Jahr 1440 erbaute «Deutsche Haus». Es zählt zu den schönsten Fachwerkhäusern im süddeutschen Raum. Die erstklassig erhaltene Bausubstanz vereint Elemente schwäbischer und fränkischer Architektur.

Ein besonderes Ereignis ist das alljährlich Mitte Juli stattfindende Festspiel der «Kinderzeche»; es erinnert an die Rettung der Stadt vor der schwedischen Plünderung während des Dreißigjährigen Krieges.

Von hier ist es nur ein Katzensprung in die ehemalige Residenzstadt Oettingen. Mit der Bahn nehmen wir aber den längeren Weg über Nördlingen in Kauf.

Auch in Oettingen, der Stadt am nördlichen Rand des Riesbeckens, ist das ursprüngliche Ortsbild noch vorhanden. Im Nebeneinander von Fachwerkhäusern und Barockbauten mischt sich ländliche Idylle mit höfischem Glanz.

Nördlich von Oettingen versperrt der steil aufragende Höhenzug des «Hahnenkamms» den Weg zum Altmühltal. Die Bahn muß daher einen Umweg über Gunzenhausen und Pleinfeld machen, wo wir wieder auf die Hauptbahn München – Nürnberg treffen.

Wenige Kilometer südlich, in der Nähe der alten römischen Grenzbefestigung, dem Limes, liegt Ellingen, wo sich das alte Deutschordensschloß eindrucksvoll über den Dächern erhebt. Der Bau und die Schloßkirche entstammen dem frühen 18. Jahrhundert. Die Kirche verfügt über eine bemerkenswerte barocke Ausstattung. Im Jahre 1216 war Ellingen von Kaiser Friedrich II. dem Deutschen Orden geschenkt worden.

Noch etwas südlicher befindet sich Weißenburg, das wir nach nur fünf Minuten Fahrt erreichen. Das besondere Merkmal der mittelfränkischen Stadt ist die Stadtbefestigung mit 32 – heute noch bewohnten – Türmen. Zwei davon, das Spitaltor und das Ellinger Tor aus dem 14. Jahrhundert, zählen zu den schönsten Stadttoren Deutschlands. Von der nur drei Kilometer entfernten und 630 Meter hoch gelegenen Wülzburg genießt man einen herrlichen Blick über die reizvolle Hügellandschaft Mittelfrankens. 1588 wurde die Burg unter Markgraf Georg Friedrich zum Schutz der Südgrenze des hohenzollerischen Territoriums errichtet.

Von Weißenburg nach Treuchtlingen durchschneidet die Bahn die Fossa Carolina, Reste eines von Karl dem Großen 793 angelegten Kanals zwischen den Flußsystemen von Donau und Rhein. Auch wenn unser Zug die Stelle binnen Sekunden passiert, so sind die aufgeschütteten Dämme noch gut zu erkennen.

Treuchtlingen, der nächste Halt unseres Zuges, ist eine typische Eisenbahnerstadt. Hier kreuzen sich die beiden Hauptbahnen München – Würzburg und Nürnberg – Augsburg. Ihre Bedeutung verdankt die Stadt der Notwendigkeit des Lokomotivtausches zu Dampflokzeiten, der die Errichtung von umfangreichen Behandlungsanlagen erforderlich machte. Im Zuge der Elektrifizierungsarbeiten im Jahre 1960 wurde das Bahnbetriebswerk mit Bekohlungsanlagen, Wassertürmen und Entschlackungsanlagen überflüssig und abgebaut. Heute kündet nur noch die von der Stadt in der Nähe des Bahnhofes aufgestellte Schnellzugdampflok 01 220 von der einstigen Betriebsamkeit. Zu trauriger Bekanntheit gelangte der Bahnhof, als gegen Ende des Zweiten Weltkrieges bei einem einzigen Luftangriff mehrere hundert Menschen ihr Leben lassen mußten. Sie hatten in der Bahnsteigunterführung vergeblich Schutz gesucht. Daran erinnert noch heute eine Gedenktafel am Bahnhof und ein Mahnmal auf dem Nagelberg, wo die Toten begraben wurden.

Von Treuchtlingen aus führt unsere Reise weiter durch das idyllische Altmühltal. Die Altmühl entspringt an der Frankenhöhe bei Burgbernheim und durchbricht von hier an den Fränkischen Jura, der ebenso wie die Schwäbische Alb dem geologischen Zeitalter des Mesozoikums entstammt. Die langgezogene Mittelgebirgskette, beginnend mit dem Schweizer Jura, unterbrochen durch das Rheintal bei Schaffhausen, zieht sich als mehr oder weniger bewegte Hochfläche bis zum Main hinauf.

In der Vorzeit war der damals wahrscheinlich breitere Höhenzug eine baumlose, tundrenartige Steppe. Die Nachzeit warf dann eine Decke aus Lehm, krümeliger Erde, vermengt mit Sand und auch Quarzgeröll, darüber. Es ist eine Schöpfung aus Sedimentgestein, das sich während des älteren Tertiärs und der jüngeren Kreidezeit aufeinandergeschichtet hat, als ganz Süddeutschland ein Teil des Urmeeres war. Das Gestein setzt sich aus drei Lagen zusammen. Die erste ist der

schwarze Jura, auch Lias genannt, und besteht aus grauschwarzem Mergel, Sandstein und Kalkbänken. Darüber befindet sich die zweite Schicht, brauner Jura oder Dogger. Die oberste ist der weiße Jura oder Malm, fester, grauweißer bis heller Kalkstein oder aber Dolomitkalk. Jede dieser drei Schichten steht bezeichnend für ein Erdzeitalter. Im Lias lebten hier Saurier, im Dogger kamen Beuteltiere und Haie hinzu und im Malm schließlich die Flugsaurier. Als sich das Urmeer zurückzog und die Sedimente austrockneten, erhielten sich im versteinerten Schlamm die Tierskelette.
Im Zuge des Kalksteinabbaues kamen und kommen auch heute noch viele dieser Versteinerungen zum Vorschein, die Heerscharen von Hobbyarchäologen anziehen.

Die sensationellste Entdeckung unter den Fossilien war der «Archäopteryx», der sogenannte Urvogel, eine taubengroße, teilweise gefiederte Flugechse, Bindeglied zwischen Reptilien und Vögeln.

Bis Kelheim windet sich die Altmühl in vielen Schleifen, die teilweise von der Bahn mit Tunnels durch die dazwischen liegenden Bergrücken abgekürzt werden, auf einer Länge von 136 Kilometern durch den Fränkischen Jura.

In diesem bis heute nahezu unberührten Flußtal finden sich zahlreiche, für die Fränkische Alb charakteristische kleine Orte.

Zu ihnen zählt das historische Pappenheim, erster Haltepunkt unseres Zuges. Pappenheims Häuser und Kirchen werden überragt von den Ruinen einer stattlichen Burg, denn der Ort war Sitz einer kleinen Grafschaft mit großem Namen. Die Kürassiere des Gottfried Heinrich Graf und Herr zu Pappenheim waren ebenso berühmt wie gefürchtet. Durch Friedrich Schillers «Wallenstein» sind sie der Nachwelt in Erinnerung geblieben; das später geflügelte Wort des Titelhelden, «daran erkenne er seine Pappenheimer», ist auch dem geläufig, der weder Burgsitz noch Ortschaft näher kennt.

Nach nur kurzem Halt und einigen Minuten abwechslungsreicher Fahrt wird in einer langen Linkskurve der Bahnhof Solnhofen durcheilt. Immer am Fluß entlang verläuft unsere Reise durch Felseinschnitte und auf Dämmen bis zum 634 Meter langen «Eßlingerberg-Tunnel». Durch ihn kürzt die Bahn eine Altmühlschleife ab. Bei Hagenacker, unmittelbar am Tunnelende, treffen sich Bahn und Fluß wieder. Hier stoßen die zahlreichen Paddelbootfahrer auf ein Hindernis: Sie müssen eine kleine Staustufe zu Fuß «umfahren» und können erst danach ihre Fahrt auf Deutschlands langsamsten Fluß ungehindert nach Dollnstein fortsetzen. Der Ort liegt – gleichsam wie ein Schiff – mit seiner Kirche, der Schloßruine und häuserumgebender Ringmauer in einer Altmühlschleife.

Bei Obereichstätt verläßt die Hauptbahn das Flußtal in Richtung Ingolstadt.

Die im Tal liegende Bischofs- und Universitätsstadt Eichstätt kann mit der Bahn nur durch Umsteigen im Bahnhof Eichstätt Bf. erreicht werden, der auf einer Hochebene liegt. Von hier führt eine Stichbahn hinab ins Tal. Diese ursprünglich als Schmalspurbahn ausgeführte Strecke, die das Altmühltal bis nach Beilngries erschloß, ist bis auf das heutige Reststück zwischen Eichstätt Bahnhof und Eichstätt Stadt stillgelegt und abgebaut. In Beilngries bestand Anschluß nach Neumarkt in der Oberpfalz und weiter nach Nürnberg.

Der Verkehr auf der nur fünf Kilometer langen Nebenbahn wird heute ausschließlich mit modernen Nahverkehrstriebwagen abgewickelt. Einer wartet bereits bei der Einfahrt unseres Zuges, wir können am gleichen Bahnsteig umsteigen. Nach Durchfahren eines hinter dem Bahnhof gelegenen kurzen Tunnels bietet sich uns ein phantastischer Blick über das Altmühltal. In vielen Kurven schlängelt sich der Zug hinab ins Tal und direkt unter der imposanten Willibaldsburg wird am Haltepunkt Rebdorf-Hofmühle wieder der Fluß erreicht. Gleich anschließend passieren wir die Anlagen der Eichstätter Hofmühl-Brauerei; vom Zug aus können wir einen kurzen Blick in die Sudhalle mit dem kupfernen Braukessel werfen, ehe wir den Endbahnhof erreichen.

Die den Bischofssitz beherrschende Willibaldsburg wurde im 14. Jahrhundert erbaut, während die im 16. und 17. Jahrhundert geplanten Erweiterungsbauten zu einem Schloß im Stil der Renaissance nur zu einem kleinen Teil verwirklicht werden konnten. Gerade in dieser Zeit hatte die Stadt überregionale Bedeutung. Als geistliches Zentrum kam sie zu Macht und Einfluß. Ihr heutiges Aussehen ist aber vom Barock geprägt, eine Folge des verheerenden Brandes im Jahre 1634, als die Stadt fast vollständig eingeäschert wurde. Der immer noch starke kirchliche Einfluß kommt durch den Dom, das Benediktinerinnenkloster St. Walburg und den Sitz der katholischen Gesamthochschule zum Ausdruck. Sehenswert sind der romanisch-gotische Dom mit barocker Fassade, außerdem der Residenzplatz mit seinen kirchlichen Amtsgebäuden, die Sommerresidenz der Erzbischöfe und die aus dem Jahre 1620 stammende Schutzengelkirche.

Den Spuren der ehemaligen Bahnstrecke folgend kommen wir flußabwärts zu weiteren, nicht weniger sehenswerten Orten. Zu nennen wäre Walting mit der aus dem 13. Jahrhundert stammenden Wehrkirche, Kipfenberg, ein stattlicher Marktflecken mit einer Burg aus dem 12. Jahrhundert, die nach der Zerstörung erst im Jahre 1925 wieder originalgetreu aufgebaut wurde, und Beilngries, das von dem beachtlichen Schloß Hirschberg, der einstigen Sommerresidenz der Eichstätter Fürstbischöfe, überragt wird.

Wer das nicht minder schöne weitere Altmühltal noch erleben will, muß sich beeilen, denn bereits in wenigen Jahren wird sich die landschaftsverschlingende Großschiffahrtsstraße «Rhein-Main-Donau-Kanal» durch das Tal gefressen haben. Vorbei sein wird dann die Harmonie, die jetzt noch von der auf einem hohen Felsen errichteten Burg Prunn und weiteren unberührt gebliebenen Orten und Winkeln ausgeht.

Bei Kelheim schließlich findet die Altmühltalidylle durch die Mündung des Flusses in die Donau ihr Ende, und hier beenden auch wir unsere erste Reise.

Am frühen Morgen des 12. Juni 1981 verlassen der Augsburger 815 703 und 515 006 als N 6151 den Ort Fremdingen an der Strecke Dombühl – Nördlingen mit seiner mächtigen Dorfkirche. Die Fahrt führt an einem für diese Strecke charakteristischen bayerischen Flügelsignal vorbei.

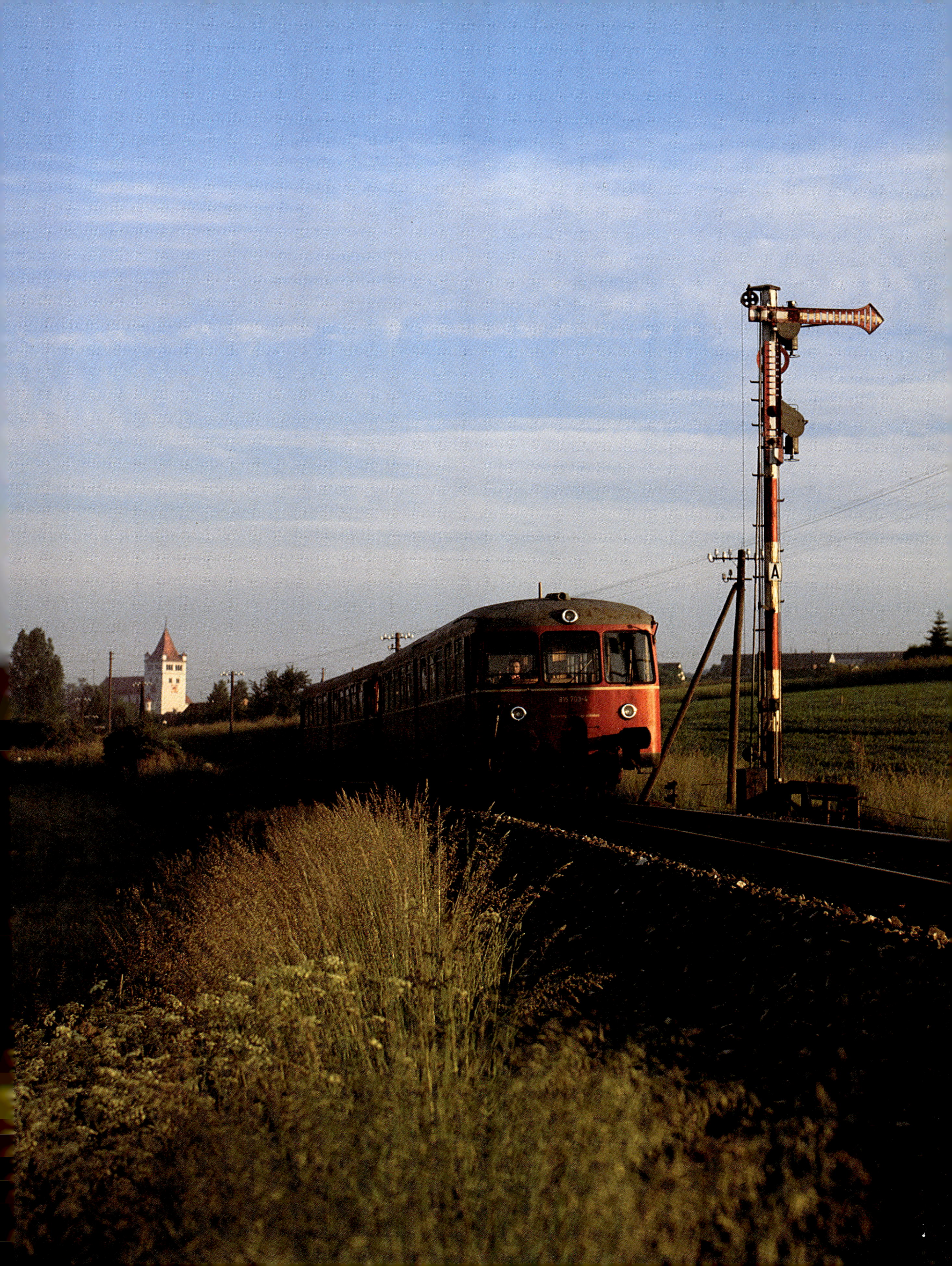
815 703-4
A

Ende September 1985 erfolgte die Stillegung der ehemaligen Hauptbahn von Nördlingen nach Gunzenhausen. Heute ist lediglich der Güterverkehr noch gesichert. Erst gegen Mittag begann sich am 26. September 1985 der dichte Nebel langsam aufzulösen, um den Blick auf die Wörnitzbrücke in Oettingen freizugeben. Durch die letzten Nebelschwaden rollt die 333 057 mit ihrer Übergabe 68422 von Nördlingen kommend nach Wassertrüdingen.

Der erste morgendliche Zug auf der Strecke von Donauwörth nach Nördlingen ist der N 5140. Am 27. März 1982 war es noch die Würzburger 118 016, die hier am Einfahrvorsignal des Bahnhofes Möttingen vorbeizog. Neben 118 047 war sie die letzte ihrer Gattung, die die alten großen Lampen bis zur Ausmusterung behielt, während alle anderen E 18 die kleinen, weniger schönen «Froschaugen»-Lampen erhalten hatten.

Doppelseite: Die im Herbst bereits am Nachmittag tiefstehende Sonne läßt das Tal bei Möhren schon früh im Schatten versinken. Gerade noch in der Sonne befindet sich dagegen die Nürnberger Vorserien-120 003 mit ihrem IC 125 «Erasmus» (Amsterdam – München/Innsbruck) am 23. Oktober 1983 beim Befahren des großen Steindammes vor der Möhrener Talbrücke.

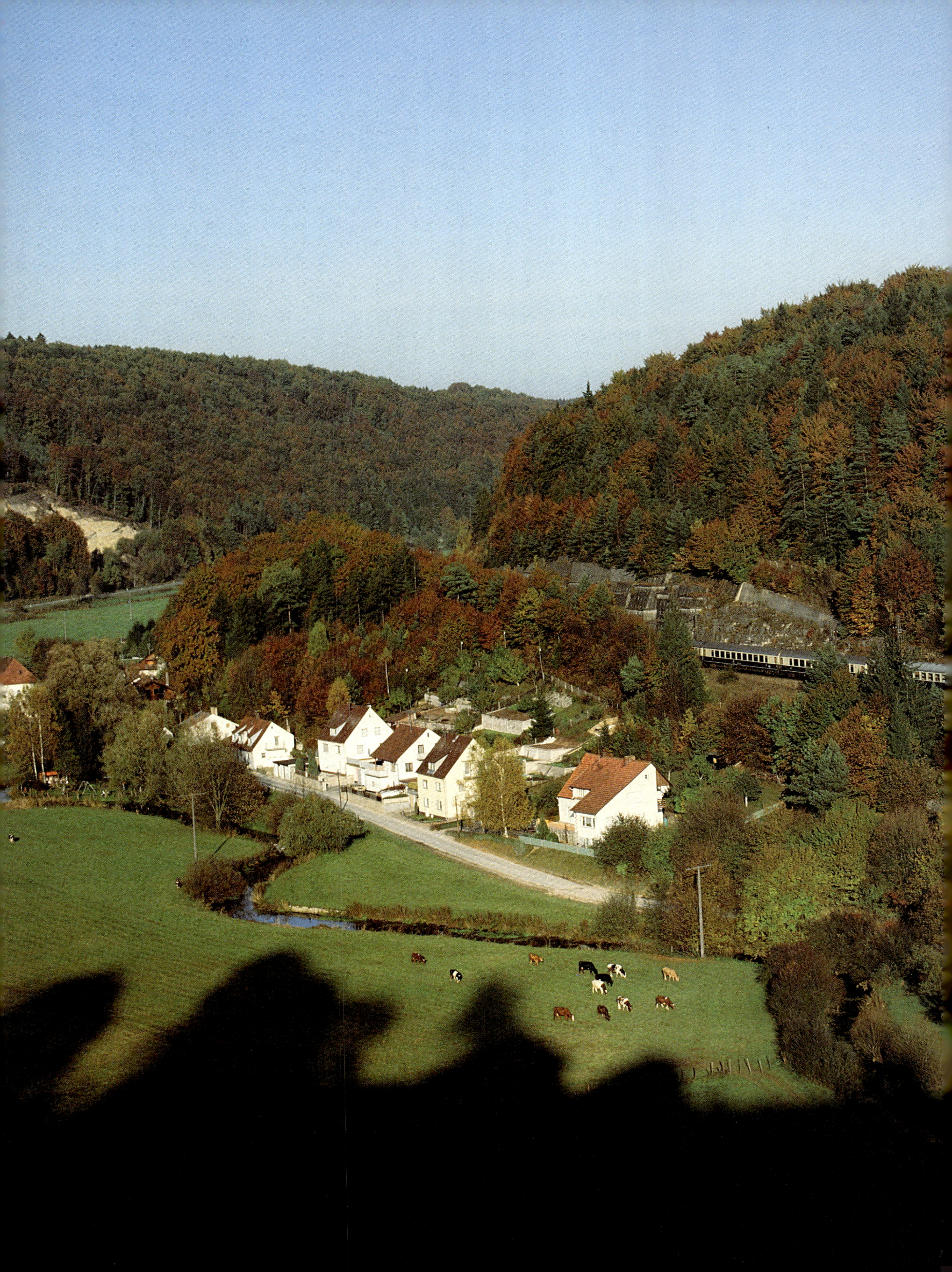

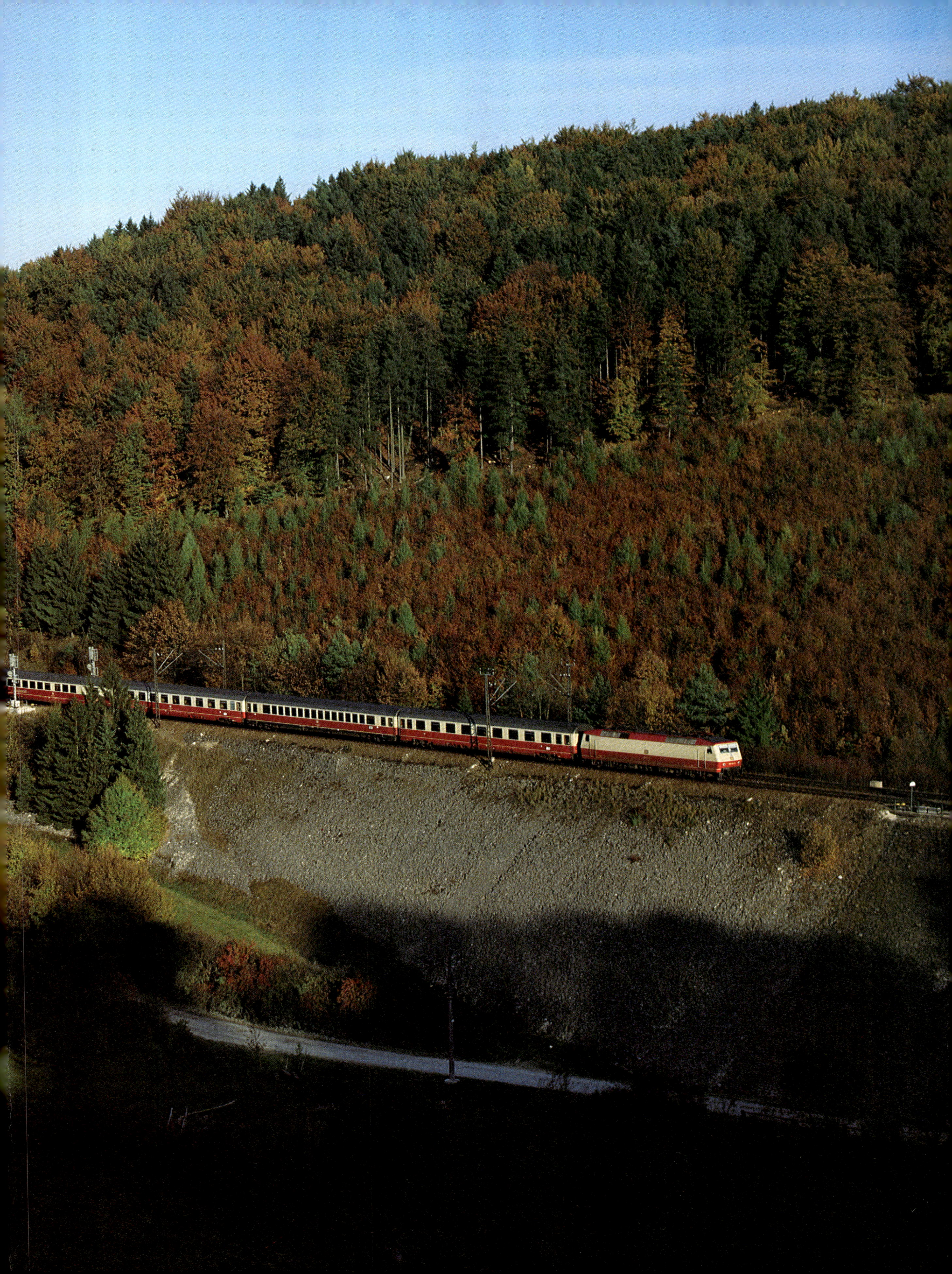

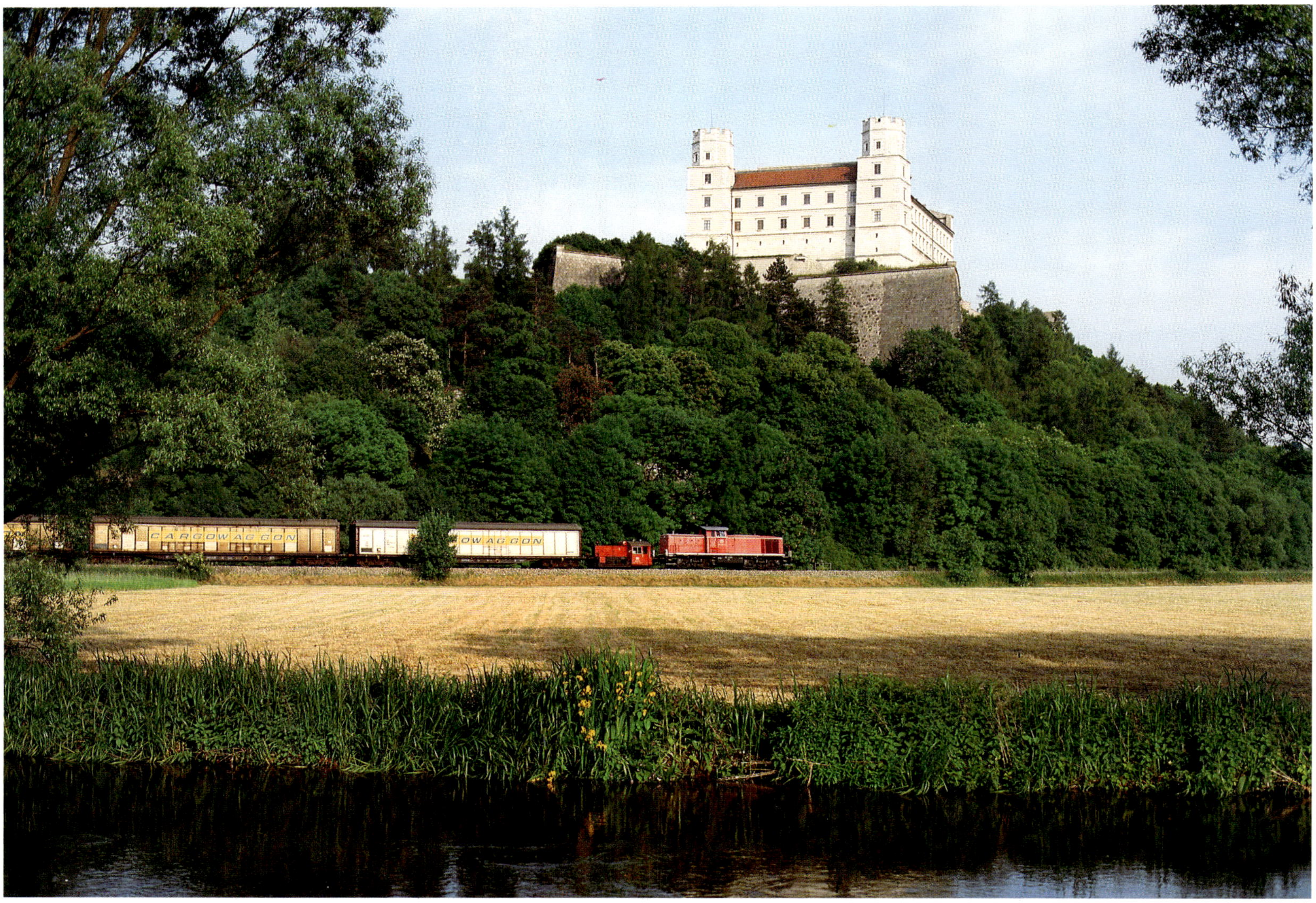

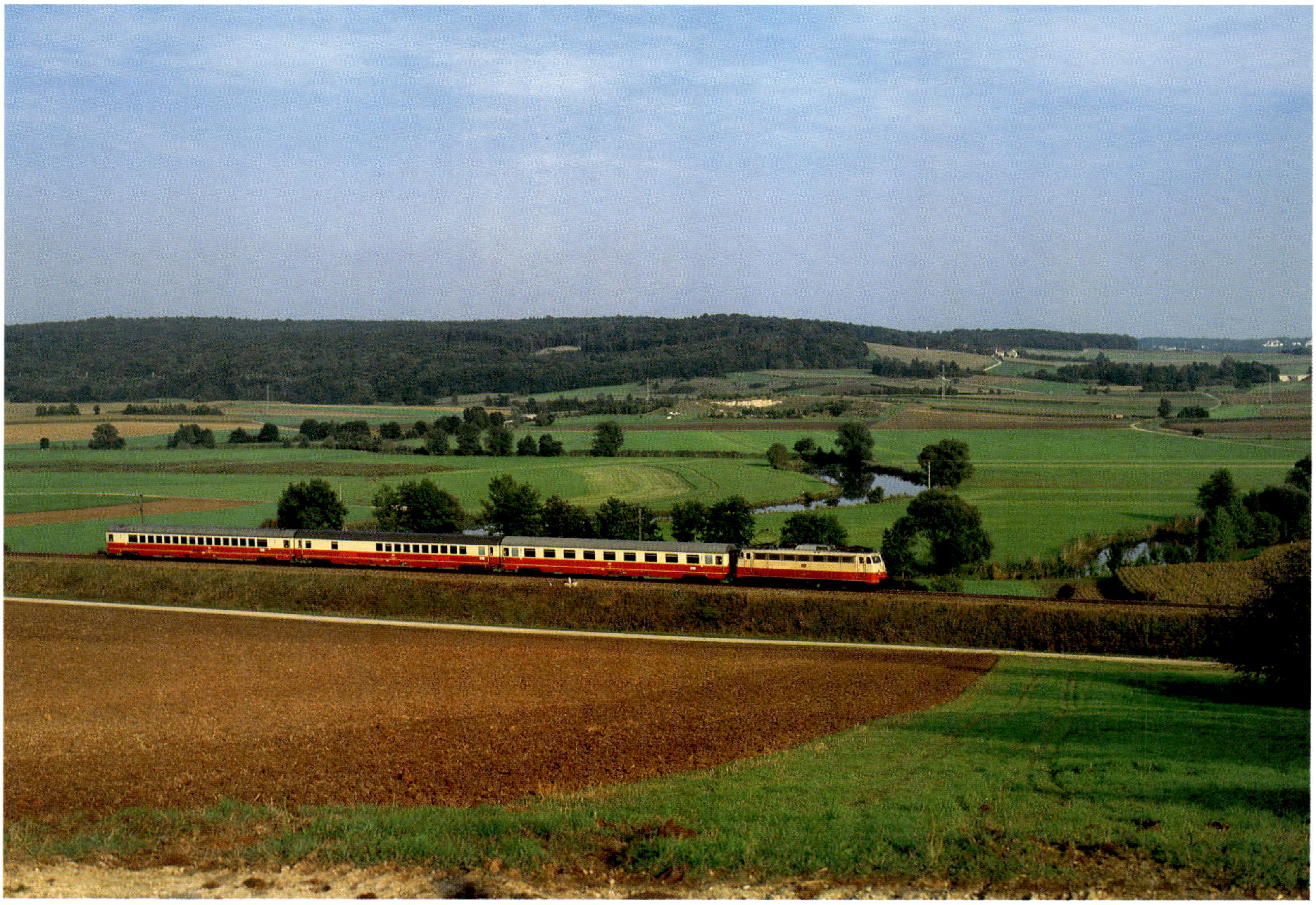

Links oben: Für Fristarbeiten mußte am 8. Juni 1983 eine Rangierlok der Baureihe 323 von Eichstätt Stadt nach Ingolstadt überführt werden. Um eine Leerfahrt zu vermeiden, wurde die Köf II in die abendliche Übergabe 67165 eingereiht, die von der Ingolstädter 290 207 gezogen wurde. Die Aufnahme zeigt die ungewöhnliche Zusammenstellung unterhalb der das Umland beherrschenden Willibaldsburg bei Eichstätt.

Links unten: Nur zwei Jahre lang verkehrte das TEE-Flügelzugpaar 16/17 (München – Mannheim – München) im Sommer über Nördlingen nach Stuttgart. Am 29. September 1984 war es Aufgabe der Hamburger 112 498, den TEE 17 zum letzten Mal von Stuttgart nach München zu bringen. Im warmen Abendlicht durchfährt sie bei Ebermergen das Wörnitztal und wird in Kürze Donauwörth erreichen.

Oben: Nur wenige Kilometer davon entfernt überquert die Hauptbahn Augsburg – Nürnberg die Wörnitz auf einer großen Brücke.
Kurz nach Sonnenaufgang zeichnen sich im Gegenlicht alle Einzelheiten der filigranen Brückenkonstruktion gegen den Himmel ab, als 118 002 mit E 3000 (Augsburg – Neustadt b. Coburg) am 11. April 1981 über sie hinwegpoltert.

Am Vormittag des 31. Juli 1985 wurden auf dem Werksgelände von MBB die drei Mittelwagen des Inter City – Experimental der Öffentlichkeit vorgestellt. Hierfür wurde eigens einer der beiden Triebköpfe des ICE nach Donauwörth geschleppt. Aber schon am Nachmittag machten sich die Techniker der DB daran, den 410 001 wieder nach München zu überführen. Zu diesem Zweck mußte er auf der nichtelektrifizierten Drehscheibe des Bahnbetriebswerkes Donauwörth gewendet werden.

Seit Beginn des IC-Konzeptes '85 verkehren nur noch wenige Intercity-Züge durch das Altmühltal. Kurz nach Durchfahren des Bahnhofes Dollnstein hat die Hamburger 103 235 mit IC 688 «Herrenchiemsee» (München – Bremen) am 19. Februar 1983 soeben die erste von insgesamt fünf Altmühltalbrücken überquert und fährt am Einfahrhauptsignal von Dollnstein in Richtung Würzburg vorbei.

Nur für Dienstfahrzeuge der Deutschen Bundesbahn ist diese Tankstelle im Bahnbetriebswerk Donauwörth rund um die Uhr geöffnet. Am 31. Juli 1985 chauffierte ein Bahnpolizist seinen PKW an die Dieselzapfsäule und ließ ihn «volltanken».

Die hochaufragenden bizarren Kalkfelsen im Altmühltal ermöglichen einen eindrucksvollen Blick auf die reizvolle Flußlandschaft.
Am 7. Januar 1981 stiebt die soeben hauptuntersuchte 118 029 mit ihrem E 3241 (Aschaffenburg – München) nur einen knappen Kilometer vor Dollnstein durch den frisch gefallenen Schnee.

«Abendstimmung» herrschte am 23. Mai 1985 über dem Bahnhof Wilburgstetten an der Strecke Dombühl – Nördlingen, als der letzte an diesem Tag verkehrende «ETA», der Nahverkehrszug N 6149 mit 515 022 und 515 006 in den Bahnhof einfährt. Zu diesem Zeitpunkt stand die Streckenstillegung kurz bevor.

Rechts oben: Ausgesprochen ungewöhnlich war die Vorspannleistung einer E 18 während des Winterfahrplans 1980/81 vor einer Augsburger 515/815-Garnitur als N 5145 von Nördlingen nach Donauwörth. Am 11. April 1981 hat 118 028 mit ihrem «Anhängsel» vor wenigen Minuten den Haltepunkt Hoppingen verlassen und wird bald den Bahnhof Harburg/Schwaben erreichen.

Rechts unten: Landschaftlich interessantester Abschnitt der Strecke Nürnberg – Augsburg – München ist das Teilstück zwischen Treuchtlingen und Donauwörth.
Bei Treuchtlingen durcheilt die 118 002 mit E 3003 am 23. Oktober 1983 den schon herbstlich gefärbten Mischwald auf Höhe der Dickmühle und wird gleich darauf erstmals den Möhrenbach überqueren.

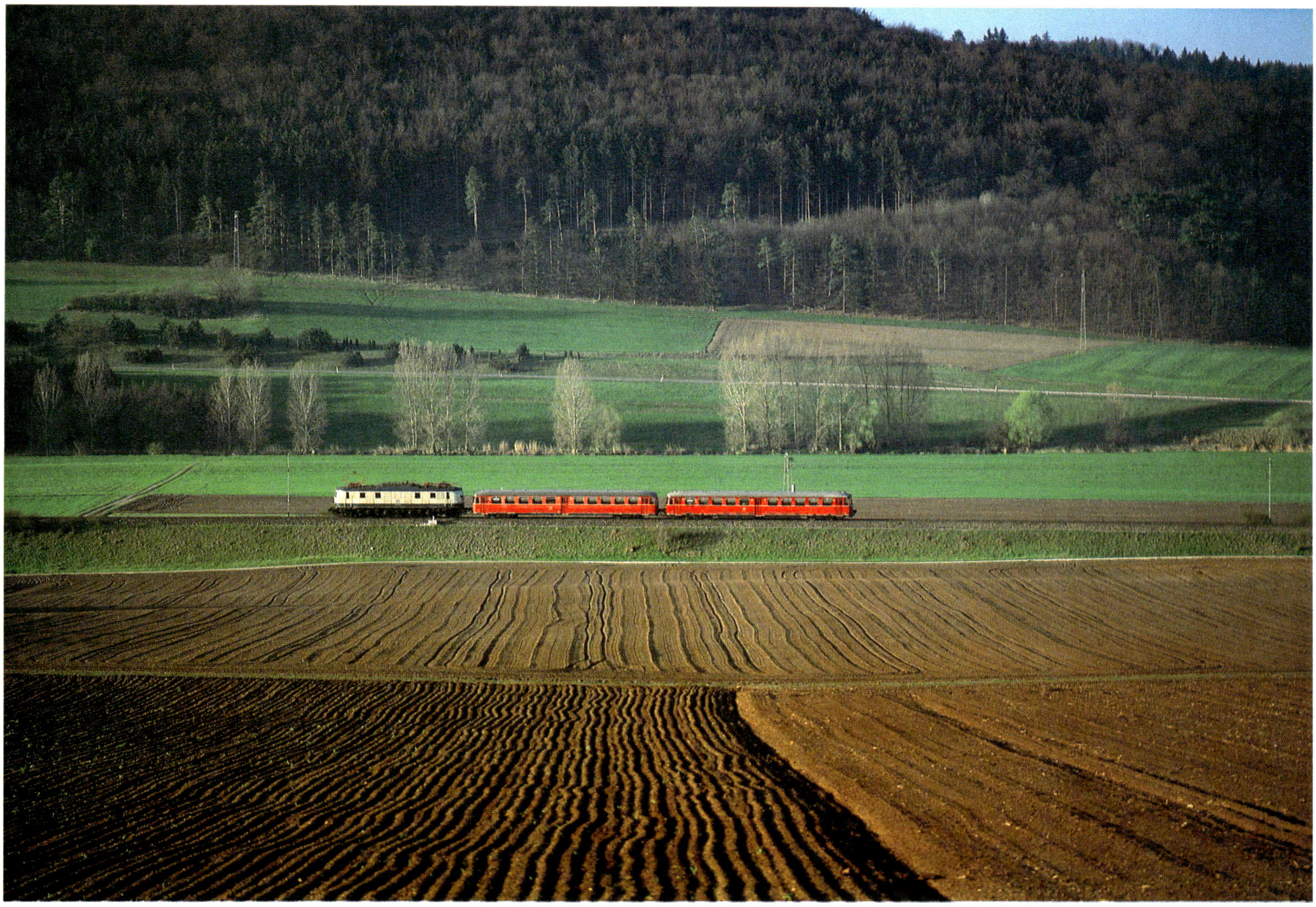

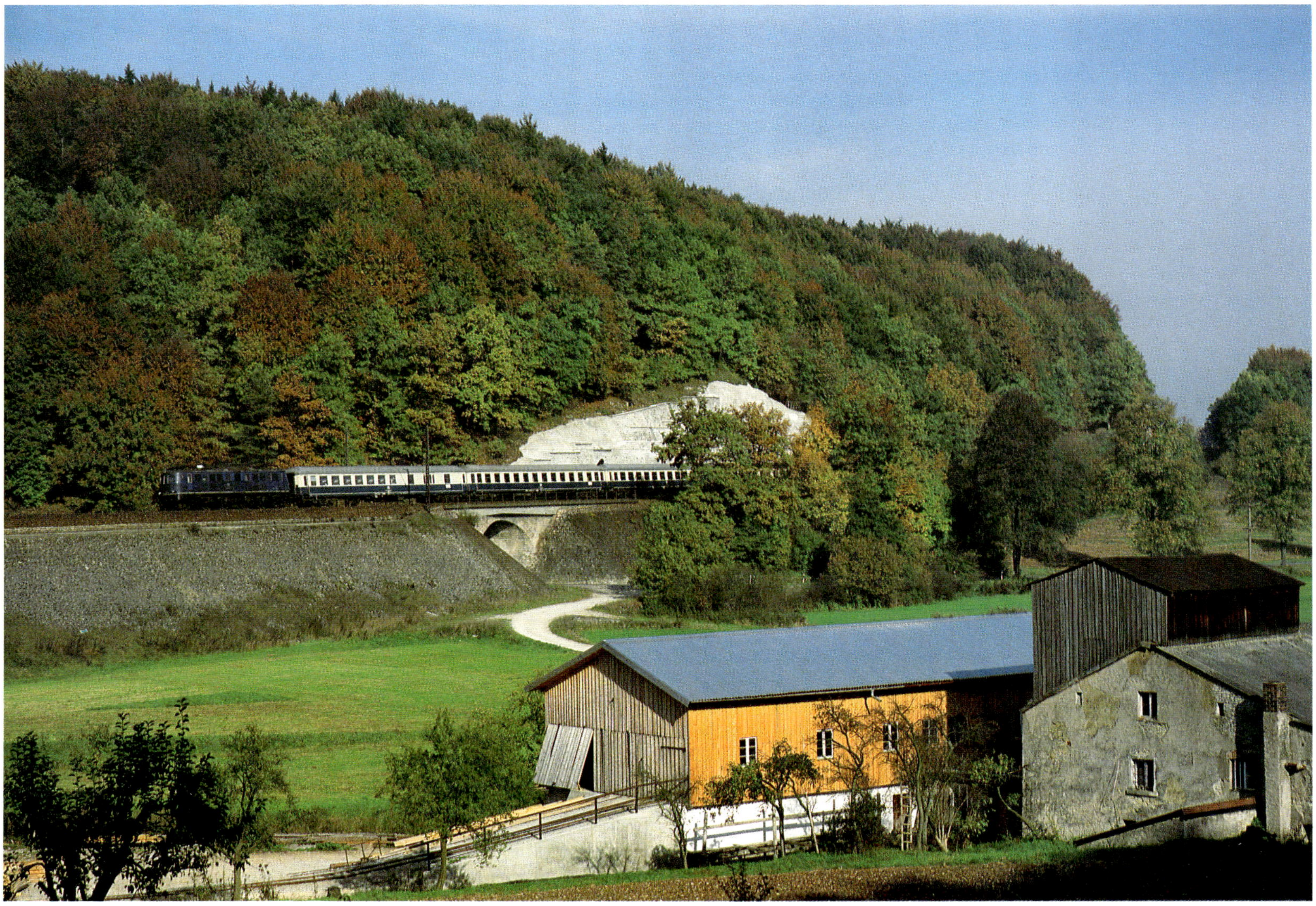

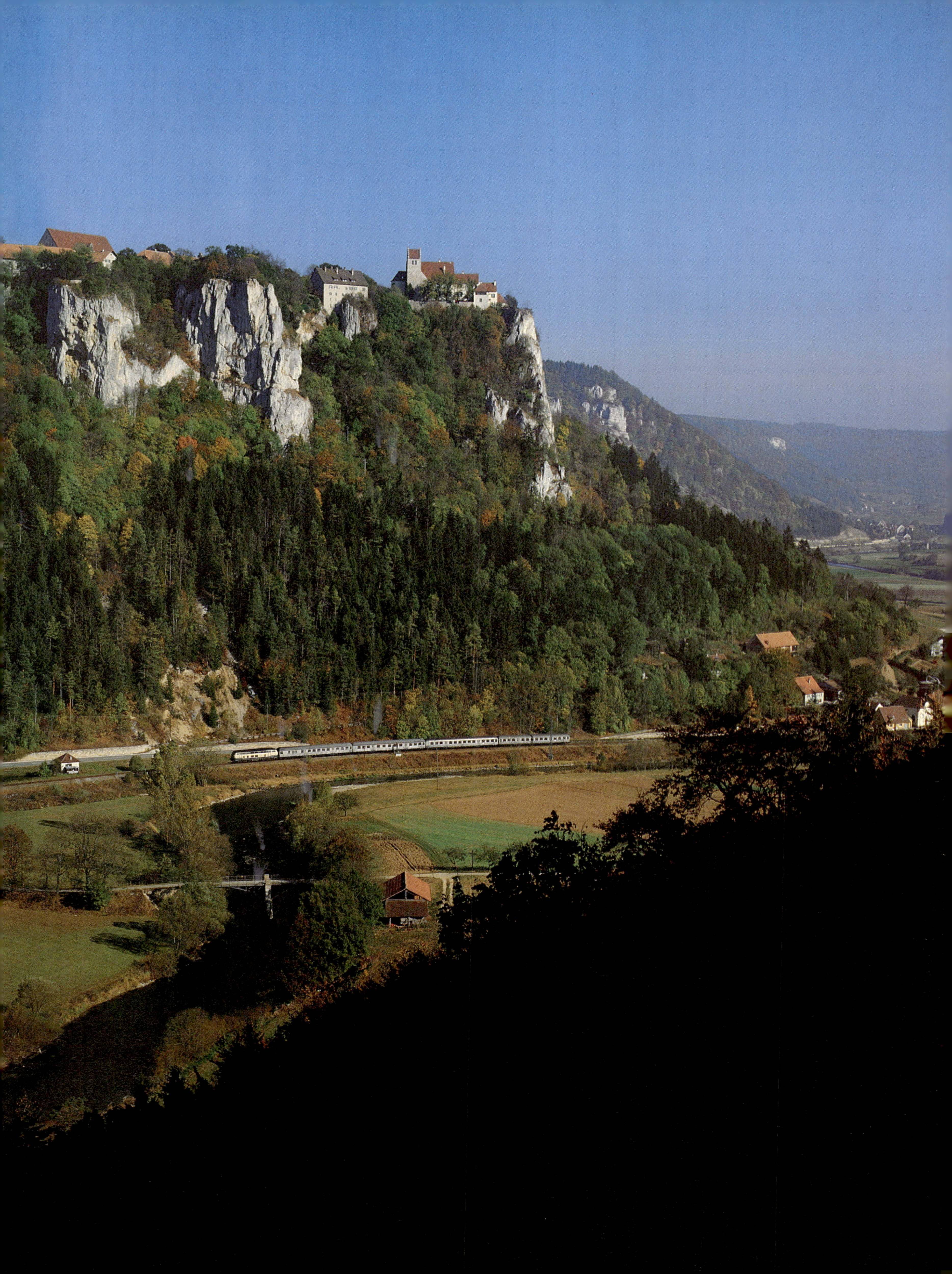

ZWISCHEN SCHWÄBISCHER ALB UND ODENWALD

Eine Reise von der Schwäbischen Alb zum Odenwald, das ist eine Reise, die fast das gesamte Gebiet von Baden-Württemberg umfaßt.

Als jüngstes Bundesland, das erst 1952 durch Gesetz und nach einer Volksabstimmung im früheren Baden entstand, ist Baden-Württemberg kein gewachsenes und einheitliches Gebilde. Die frühere Trennung in die beiden Länder Württemberg und Baden, zwischen denen noch das preußische Hohenzollern lag, hat sich bis in unsere Zeit in den beiden Bundesbahndirektionen Karlsruhe und Stuttgart erhalten. Auch heute noch werden die Eisenbahnen auf dem ehemals hohenzollerischen Gebiet als eine eigenständige Privatbahn betrieben.

Die Vielfalt der Landschaftsformen verleiht dem «Ländle» einen ganz besonderen Reiz: Mit dem Odenwald im Nordwesten, an den sich der Schwarzwald anschließt, begrenzt durch den breiten Rheingraben nach Westen und den Bodensee nach Süden, mit der langgestreckten Schwäbischen Alb, die das Hohenloher Land und den Schwäbischen Wald im Norden von Oberschwaben und dem Hegau im Süden trennt, und mit den Flußtälern der Donau und des Neckars ist für Abwechslung gesorgt.

Angesichts der politisch und geographisch schwierigen Situation, zu der im letzten Jahrhundert noch die kritische wirtschaftliche Lage hinzukam, waren die technischen und vor allem die finanziellen Hindernisse, die dem Eisenbahnbau entgegenstanden, beträchtlich. Für eine erste Bahnverbindung kamen daher nur die alten europäischen Handelswege entlang des Rheins und vom Rhein über den Neckar zur Donau und weiter zum Bodensee in Betracht. Für den Bau dieser Eisenbahnlinien hatte schon sehr früh der zu seiner Zeit weit vorausblickende Reutlinger Nationalökonom Friedrich List plädiert. Nach Streit mit dem württembergischen König, Festungshaft und Auswanderung wurden andere Ingenieure mit der Ausführung betraut, und List verwand es nie, daß man nicht auf sein Wissen zurückgreifen wollte. Die Vollendung seiner Pläne erlebte er schließlich nicht mehr. Die ungünstigen äußeren Umstände waren letztlich der Grund dafür, daß in Württemberg wie auch in Baden die Eisenbahn von Anfang an als Staatsbahn entstand. Doch hatte es sich König Wilhelm von Württemberg nicht nehmen lassen, selbst ein Wort bei den Planungen mitzureden. So verband der Monarch seine Unterstützung mit der Forderung, daß Stuttgart Ausgangspunkt der ersten Bahnlinie sein müsse. Er erzwang damit die Verlegung der Bahnlinie, die ursprünglich von Ludwigsburg über Cannstatt nach Esslingen führen und an die Stuttgart nur durch eine Stichbahn angeschlossen werden sollte: ein für eine Residenzstadt unerträglicher Zustand, wie damals viele meinten.

So kann am Anfang unserer Reise nur Stuttgart stehen. Von den ohnehin schon raren kunsthistorischen Bauten ließ der Bombenkrieg nur wenig übrig, so daß hier nur das Alte und das Neue Schloß sowie die Stiftskirche Erwähnung finden sollen. Vielmehr ist es heute die einmalige Lage der Stadt inmitten eines von Bergwald, Obstgärten und Weinbergen umrahmten und zum Neckar hin offenen Talkessels, der Besucher und Einwohner gleichermaßen begeistert.

Wer vom Fernsehturm einen Blick auf das Häusermeer wirft, dem kann der monumentale Bau des Stuttgarter Hauptbahnhofes nicht entgehen. In dem zwischen 1914 und 1927 erbauten Komplex, dessen charakteristischer Turm früher ein Hotel beherbergte, beginnen wir unsere Fahrt.

Bei der Abfahrt des Zuges wird deutlich, warum die Bauingenieure anno 1845 gegen den Bau des zentralen Stadtbahnhofes waren: Neben dem Rosenstein mußten auch noch mit beträchtlichem Aufwand Rampen nach Stuttgart-West für die Strecke nach Horb und nach Ludwigsburg aufgeschüttet und zusätzlich der Pragsattel untertunnelt werden. Auch sind dem modernen Bahnbetrieb Kopfbahnhöfe hinderlich. Jeder Zug muß von einer zweiten Lokomotive auf gleichem Weg wieder abgezogen werden, dadurch sind wesentlich mehr Gleise erforderlich, um die gleiche Kapazität wie ein Durchgangsbahnhof zu erreichen.

Auf der alten Hauptbahn überqueren wir den Neckar und befinden uns nun in Bad Cannstatt. Über Esslingen, Plochingen und Göppingen fahren wir vorbei an immer steiler aufragenden Bergen mit weit ins Land blickenden Burgen: dem Hohenstaufen, dem Rechberg und der Teck. Durch das Filstal geht es bis weit in die Schwäbische Alb hinein zur Fünftälerstadt

Nur wenige Züge verkehren heute noch durch das wildromantische und nahezu unberührte Donautal zwischen Sigmaringen und Tuttlingen. Einer von ihnen ist der von München nach Freiburg im Breisgau fahrende E 3362. Die Aufnahme entstand am 24. Oktober 1985 zwischen Hausen im Tal und Beuron am Schloß Werenwag, es führt eine Lok der Baureihe 218 des Bw Kempten.

Geislingen, die zu Füßen der Burgruine Helfenstein liegt. Bis hierher hat sich die Bahnlinie einen einfachen Weg gesucht. Doch aus dem Kessel gibt es keinen Ausweg mehr: die Alb muß erklommen werden. So entstand die berühmte Geislinger Steige, die erste als Gebirgsbahn gebaute Strecke Deutschlands, auf der auch heute noch schwere Güterzüge und überlange Reisezüge bis Amstetten von einer zweiten Lokomotive nachgeschoben werden müssen.

Auf der Hochfläche angelangt umfängt den Reisenden sofort der herbe Charme der rauhen Alb – einem nach Norden steil aufragenden, durch Verwitterung stark gegliederten, nach Süden zur Donau hin sanft abflachenden, aus Jurakalk bestehenden Mittelgebirgszug. Mit ihren vielen Tropfsteinhöhlen und Aussichtspunkten ist sie ein beliebtes Ausflugsziel der Stadtbevölkerung. Felsige und bewaldete Hänge, rasch abwechselnde Felder und Dörfer, Grashänge mit den charakteristischen Wacholdersträuchern, auf denen Schäfer und ihre Herden noch zum vertrauten Bild gehören – all das kann man vom Abteilfenster in Ruhe an sich vorbeiziehen lassen und genießen.

Von dem zähen Ringen um die letztendliche Führung dieser Bahnlinie, die eine der bedeutendsten Magistralen im deutschen und internationalen Eisenbahnnetz ist, kann der Reisende nichts mehr ahnen. Denn die Reichsstädte Aalen und Gmünd wollten natürlich den Bau durch das Brenz- und Remstal. Erst nachdem Ulm seinen ganzen Einfluß geltend gemacht hatte und auch feststand, daß die Albüberquerung kein unüberwindbares Hindernis darstellte, hatte man sich für diesen kürzeren Weg entschieden. Auch in jüngster Zeit kämpft Ulm um seinen Anschluß an das IC-Netz, denn die neue Schnellbahntrasse Augsburg – Stuttgart soll Ulm umfahren und die Alb in weiten Teilen untertunnelt werden.

Ehemals eine der mächtigsten und bedeutendsten der deutschen Reichsstädte, hat Ulm im Krieg viel von seiner einstigen Schönheit eingebüßt. Dennoch lohnt das hochaufragende Münster mit dem höchsten Kirchturm der Welt einen Besuch. Obwohl mit dem Bau 1377 begonnen wurde, gelangte es erst 1890, nach über 300 Jahren Baupause, zur Vollendung. Sehenswert sind daneben noch weitere Zeugnisse des reichen Bürgertums, wie das gotische Rathaus mit großartigen Skulpturen und Malereien, das Schwör- und das Zeughaus, und ganz besonders das alte Fischer- und Gerberviertel. Von der Eisenbahnbrücke über die Donau, genau dort, wo in der Flußmitte die Grenze zwischen Bayern und Baden-Württemberg verläuft, bietet sich eine der schönsten Donauansichten: hinter der Stadtmauer alte Bürgerhäuser, der schiefe Metzgerturm und über allem das sich majestätisch erhebende Münster.

Bleiben wir aber in Württemberg und fahren auf der Südbahn weiter zum Bodensee. Die Bahn führt uns mitten hinein ins gemütliche Oberschwaben. Wer im Schnellzug durch den verträumten Landstrich braust, der wird zwar hin und wieder zwischen den Hügeln einen Blick auf einen der zahlreichen Zwiebeltürme und auch die großen Kirchenbauten in Weingarten und Weißenau erhaschen können. Doch um die eigentliche Schönheit dieser Gegend zu erkunden, benötigt man mehr Zeit.

Mit den in mehreren Eiszeiten glattgeschliffenen sanften Hügeln harmonieren in einmaliger Weise die gelb-weiß-roten Kirchenbauten. Der Barock scheint wie eigens für diese Landschaft geschaffen zu sein. Von den meist verborgen gelegenen Kleinodien sind noch heute die schönste Dorfkirche der Welt in Steinhausen, erbaut von Dominikus Zimmermann, die Benediktinerabtei Ochsenhausen, die wieder mit der Schmalspurbahn von Warthausen aus zu erreichen ist, das Kloster Rot an der Rot und viele andere architektonische Kostbarkeiten zu nennen.

Zurück auf die Schiene. Bei Wattenweiler erklimmt die Bahn die europäische Wasserscheide zwischen Donau und Rhein. Von nun an geht es bergab zum Bodensee. Ausgedehnte Obstkulturen kündigen an, daß wir bereits in der Nähe des Sees angelangt sind, der mit seinem milden Klima die Vegetation begünstigt.

In Friedrichshafen heißt es umsteigen. Diesmal aber nicht auf einen anderen Zug, sondern im nahegelegenen Hafen auf ein Schiff der «Weißen Flotte». Denn Friedrichshafen ist Ausgangspunkt zahlreicher Schiffahrtslinien. Über den größten deutschen Binnensee fahren wir mit südlichem Kurs auf die Alpenkette zu. Beeindruckend erhebt sich der 2504 Meter hohe schneebedeckte Säntis über dem anderen Seeufer, wo wir in Konstanz anlegen. Direkt am Hafen liegt das Alte Kaufhaus aus dem Jahre 1388. Eine Besichtigung lohnen aber auch das Münster, das um die Jahrtausendwende auf einem versunkenen Römerkastell errichtet wurde, und das ehemalige Dominikanerkloster. Nicht weit ist es von hier zur Bodenseeinsel Mainau, wo dank einer Laune der Natur in besonders geschützter Lage eine tropische Pflanzenwelt gedeiht. Inmitten herrlicher Park- und Gartenanlagen liegt das großherzogliche Badische Schloß. Nach einem Rundgang setzen wir mit der Fähre erneut zum nördlichen Ufer nach Meersburg über. Das kleine Städtchen wurde malerisch an einem steilen Uferhang erbaut. Langsam rückt das Ufer näher, und schon vom Schiff aus sind das Alte Schloß aus dem 7. Jahrhundert, die verschachtelten Fachwerkhäuser und Wehrtürme zu unterscheiden.

Mit einem der Linienschiffe der DB, die allesamt nach Ortschaften am Bodensee benannt sind, setzen wir unsere Schiffsreise entlang des Nordufers fort. Rasch ist Unteruhldingen erreicht, wo die rekonstruierten Pfahlbauten, eine Siedlung aus der Bronzezeit, passiert werden. Kurz darauf gleiten wir an der prächtigen Wallfahrtskirche Birnau vorbei, die von einer Anhöhe herab grüßt. Im Zickzack-Kurs geht es über Dingelsdorf nach Überlingen, das trotz der gemütlichen Schiffsgeschwindigkeit viel zu schnell erreicht ist. Nochmals läßt sich das Anlegemanöver unseres Dampfers, wie er liebevoll genannt wird, miterleben. Wer nicht noch eine Stadtbesichtigung des herrlichen, ruhigen Seestädtchens vornehmen will, hat nach wenigen Schritten durch den Kurpark den Bahnhof erreicht. Direkt am Seeufer verläuft die Bahnlinie nach Basel und ermöglicht noch einen letzten Blick über das «Schwäbische Meer».

Nun geht es in den Hegau hinein und über Singen am Fuße des Hohentwiels nach Schaffhausen. Von Thaynen bis Erzingen verläuft die Bahnlinie über Schweizer Gebiet. Bei Waldshut wird der Hochrhein erreicht, und am Südrand des Schwarzwaldes entlang gelangen wir nach Freiburg.

Freiburg, das Tor zum südlichen Schwarzwald, an der Dreisam zwischen den letzten Berghängen des Schwarzwaldes gelegen, zählt zu den lebenswertesten deutschen Städten. «Von der Sonne verwöhnt» – das gilt ganz besonders für Freiburg. Faszinierend das in seiner Gesamtwirkung erhaltene Stadtbild mit vielen schönen Bürgerhäusern, den alten Stadttoren und Brunnen und vor allem dem gotischen Münster, das als einziges in seiner Epoche begonnen und auch vollendet wurde und zu den größten Meisterwerken dieser Epoche zählt. In vielem drückt sich auch heute noch die Eigenständigkeit und der Freiheitswille der Bürger aus.

Für die Fortsetzung unserer Reise bieten sich zwei Möglichkeiten an, den Schwarzwald zu überqueren: entweder die von Offenburg ausgehende Schwarzwaldbahn, die über Hausach, Triberg und Villingen verläuft und mit ihren Brücken, Kehrschleifen und Tunnels einmalig in Deutschland ist, oder von Freiburg aus die Höllentalbahn, die ein nicht minder beeindruckendes Bild vom Schwarzwald bietet. Zuerst durch das Dreisamtal führend, dann durch das tief eingeschnittene immer enger und bedrohlich werdende Höllental mit romantischen Felsruinen und Schluchten, deren berühmteste auf dem imposanten Ravennaviadukt überquert wird, bis schließlich bei Titisee die Schwarzwaldhöhe erreicht ist.

Beide Linien treffen sich wieder in Donaueschingen, wo sich im Schloßpark Brigach und Breg zur Donau vereinigen. Deren Lauf folgt die Donautalbahn, die dem Reisenden unvergeßliche Aussichten bietet. Steil aufragende Kalkfelsen und bizarre Felstürme hat die Donau hinterlassen, als sie sich in unzähligen Windungen durch die Schwäbische Alb gefressen hat. Viele Sehenswürdigkeiten reihen sich am Fluß aneinander: Werenwag, hoch auf einem Fels über dem Tal thronend, oder die in einer Schleife liegende Benediktinerabtei Beuron, in Sigmaringen das stolze Hohenzollernschloß und die barocke Klosteranlage von Obermarchtal.

Aber auch Naturwunder wie die Donauversickerung bei Immendingen und der Blautopf in der Nähe Blaubeurens verdienen Beachtung. Der trichterförmige, 20 Meter tiefe Quellsee ist der Austritt eines unter der Alb verlaufenden Systems von Kanälen, Höhlen und Grotten, über die sie entwässert wird. Wagemutige Taucher zeigten, daß sich riesige Höhlen unter der Alb befinden. Doch auch die Höhlenforscher vermochten diesem unterirdischen Naturschauspiel das letzte Geheimnis noch nicht zu entreißen. Der sagenumwobene Blautopf inspirierte Eduard Mörike zur «Historie von der schönen Lau».

Von Donaueschingen nach Norden überquert die Bahn die Schwäbische Alb und erreicht bei Rottweil das Neckartal. Am steilen Talrand des oberen Neckars gelegen, mußten die Bauten der Stadt eng zusammenrücken. Dadurch blieb Rottweil aber von Modernisierungen verschont und konnte sein Stadtbild aus dem 17. Jahrhundert und damit seinen Charakter erhalten. Weit über die Grenzen hinaus ist die Stadt durch die alemannischen Fasnachtsbräuche und mit dem Rottweiler Narrensprung bekannt geworden. In Horb verläßt die «Gäubahn» das Neckartal wieder und verläuft über das Korngäu, das der Strecke ihren Namen gab, direkt nach Stuttgart. Folgen wir aber zunächst noch dem Fluß bis in die alte schwäbische Universitätsstadt Tübingen.

Zwischen dem Schloßberg und dem turmgekrönten Österberg baut sich die Altstadt über dem linken Neckarufer auf. Im Schatten von Stiftskirche, Rathaus und Alter Universität wuchsen viele berühmte schwäbische Dichter und Denker auf: Kepler, Schelling, Hegel, Hölderlin, Mörike, Hauff und Uhland, um nur die bekanntesten zu nennen.

Zurück nach Horb, von wo wir uns eine weitere Fahrt durch den Nordschwarzwald nicht entgehen lassen wollen. Über Nagold und Calw führt die Kursbuchstrecke 774 nach Pforzheim. Im Verlauf der Fahrt kann man nochmals den Blick auf die tannenbestandenen Höhen genießen, bevor die alte Schmuck- und Goldstadt erreicht wird.

In einem Talkessel am Zusammenfluß von Enz, Nagold und Würm trifft die Nebenbahn auf die Hauptbahn von Stuttgart nach Karlsruhe, unserem nächsten größeren Ziel. Karlsruhe wurde erst 1713 gegründet und kann mit den fächerförmig auf das Schloß zulaufenden Straßen als erste Reißbrettstadt gelten. Rastatt, einst Sitz der badischen Großherzöge, wurde von der schnell wachsenden Stadt bald überflügelt. Aus dieser Zeit stammen auch die bedeutendsten Bauwerke. Bemerkenswert ist auch die Stahlkonstruktion des Hauptbahnhofes, unter dessen riesigen Hallendächern die Fahrt auf der ältesten badischen Bahnlinie Richtung Heidelberg weitergeht. In der breiten Rheinebene konnte die Strecke ohne Platznot gebaut werden, und so entschieden sich die Badener 1843 dafür, diese «Rennstrecke» in der Spurweite von 1600 mm als Breitspurbahn zu erbauen. Erst später, mit dem Anschluß an andere Bahnen, wurde auch diese Strecke auf Normalspur mit 1435 mm umgenagelt.

Wo der Neckar aus den steilen Bergen des Odenwaldes in den Oberrheingraben austritt, liegt Heidelberg. Zwischen Berg und Fluß eingezwängt ist die historische Altstadt, die von der imposanten Schloßruine überragt wird. Das aus rotem Sandstein bestehende und im 15. Jahrhundert mehrfach erweiterte Schloß hat trotz seiner Zerstörung durch die Franzosen im 17. Jahrhundert und teilweisem Wiederaufbau nichts von seiner Faszination verloren. Die vom Bombenkrieg verschont gebliebene zweitälteste deutsche Universitätsstadt umfängt den Besucher sofort mit ihrem Zauber. Viel hat sich von der Atmosphäre in den herrschaftlichen Straßen und Plätzen mit ihren schönen Bürgerhäusern und den engen Gassen aus vergangenen Jahrhunderten erhalten.

Von Heidelberg aus sollten wir es aber nicht versäumen, einen Abstecher nach Mannheim zu machen, dort das riesige kurfürstliche Schloß besichtigen und auf der Rückfahrt einen Umweg über Schwetzingen wählen. Hier, inmitten eines berühmten Parks mit verschiedenen Anlagen und Bauten, unter denen besonders die Moschee hervorzuheben ist, liegt das idyllische und bekannte Wasserschloß.

Manchem wird in Heidelberg die ungewöhnliche Bauform des Hauptbahnhofes aufgefallen sein. Heute ist fast vergessen, daß dieser 1955 als Ersatz für den am Rande gelegenen Kopfbahnhof gebaut wurde, der mehr und mehr zu einem Hindernis für den Verkehr geworden war. Die wie Hügel geschwungenen Bahnsteigdächer und die verglaste Fußgängerüberführung waren damals richtungsweisend für die spätere Architektur.

Für den letzten Reiseabschnitt haben wir die Neckartalbahn ausgewählt. Unmittelbar hinter dem Bahnhof führt ein Tunnel unter dem Schloßberg hindurch. Ab hier folgt die Bahnlinie dem Neckar flußaufwärts immer weiter in die reizvolle Berglandschaft des Odenwaldes hinein. In vielen Windungen, die von der Bahn manchmal abgekürzt werden, hat sich der Fluß seinen Weg gesucht. Von zahlreichen Felsvorsprüngen blicken Burgen ins Tal, deren eindrucksvollste Burg Zwingenberg ist. Am Talrand geht es durch viele liebenswerte Städtchen. In einer großen Schleife wird die Vierburgenstadt Neckarsteinach umfahren, und in Eberbach geht es direkt an der Kirche St. Nepomuk vorbei in einen Tunnel hinein. Wieder am Tageslicht, kann der Blick erneut über den Fluß schweifen. Wer diese Reise im Herbst unternimmt, der wird sich wünschen, daß der Ausblick auf die in allen Farben leuchtenden Herbstwälder nie zu Ende gehen möge. Nach Bad Friedrichshall weitet sich das Tal und gibt einen Blick frei auf die herrliche Silhouette der hoch auf einem Berg errichteten ehemaligen Kaiserpfalz Bad Wimpfen. Mit ihren alten Gemäuern, dem Blauen Turm und Resten der staufischen Burg ist sie eine Perle unter den Städten an der Burgenstraße und des Odenwaldes, in denen die Zeit manchmal stehengeblieben zu sein scheint. Erwähnt seien hier nur Michelstadt, Erbach, Waldbrunn und Amorbach, die allein schon eine Reise wert sind.

Kurz darauf ist Heilbronn mit dem bedeutenden Neckarhafen erreicht. Im Zweiten Weltkrieg schwer zerstört, sind die wichtigsten Sehenswürdigkeiten wie Rathaus und Kilianskirche originalgetreu wieder aufgebaut worden. Nach Heilbronn verengt sich das Tal erneut und zwischen steilen, rebenbewachsenen Hängen, an denen der nicht nur bei den Schwaben so beliebte Trollinger reift, durchfährt die Bahn nochmals eine herrliche Flußlandschaft. Vorbei an den Städten Kirchheim und Lauffen, dem trutzigen, stadtmauerbewährten Besigheim, wo das Neckartal verlassen und über das Enztal die Hochfläche bei Bietigheim erreicht wird, geht es wieder der Landeshauptstadt Stuttgart entgegen. Schon wird die Besiedlung merklich dichter. Wir passieren die weithin sichtbare Festung Hohenasperg, in der schon Friedrich Schiller eingekerkert war, und kommen zum letzten Ziel unserer Rundreise, nach Ludwigsburg.

Seit jeher in Konkurrenz mit Stuttgart um den Sitz der Residenz, haben verschiedene Landesfürsten Ludwigsburg bevorzugt.

Hiervon zeugen noch das Residenzschloß, das 1704–1733 nach dem Vorbild von Versailles entstand und mit seinem Schloßpark die größte erhalten gebliebene Barockanlage Deutschlands ist, sowie das Schlößchen Favorite und das Seeschloß Monrepos.

Nur wenige Minuten sind es noch bis Stuttgart. Was für den Erbauer der Bahn einst große technische Probleme bereitete, ist für den Reisenden heute ein Genuß: beim Hinabrollen in den Talkessel kann man bereits einen ersten Blick über das verwirrende Häusermeer werfen. Im Zentrum der Stadt kommt der Zug schließlich sanft am Prellbock zum Stehen, unser Ausgangspunkt ist wieder erreicht.

Um Fahrleitungsstörungen schnell beseitigen zu können, beschaffte die Deutsche Bundesbahn Turmtriebwagen der Baureihe 701. Am 30. April 1984 befand sich ein Vertreter dieser Gattung auf dem Weg von Osterburken nach Heidelberg, aufgenommen bei Dallau.

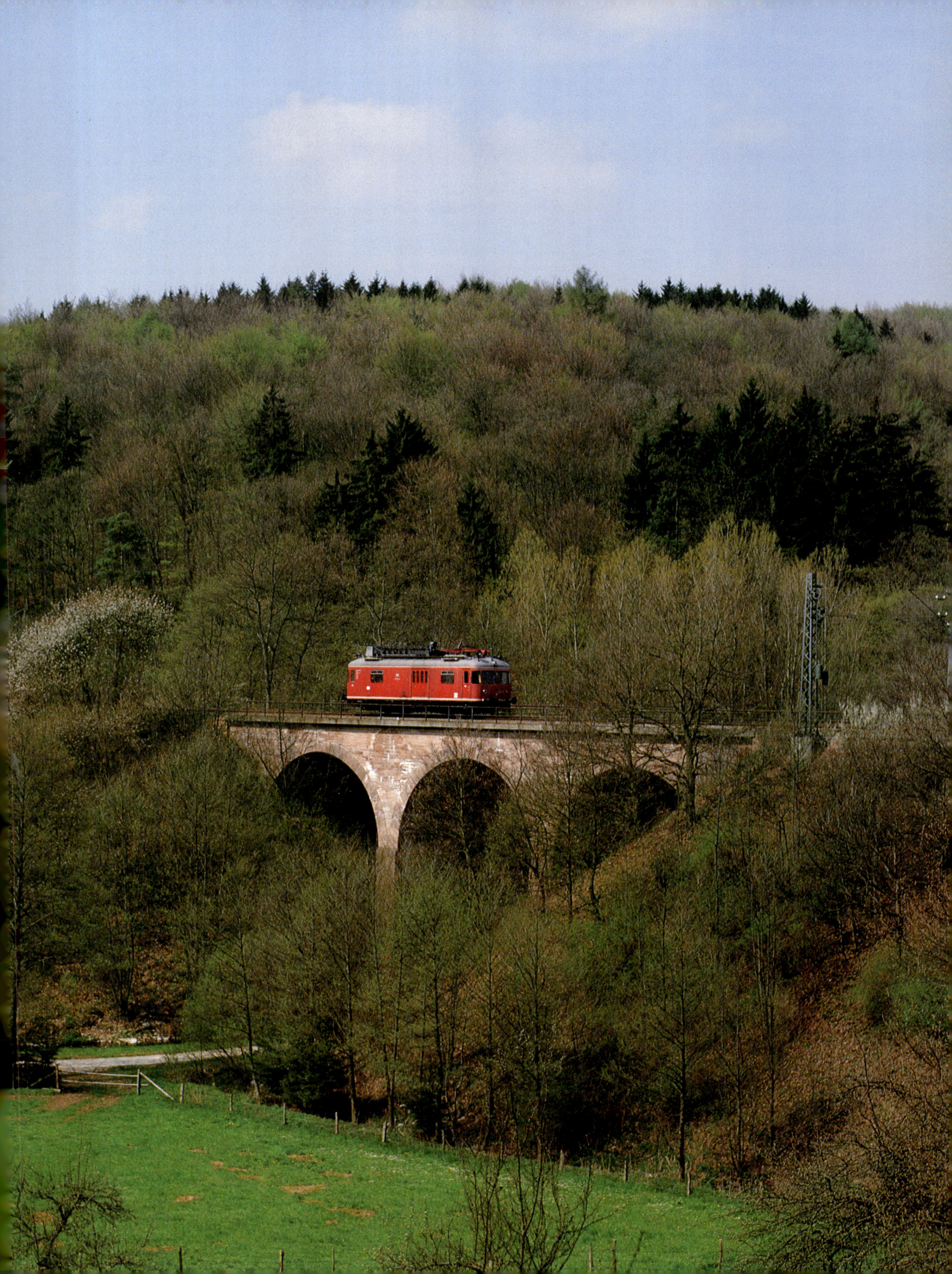

An der Strecke 760 zwischen Plochingen und Tübingen liegt der Haltepunkt Oberboihingen. Noch am 14. September 1984 präsentierte sich das Holzgebäude annähernd im Originalzustand, doch wurde bereits ein Fahrkartenautomat vor dem Gebäude aufgestellt.

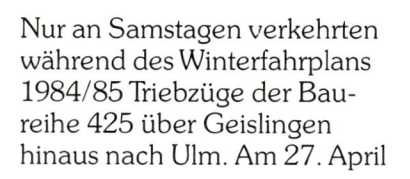

Nur an Samstagen verkehrten während des Winterfahrplans 1984/85 Triebzüge der Baureihe 425 über Geislingen hinaus nach Ulm. Am 27. April 1985 durchfuhr der Tübinger 425 410 als N 5211 die Schwäbische Alb zwischen den Bahnhöfen Beimerstetten und Westerstetten.

Nur einige Schritte weiter entstand am 27. Oktober 1984 die Aufnahme der Seelzer 140 378, die hier einen Durchgangsgüterzug durch die sogenannte «Gurgelhau» befördert. Die ersten warmen Sonnenstrahlen lassen aus dem herbstlich feuchten Mischwald noch Nebelschwaden aufsteigen.

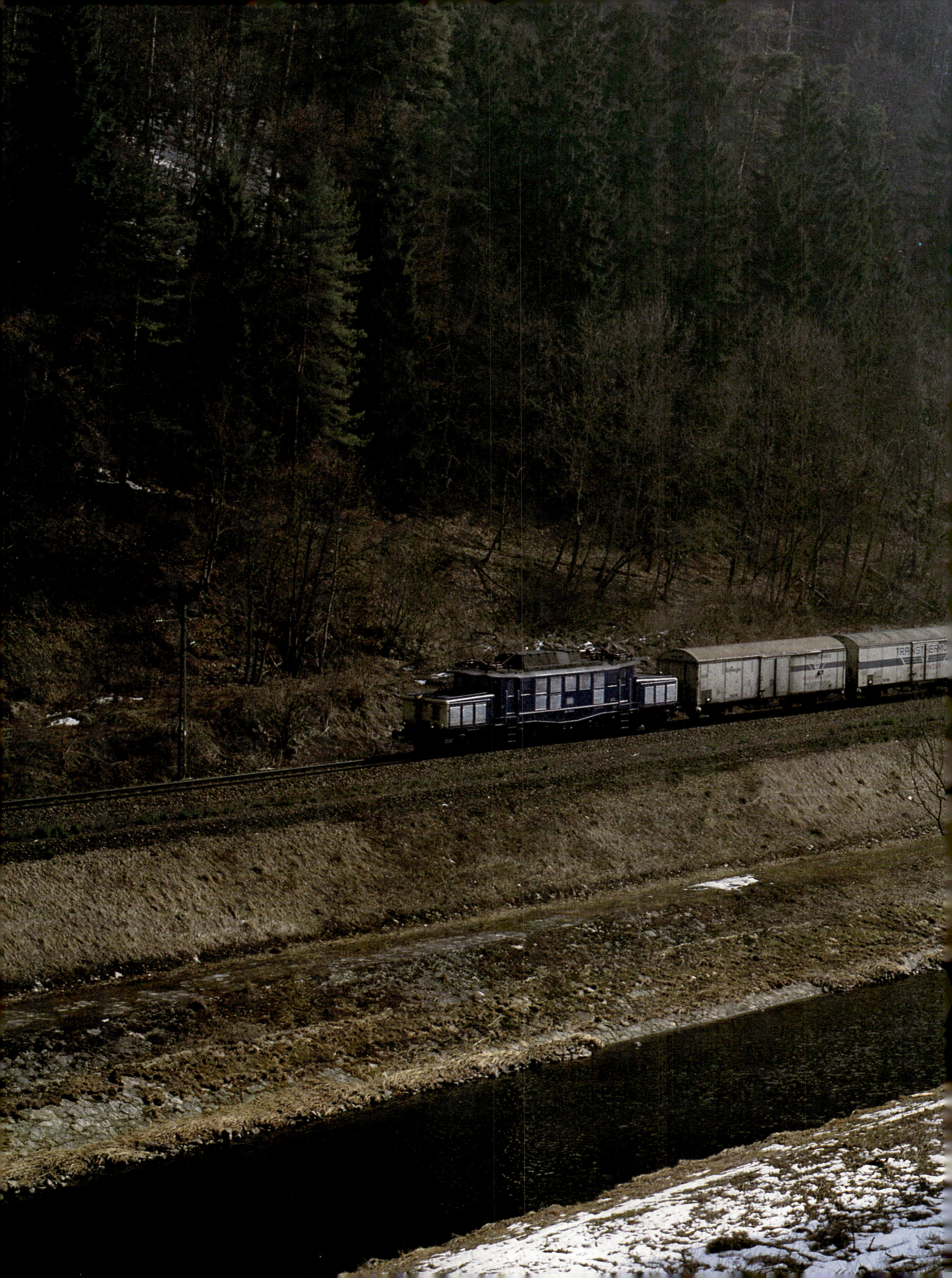

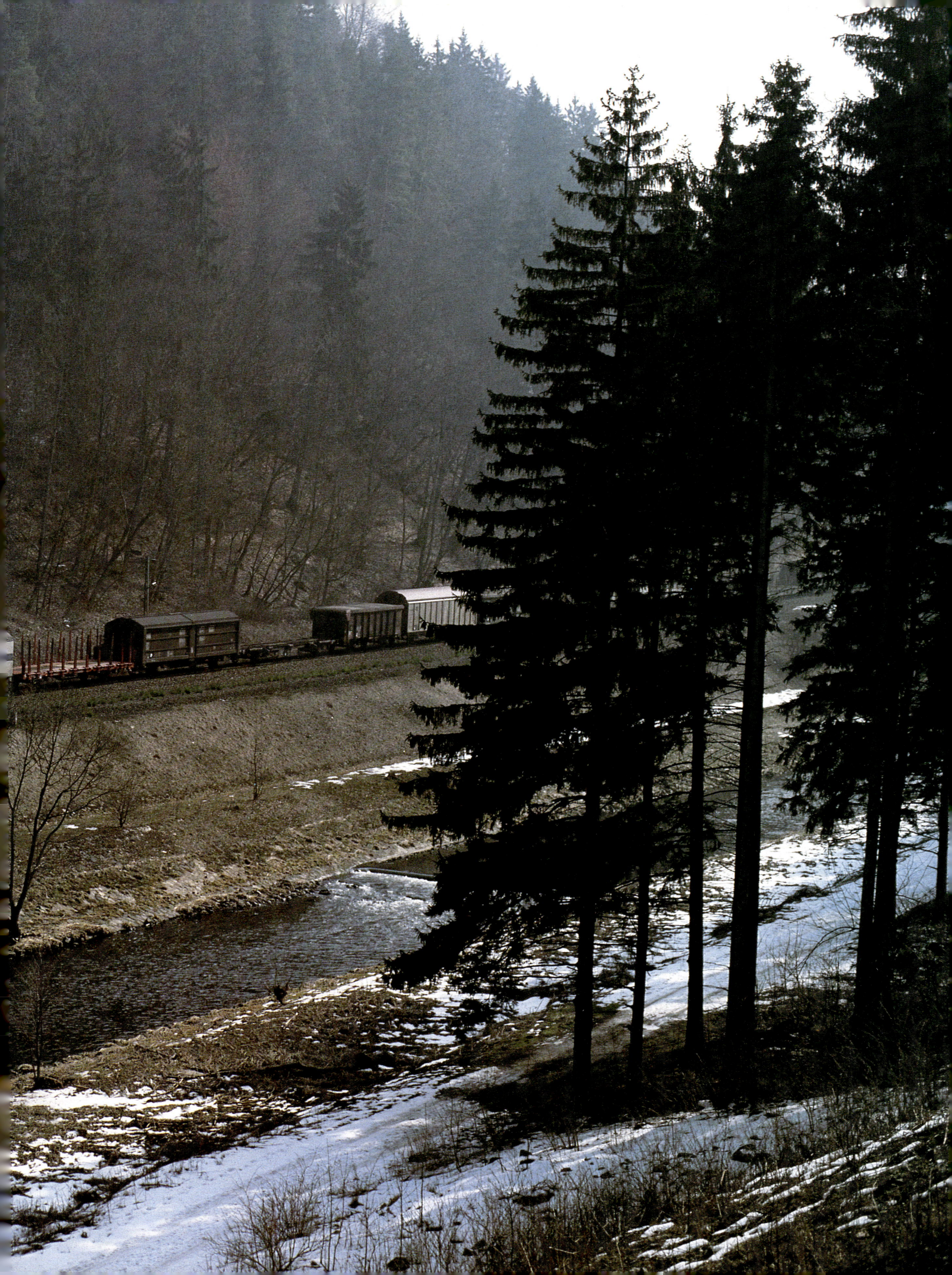

◁ Doppelseite: Einzige türkis-beige-farbene 194 der Deutschen Bundesbahn ist die 194 178. Am 15. März 1984 schleppte sie den Dg 55994 von Singen nach Kornwestheim. Pünktlich um 12.48 Uhr war sie in Rottweil abgefahren und befindet sich nun im oberen Neckartal bei Talhausen kurz vor dem Hohenstein-Tunnel.

Aus dem Plandienst ausgeschieden sind inzwischen die fünf Triebwagenzüge der Baureihe 427 des Bahnbetriebwerks Plochingen, die im Nahverkehr zwischen Tübingen, Stuttgart und Ulm eingesetzt waren. Im Morgenlicht des 17. Februar 1984 glänzt 427 403 als N 6223 (Reutlingen – Tübingen) im dahin plätschernden Wasser der Echaz in Kirchentellinsfurth.

Schon im März 1984 mußten Lokomotiven der Baureihe 150 des Bw Kornwestheim für ihre mittlerweile fünfzigjährigen Schwestern der Baureihe 193 einspringen und deren Dienste mitverrichten. So half auch am 15. März 1984 eine 150 im Plan der 193 aus, um in der Abenddämmerung die Übergabe 69109 von Weil der Stadt nach Kornwestheim zu bringen. Der Zug hat soeben den Endbahnhof der S-Bahn-Linie S-6 verlassen.

Rechts: In den letzten Jahren ihres Einsatzes war es Hauptaufgabe der Stuttgarter 144, die Nahverkehrszüge der Relation Pforzheim – Karlsruhe zu bespannen. Am 24. Februar 1983 war 144 085 mit N 6020 zwischen Ersingen und Bilfingen unterwegs.

Unten: Selten waren Vorspannfahrten zwischen den deutschen «Krokodilen» der Baureihen 193 und 194. Nur im Winterfahrplan 1980/81 verkehrte der Dg 54664 (Heilbronn – Kornwestheim) planmässig mit dieser einmaligen Bespannung. Hier durchfahren am 10. April 1981 die Vorspannlok 193 012 und die Zuglok 194 189 die Weinberge bei Kirchheim am Neckar.

Rechts: Die von Rastatt ausgehende 58 Kilometer lange «Murgtalbahn» nach Freudenstadt bietet zahlreiche ansprechende Fotostandpunkte. Am 27. September 1982 hat die Karlsruher 218 299 einen Tunnel hinter dem Bahnhof Forbach-Gausbach verlassen und strebt nun mit N 5932 (Freudenstadt – Karlsruhe) Rastatt entgegen.

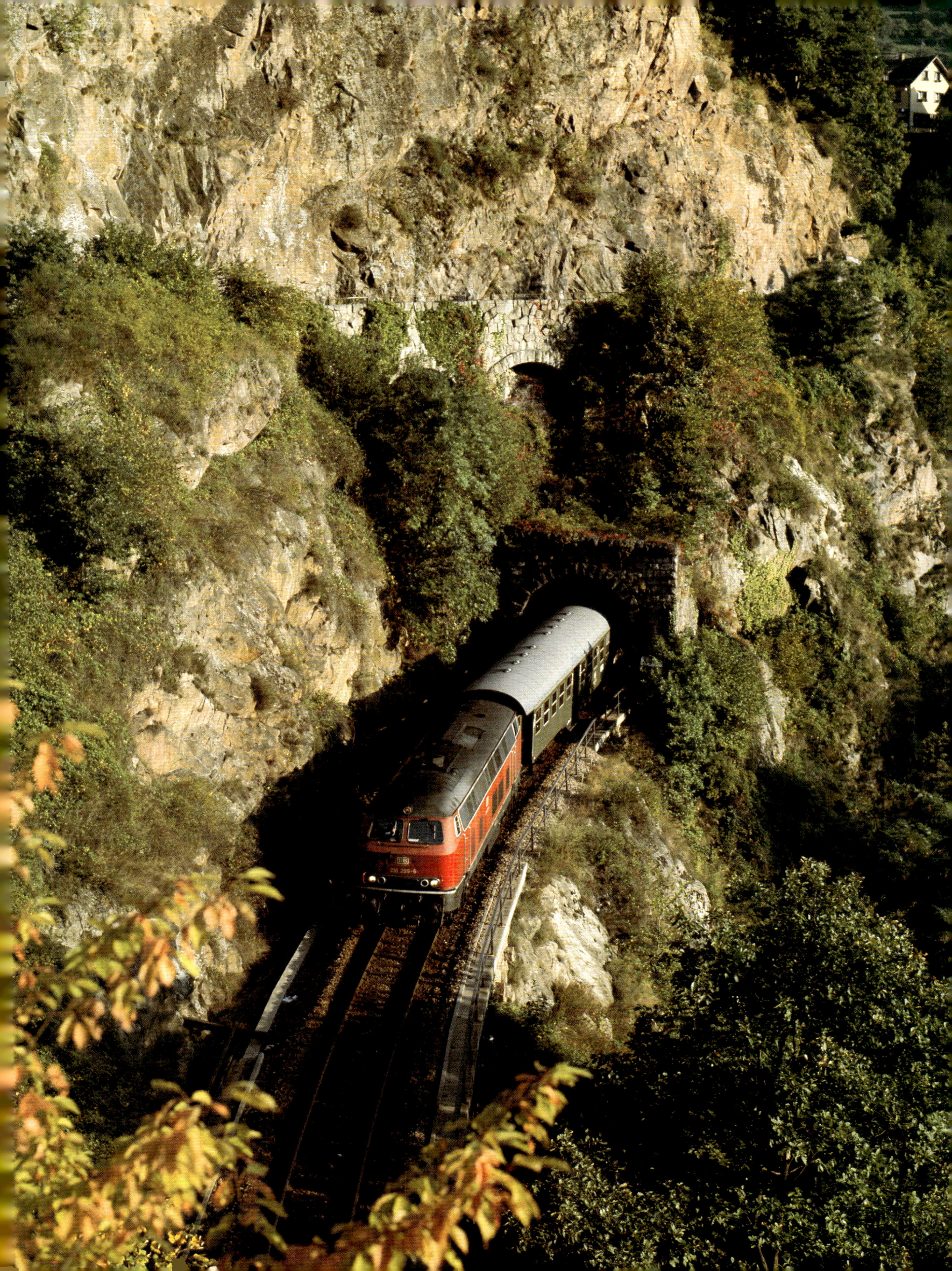

Majestätisch überragt die Burg Zwingenberg das Neckartal. Am späten Nachmittag des 27. Oktober 1985 verkehrte eine Triebwagengarnitur der Baureihe 456 als N 7327 (Heidelberg – Mosbach) im herbstlich gefärbten Tal.

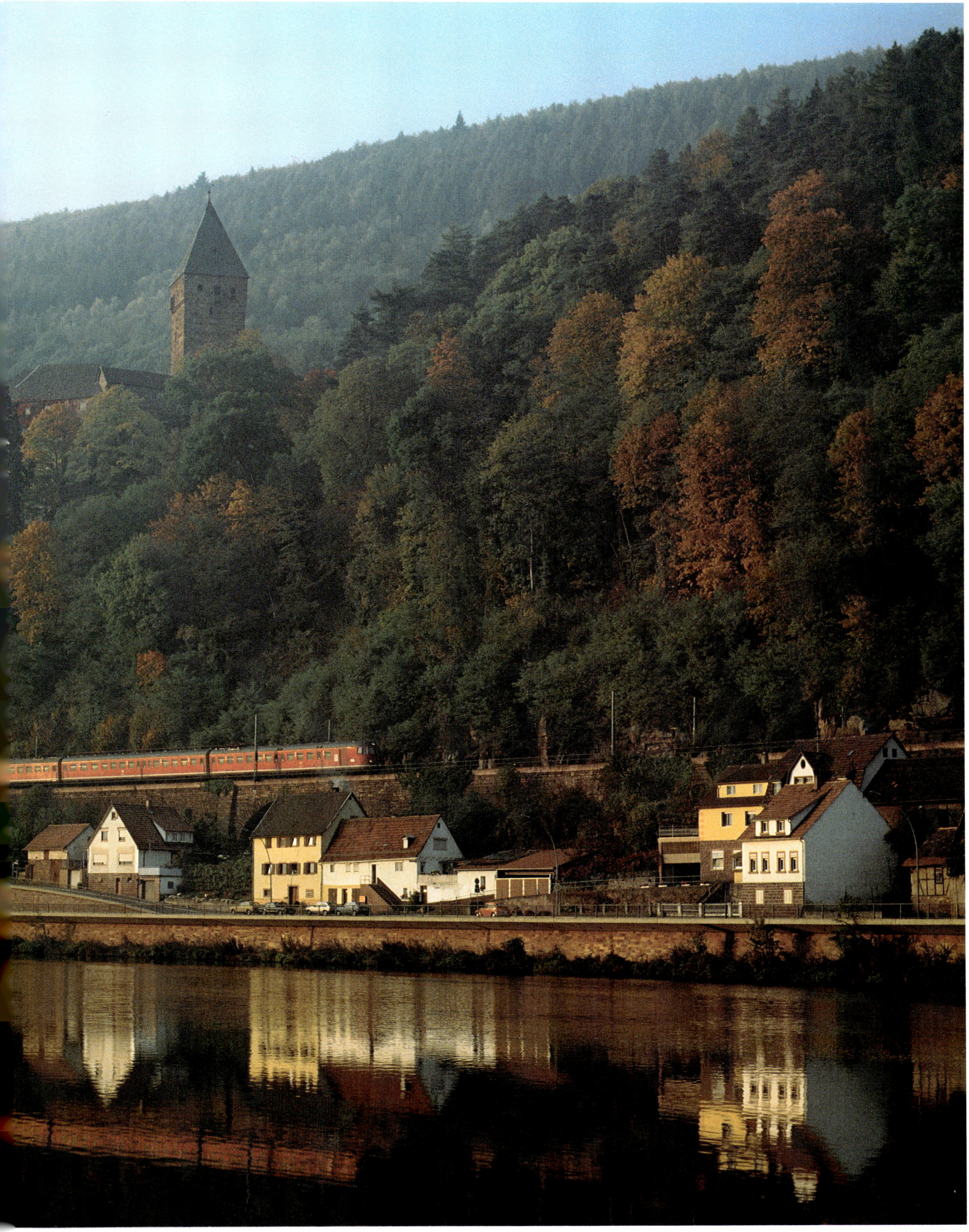

Erst vor wenigen Minuten als N 7327 in Mosbach angekommen, macht sich am 27. September 1984 der 456 101 als Lt 31324 sogleich wieder auf den Weg zurück ins nicht weit entfernte Neckarelz.

Eine Besonderheit im Mosbacher Bahnhofsbereich ist das aus dem Jahre 1880 stammende badische, mit Holz verkleidete Stellwerk, welches auch heute noch der Eisenbahn dient.

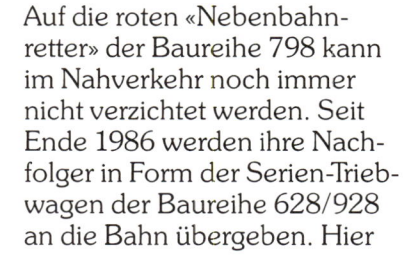

Auf die roten «Nebenbahnretter» der Baureihe 798 kann im Nahverkehr noch immer nicht verzichtet werden. Seit Ende 1986 werden ihre Nachfolger in Form der Serien-Triebwagen der Baureihe 628/928 an die Bahn übergeben. Hier fährt am Abend des 12. September 1985 eine dreiteilige Schienenbusgarnitur als N 7632 (Osterburken – Miltenberg) in den Bahnhof Rippberg/Odenwald an der Strecke Seckach – Miltenberg ein.

Oben: Charakteristisch für die Odenwaldbahn (Strecke 555 Hanau – Eberbach) sind die großen Sandsteinviadukte. Diese Kunstbauten haben nun schon über 100 Jahre ohne größere Veränderungen überstanden – ein Beweis für die damalige Baukunst. Erster durchgehender Zug des Tages von der Mainmetropole Frankfurt in die Landeshauptstadt Stuttgart über diese Verbindung ist der D 2357, der gerade mit 216 111 den oberhalb von Friedrichsdorf/O. gelegenen Viadukt befährt.

Doppelseite: Im Jahre 1985 mußten die Fernzüge zwischen Stuttgart und Mannheim noch über die alte kurvenreiche Strecke fahren, während die Neubaustrecke schon weitgehend im Bau war. Am 4. April 1985 war 103 128 mit dem IC 598 «Ludwig Uhland» (München – Hamburg) bei warmem Frühjahrswetter zwischen Heidelsheim und Bruchsal unterwegs.

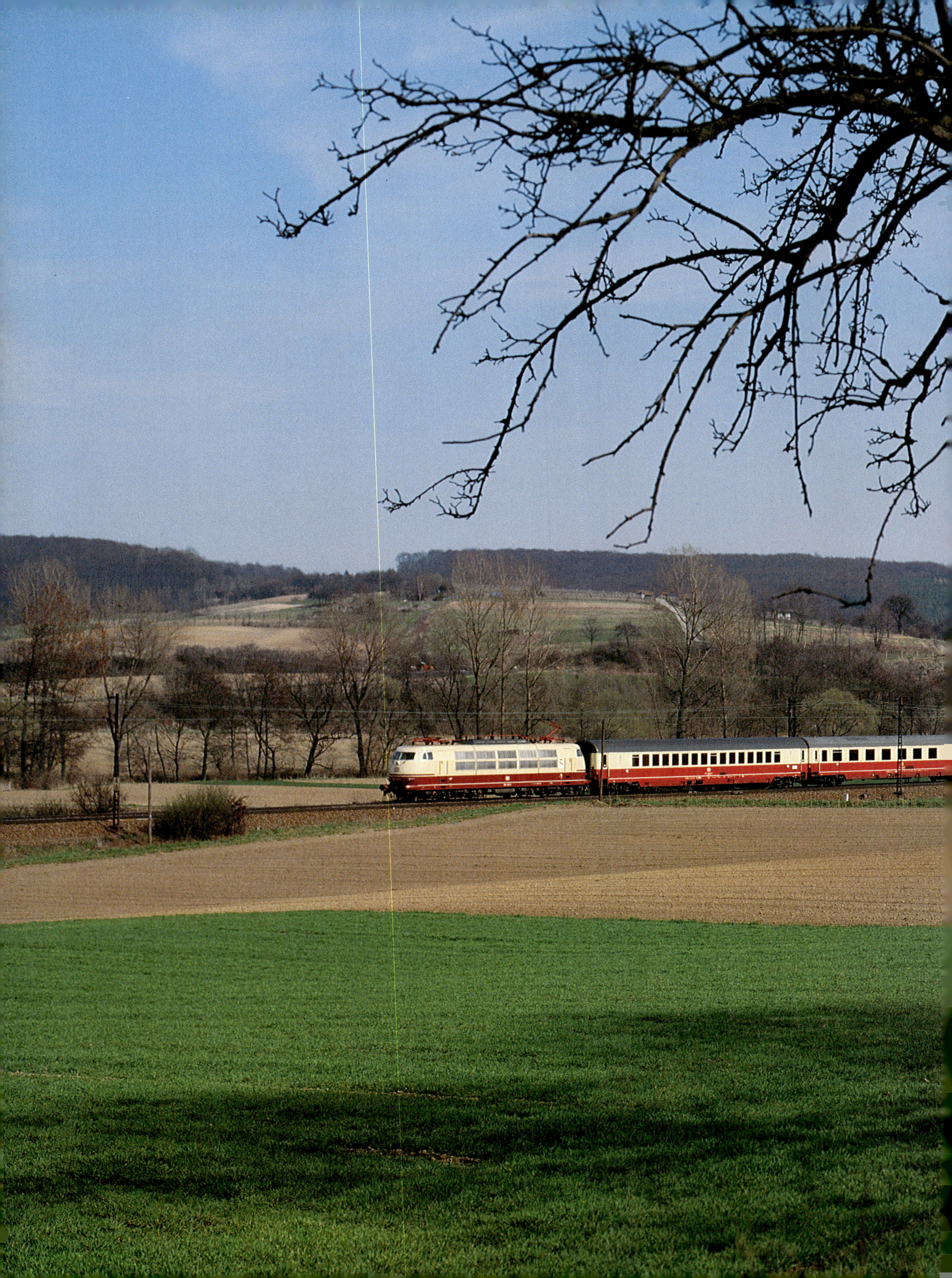

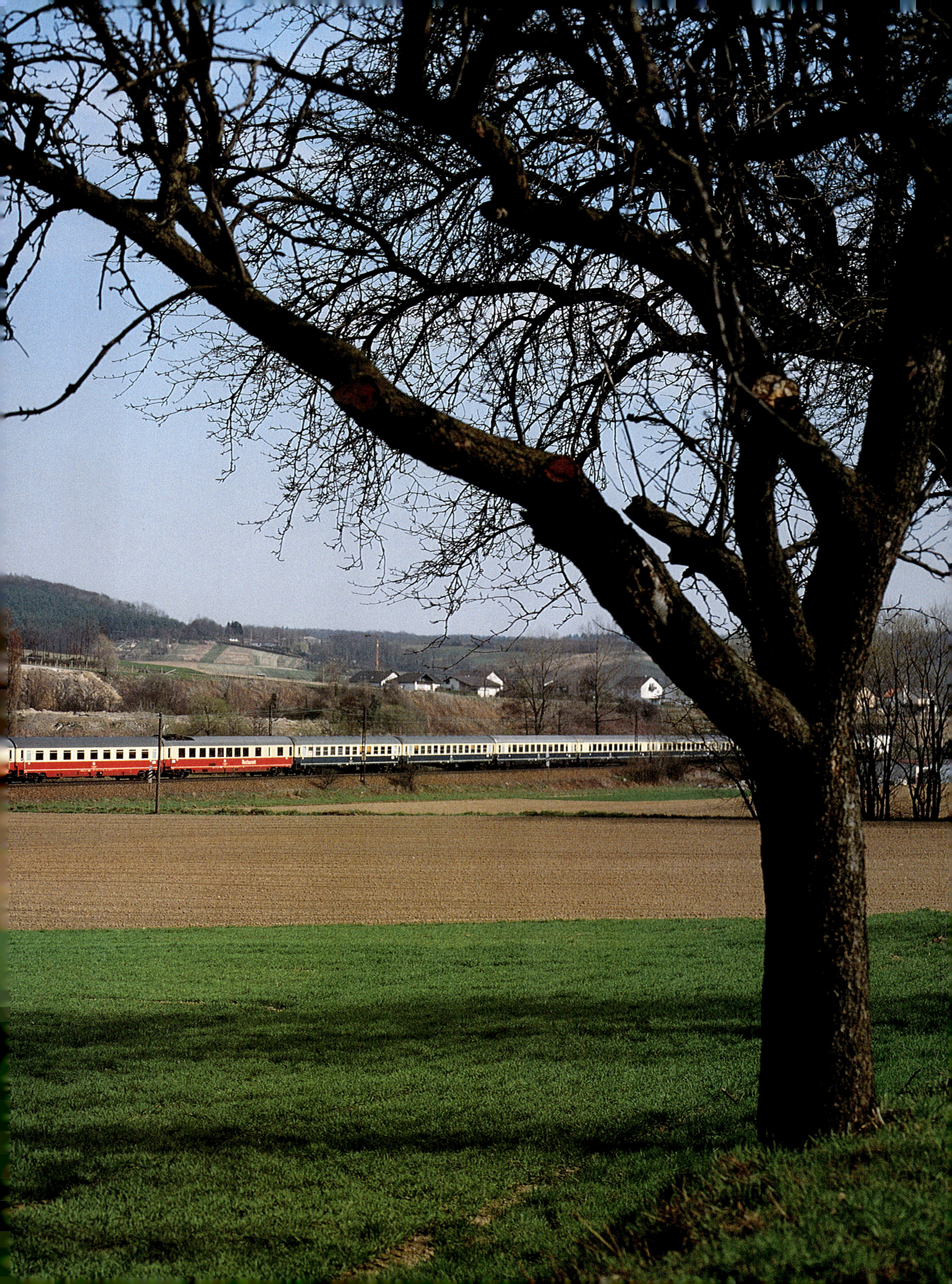

Schloßhotel
auf Burg Rheinfels
Cafe Restaurant
Rheinterrasse
Schwimmbad
Sauna

VON DER EIFEL ZUR RHÖN

Quer durch die Bundesrepublik, von West nach Ost, geht unsere dritte Reise. Vor uns liegen Fahrten durch Eifel, Pfälzer Wald und Rhön sowie entlang der Mosel und des Rheins. Wir beginnen an einem sonnigen Oktobertag in Koblenz.

Der Schnellzug Saarbrücken – Dortmund setzt sich im Koblenzer Hauptbahnhof pünktlich in Bewegung. In Höhe der Moselbrücke bietet sich ein herrlicher Blick zum Deutschen Eck am Zusammenfluß von Rhein und Mosel. Oberhalb der anderen Rheinseite ist die ehemalige Festung Ehrenbreitstein zu erkennen, die auf Anlagen aus dem Jahr 1100 zurückgeht und heute unter anderem das Museum für Vorgeschichte und Volkskunde beherbergt.

Nach Passieren der Kasernengebäude im Stadtteil Koblenz-Lützel – Koblenz ist die größte Garnisonsstadt der Bundesrepublik – fahren wir bei Mülheim-Kärlich an dem unmittelbar an der Strecke stehenden Kernkraftwerk vorbei, dessen hochaufragender Kühlturm weithin sichtbar ist.

Wir benutzen den Schnellzug bis Andernach; dort bleiben uns nur wenige Minuten zum Umsteigen in den Anschlußzug nach Gerolstein. Die dreiteilige Schienenbusgarnitur verläßt den Bahnhof in südlicher Richtung auf der Strecke nach Mayen, die sich langsam aus dem breiten Rheintal emporwindet. Beim Halt in Niedermendig fällt der Zusatzname «Maria-Laach» auf. Dieser deutet auf die gleichnamige Benediktinerabtei hin, die sich nur wenige Kilometer von hier am Laacher See befindet. Der See ist der größte der sogenannten «Maare» in der Eifel. Maare sind Kraterseen, die um etwa 9000 v.Chr. durch vulkanische Gasexplosionen entstanden sind.

In einem großen Bogen umfährt die Bahn die Stadt Mayen, deren Wahrzeichen der zu einer schiefen Spirale gedrehte Turm der St.-Clemens-Kirche ist.

Unser erstes Reiseziel Monreal erreichen wir kurz nach dem 185 Meter langen Monreal-Tunnel. Beim Aussteigen sind direkt oberhalb des Tunnels die Ruinen der einstigen Löwen- und Phillipsburg zu sehen. Während unseres Aufenthaltes machen wir einen Rundgang durch das malerische Dorf mit den außergewöhnlich schönen Fachwerkhäusern; das älteste Gebäude ist die Pfarrkirche aus dem Jahr 1460.

Weiter geht es in Richtung Gerolstein. Wir betrachten die langsam vorbeiziehende Landschaft, in der sich Felder, Waldgebiete und kleine Ortschaften abwechseln; schon bald sind wir mitten in der Vulkaneifel mit ihren Maaren. Besonders viele dieser Seen gibt es in der Nähe der Kreisstadt Daun, in deren Umgebung sich bereits die Kelten und Römer angesiedelt hatten. Die Stadt wird von der Ruine Höhenburg überragt, die sich auf einem Felsen aus erstarrter Lava erhebt.

Nun sind es noch 22 Kilometer bis Gerolstein, und wir genießen die gemütliche Fahrt auf der kurvenreichen Strecke. Kurz vor Gerolstein wird bei Pelm das Flüßchen Kyll überquert, wo auf der rechten Seite die Ruine Kasselburg steht.

Unsere Strecke verläuft jetzt parallel zur Eifelbahn aus Richtung Köln. Überregional bekannt geworden ist die kleine Stadt Gerolstein seit Ende des 19. Jahrhunderts durch ihre Mineralquellen.

Schon wenige Minuten nach unserer Ankunft läuft der D-Zug aus Münster ein, den wir bis Trier benutzen werden. Die Eifelbahn folgt dem engen Flußtal der Kyll durch ausgedehnte Waldgebiete; viele Tunnel gestalten die Fahrt abwechslungsreich. Zwei Halte werden in Kyllburg und Bitburg-Erdorf eingelegt, bevor wir am Abend den Hauptbahnhof von Trier erreichen.

Am nächsten Vormittag unternehmen wir einen ausgiebigen Stadtrundgang. Das 2000 Jahre alte Trier wurde einst als militärische Versorgungsstadt gegründet und war im 2. Jahrhundert n.Chr. die Hauptstadt der römischen Provinz Belgica – aus dieser Zeit stammt das Stadttor «Porta Nigra», das neben zahlreichen anderen Bauten aus der Römerzeit noch weitgehend erhalten ist.

Wir verlassen Trier und die Mosel mit einem Schnellzug, der uns nach Koblenz bringen wird. Der Zug befährt zunächst die weite Talebene zwischen Eifel und Hunsrück und trifft erst bei Pünderich wieder auf die Mosel, wo die Strecke knapp oberhalb des Flusses inmitten von Weinbergen auf einem zwei Kilometer langen Viadukt, dem «Pündericher Hangviadukt», verläuft. Die sich anschließende Flußschleife von Zell kürzt die Bahn aber durch einen Tunnel ab, und nach einer ersten Moselüberquerung erreichen wir den Bahnhof Bullay. Am Nachbarbahnsteig steht noch der

Von der Burg Rheinfels aus ergibt sich ein herrlicher Blick in das enge Rheintal und auf St. Goar. Eine Lok der Baureihe 103 durchfährt am Abend des 2. Juni 1985 mit dem IC 624 «Bacchus» (München – Dortmund) den kleinen Ort in Richtung Koblenz.

Schienenbus, der Anschlußreisende aus Traben-Trarbach hierher gebracht hat. Nach nur kurzem Aufenthalt fährt der Schnellzug weiter und wechselt wenige Minuten später bei Eller zum vorerst letzten Mal die Talseite, um gleich darauf im «Kaiser-Wilhelm-Tunnel» zu verschwinden. An dessen Ausgang liegt der nächste Halt unseres Zuges, der Bahnhof Cochem. Der 4200 Meter lange Tunnel wurde im Jahre 1879 eingeweiht und war jahrzehntelang der längste in Deutschland, doch heute wird er von mehreren Tunneln der Neubaustrecke Hannover – Würzburg übertroffen. Große Lüfterbauwerke an den Portalen erinnern noch an die Probleme während des Dampflokbetriebs, als die Rauchgase wegen der Tunnellänge abgesaugt werden mußten.

Von Cochem bis Koblenz folgt die Strecke nun der Mosel am linken Ufer, neben Weinbergen, Waldstükken und steilen Hängen. Unterwegs tauchen die Namen von zahlreichen kleinen Weinorten auf: Treis-Karden, Löf, Kobern-Gondorf und Hatzenport mit seiner mitten im Weinberg gelegenen Johanniskirche; nur wenige Kilometer von Moselkern entfernt liegt die Burg Eltz, eine der schönsten und besterhaltensten Burgen Deutschlands – ihre Abbildung ziert die Rückseite der 500-DM-Scheine. Koblenz erreichen wir am späten Nachmittag.

Am nächsten Tag besteigen wir um 11.40 Uhr den bekanntesten Zug der Deutschen Bundesbahn, den TEE «Rheingold», und benutzen ihn bis zu seinem nächsten Halt in Mainz.

Die Fahrt mit diesem traditionsreichen Luxuszug war mehr als nur die Überwindung einer Distanz, sie war eine Reise entlang eines der wichtigsten Verkehrswege Europas und auch eine Reise in die Vergangenheit. Inzwischen aber ist eine Fahrt mit dem «Flaggschiff» der DB leider nicht mehr möglich, denn zum Sommerfahrplan 1987 wurde dieser letzte Trans-Europ-Expreß auf deutschen Schienen wegen mangelnder Auslastung aus den Fahrplänen gestrichen. Seine Aufgaben werden nun von herkömmlichen Intercity-Zügen übernommen.

Zurück zum Rheingold des Jahres 1983. Wir suchen uns einen Platz im Clubwagen, von wo man den Blick auf die eindrucksvolle Rheinlandschaft bei einem Glas Wein am besten genießen kann. Vor allem zwischen Boppard und Bingerbrück werden wir kaum noch vom Fenster weichen, wenn in dichter Folge reizvolle Ortschaften und zahlreiche in den Weinbergen gelegene Burgen vorbeiziehen.

Doch zunächst unterqueren wir die Bahnstrecke Koblenz – Limburg und passieren den Koblenzer Stadtwald sowie die Gebäude der Brauerei Königsbacher. Gegenüber wird die Lahnmündung und die Stadt Lahnstein sichtbar, über der die Burg Lahneck thront; gleichzeitig durcheilen wir den Ort Kappellen unterhalb von Schloß Stolzenfels. Auf der anderen Rheinseite sehen wir bei Braubach die Marksburg, die letzte vollerhaltene mittelalterliche Ritterburg, bevor wir in die große Rheinschleife zwischen Spay und Boppard einfahren. In Höhe von Bad Salzig liegen das Kloster Bornhofen und die Burgruinen Sterrenberg und Liebenstein. Kurz nach dem Haltepunkt Hirzenach taucht auf der östlichen Rheinseite die Burg Maus auf und danach oberhalb von St. Goarshausen die Burg Katz. Mit gedrosselter Geschwindigkeit passiert unser «Rheingold» den kleinen Bahnhof von St. Goar und gleich darauf den 367 Meter langen «Bank-Tunnel», dem ersten von drei Tunneln im besonders engen Rheintal zwischen St. Goar und Oberwesel. Wieder bei Tageslicht fällt der Blick auf den mächtigen und sagenumwobenen Loreleyfelsen, der weit in das Tal und den Flußlauf hineinragt und der Rheinschiffahrt schon manche Schwierigkeit bereitet hat. Gleich danach verschwindet unser Zug im «Bett-Tunnel» und anschließend im «Kammereck-Tunnel», um dann nach einem großen Linksbogen das Städtchen Oberwesel zu durchfahren: hier sind zwischen den Häusern die gotische Liebfrauenkirche sowie Reste der alten Stadtmauer zu sehen.

Mitten im Strom liegt die Pfalz bei Kaub, eine ehemalige Zollburg, die im Jahr 1327 auf einer Felsinsel im Rhein erbaut wurde; oberhalb des Städtchens Kaub thront die Burg Gutenfels. Danach folgt das Weinstädtchen Bacharach, wo die Strecke dicht an den alten Häusern vorbeiführt; gegenüber liegen die Ruine Nollig bei Lorchhausen und die Ruine Ehrenfels bei Assmannshausen.

Bei der Einfahrt nach Bingerbrück zeigt sich auf einer kleinen Rheininsel der Mäuseturm, der einst dem Erzbischof von Mainz als Zollturm diente; er ist aber nur für wenige Augenblicke zu sehen. Darüber liegt hoch am Berg das Niederwalddenkmal, das in den siebziger Jahren des vorigen Jahrhunderts als Symbol der deutschen Einheit errichtet worden ist.

Ab Bingerbrück weitet sich die Landschaft, und auf dem Rest der Fahrt bis Mainz passieren wir kleine Ortschaften und Gebiete mit Obst-, Wein- oder Gemüseanbau. Nach gut 50 Minuten Fahrt mit dem TEE «Rheingold» erreichen wir Mainz, das Ziel des heutigen Tages.

Der Nachmittag bleibt einem Rundgang durch die Innenstadt vorbehalten. Zunächst geht es durch die

Fußgängerzone vorbei am Schiller-Denkmal zum Fastnachtsbrunnen, der mit zahlreichen Figuren und originellen Motiven von der Mainzer Fastnacht erzählt. Am Ende der Ludwigstraße befindet sich das Gutenberg-Denkmal, das an den im Jahre 1397 in Mainz geborenen Erfinder der Buchdruckerkunst erinnert. Nicht weit davon erhebt sich mitten in der Altstadt der Mainzer Dom mit seinen mächtigen Türmen. Davor steht auf dem Marktplatz einer der ältesten und schönsten Brunnen Deutschlands, der Marktbrunnen aus dem Jahre 1526. Bis zum Rheinufer und den Anlegestellen der Rheinschiffahrt sind es von hier nur wenige Minuten.

Am letzten Tag unserer Reise zwischen Eifel und Rhön beginnt die Fahrt bereits gegen 8 Uhr, da wir das Reiseziel auf beabsichtigten Umwegen erreichen wollen. Unser Eilzug nach Pirmasens befährt zunächst die Gleise der Hauptstrecke nach Koblenz und verläßt diese erst bei Gau-Algesheim, um auf die Dieselstrecke in Richtung Süden abzuschwenken.

Am Rande des Nordpfälzer Berglandes liegt Bad Kreuznach, der Mittelpunkt des Weinanbaus an der Nahe. Eine Besonderheit der Stadt sind die Brückenhäuser, zwei Wohnhäuser auf einer fast 700 Jahre alten Nahebrücke. Von Bad Münster a. Stein ist ein Abstecher entlang der Nahe nach Idar-Oberstein möglich, dem Zentrum der deutschen Edelsteinindustrie, die auf Achatschleifereien aus dem 15. Jahrhundert zurückgeht. Aber schon die Römer fanden hier die begehrten Steine.

Wahrzeichen Idar-Obersteins ist die Felsenkirche, die im 12. Jahrhundert in eine fast senkrecht aufsteigende Felswand gehauen wurde. Nach einem Felssturz wurde sie im Jahre 1742 in ihrer jetzigen Form wieder aufgebaut. Leider hat die Stadt heute viel von ihrer einstigen Beschaulichkeit verloren, ist doch die durch den Ort fließende Nahe inzwischen unter der Betondecke einer Durchgangsstraße verschwunden.

Wir aber fahren in Richtung Kaiserslautern durch das Alsenztal weiter, vorbei an der Ebernburg und der Ruine Altenbaumburg. Bei der Ankunft in Kaiserslautern sehen wir von dem Eilzug nach Mannheim nur noch die Rücklichter, denn er ist planmäßig eine Minute vorher abgefahren. Wir müssen daher eine gute Stunde auf den nächsten Zug warten.

Weiter geht es dann mit dem Eilzug Saarbrücken – Frankfurt durch den Pfälzer Wald, der entlang des schmalen Leimbachtales durchquert wird. In Neustadt a. d. Weinstraße beginnt die weite und flache Rheinebene, durch die unsere Strecke geradlinig über Schifferstadt auf Ludwigshafen zuführt. Die großzügig gestalteten Anlagen des Hauptbahnhofes Ludwigshafen – ein eigenwilliger Neubau aus dem Jahre 1969 – sind in vier Ebenen ausgeführt: Zwei Bahnebenen für Nah- und Fernverkehr im Dreieck Mainz – Mannheim – Kaiserslautern, eine Straßenbahnlinie im Untergrund und eine Hochstraße, die von dem weit sichtbaren Pylon getragen wird. Die von Westen und Norden zusammenlaufenden Strecken verdichten sich nun zum Nadelöhr der Eisenbahn im Rhein-Neckar-Ballungsraum, der nur zweigleisigen Rheinbrücke, die längst an der Grenze ihrer Kapazität angelangt ist. Unmittelbar nach der Brücke beginnt das Gleisvorfeld des Mannheimer Hauptbahnhofes.

Wer es eilig hat, könnte hier in einen Intercity umsteigen, der über die «Riedbahn» (Mannheim – Biblis – Frankfurt) in Richtung Norden fährt; wir bleiben jedoch im Eilzug sitzen, der nach Vorbeifahrt am riesigen Mannheimer Rangierbahnhof bei Friedrichsfeld auf die nahe am Odenwald vorbeiführende «Main-Neckar-Bahn» (Heidelberg – Darmstadt – Frankfurt) wechselt.

Den Neckar überqueren wir kurz vor dem Bahnhof Ladenburg; ab Weinheim durchfahren wir das Gebiet der «Bergstraße» am Westhang des Odenwalds, wo mildes Klima und fruchtbarer Boden die Vegetation besonders gut gedeihen läßt und im Frühjahr zur Kirschblüte die Landschaft verzaubert. Hübsche alte Städtchen sind Heppenheim, Bensheim und Zwingenberg.

Zwischen Darmstadt und Frankfurt geht es durch die Kiefernwälder, und schon erreichen wir bei Neu-Isenburg die ersten Frankfurter Stadtteile. Nach Überqueren des Mains biegt der Zug in einem großen Rechtsbogen in Richtung Hauptbahnhof ein. Dabei wird unser Blick auf Frankfurts Hochhaus-Skyline gelenkt, die der Wirtschafts- und Bankenmetropole die leicht spöttischen Beinamen «Mainhattan» und «Bankfurt» eingebracht hat. Durch den Wechsel von alter Bausubstanz und nüchterner Zweckarchitektur bietet das Stadtbild eine Vielfalt von Eindrücken. Beherrschend sind die «Wolkenkratzer», verkleidet mit Glas, Aluminium oder schlichtem Beton in glattem Design. Mitten in der City ist als Vertreter der Bauweise des letzten Jahrhunderts der Hauptbahnhof erhalten geblieben, der im Jahre 1888 als «Central-Bahnhof» eingeweiht worden ist; besonders eindrucksvoll ist die Stahlkonstruktion der großen Halle, die insgesamt 24 Gleise überspannt.

Die Wartezeit auf den Anschlußzug ist rasch verstrichen, denn die geschäftige Atmosphäre der Großstadt sorgt auch hier auf dem Bahnhof für Abwechslung. Der IC «Kaiserstuhl» bringt uns von Frankfurt nach Fulda, wobei er zwischen Frankfurt-Süd und Hanau die Strecke über Offenbach benutzt, während die Linie nördlich des Mains den Fernzügen der Verbindung Frankfurt – Würzburg vorbehalten ist.

Ab Hanau verläuft die Bahn in nordöstlicher Richtung durch das Kinzigtal, vorbei an Gelnhausen mit den spitzen Türmen seiner Marienkirche sowie Wächtersbach an der Abzweigung nach Bad Orb. Der «Schlüchterner Tunnel» folgt kurz vor Flieden, wo sich die Hauptstrecken aus Frankfurt und Würzburg zur Nord-Süd-Strecke vereinigen. In Kerzell beginnt der weite Talkessel, in dessen Mitte die alte Bischofsstadt Fulda liegt.

Schon bald nach unserer Ankunft wird eine zweiteilige Schienenbusgarnitur als Nahverkehrszug nach Hilders bereitgestellt; wir nehmen in der ersten Reihe hinter dem Lokführer Platz. So kann man den Fahrtverlauf am schönsten beobachten. Bis Götzenhof benutzt der «Rhön-Expreß» die Gleise der Nord-Süd-Strecke und fährt dann zunächst durch das flache Vorland der Rhön. Ab Langenbieber ändert sich die Landschaft: um den Höhenunterschied von 183 Metern zu überwinden, verläßt die Trasse das Tal in einer riesigen Kurve, durchläuft den Bahnhof Bieberstein und strebt dann auf einem Höhenrücken oberhalb des Dorfes Elters dem Milseburgmassiv zu. Dabei ist das auf dem Berg gelegene Schloß Bieberstein während der Fahrt bis Elters von fast allen Seiten zu sehen. Danach fahren wir in den «Milseburg-Tunnel» ein, mit 1173 Metern Länge der größte Kunstbau der Strecke. Die Augen gewöhnen sich nur langsam an die Dunkelheit, denn die Glühbirnen im Innern des alten Schienenbusses erzeugen nur ein schummeriges Licht. Nach einer Kurve mitten im Tunnel kommt der Ausgang näher, und der dahinter gelegene Haltepunkt Milseburg wird sichtbar.

Nun geht es wieder leicht bergab; vorbei an den Orten Rupsroth und Eckweisbach mit seiner mächtigen Dorfkirche rollen wir unserem Zielbahnhof Hilders in der Rhön entgegen.

Vorbei an der Ruine Schloß Monreal, der Burgruine Resch und dem malerischen Ort Monreal brummt nach Verlassen des Monreal-Tunnels die 211 220 am 9. September 1982 mit N 7270 (Mayen – Gerolstein).

Doppelseite: Anläßlich einer Sonderfahrt, die quer durch den Hunsrück führte, kam am 19. Mai 1984 der mit 212 062 und 212 328 (Bw Kaiserslautern) bespannte Sonderzug E 22195 der Birkenfelder Eisenbahnfreunde auch über die größte Eisenbahnbrücke im Hunsrück, den Hoxeler Viadukt.

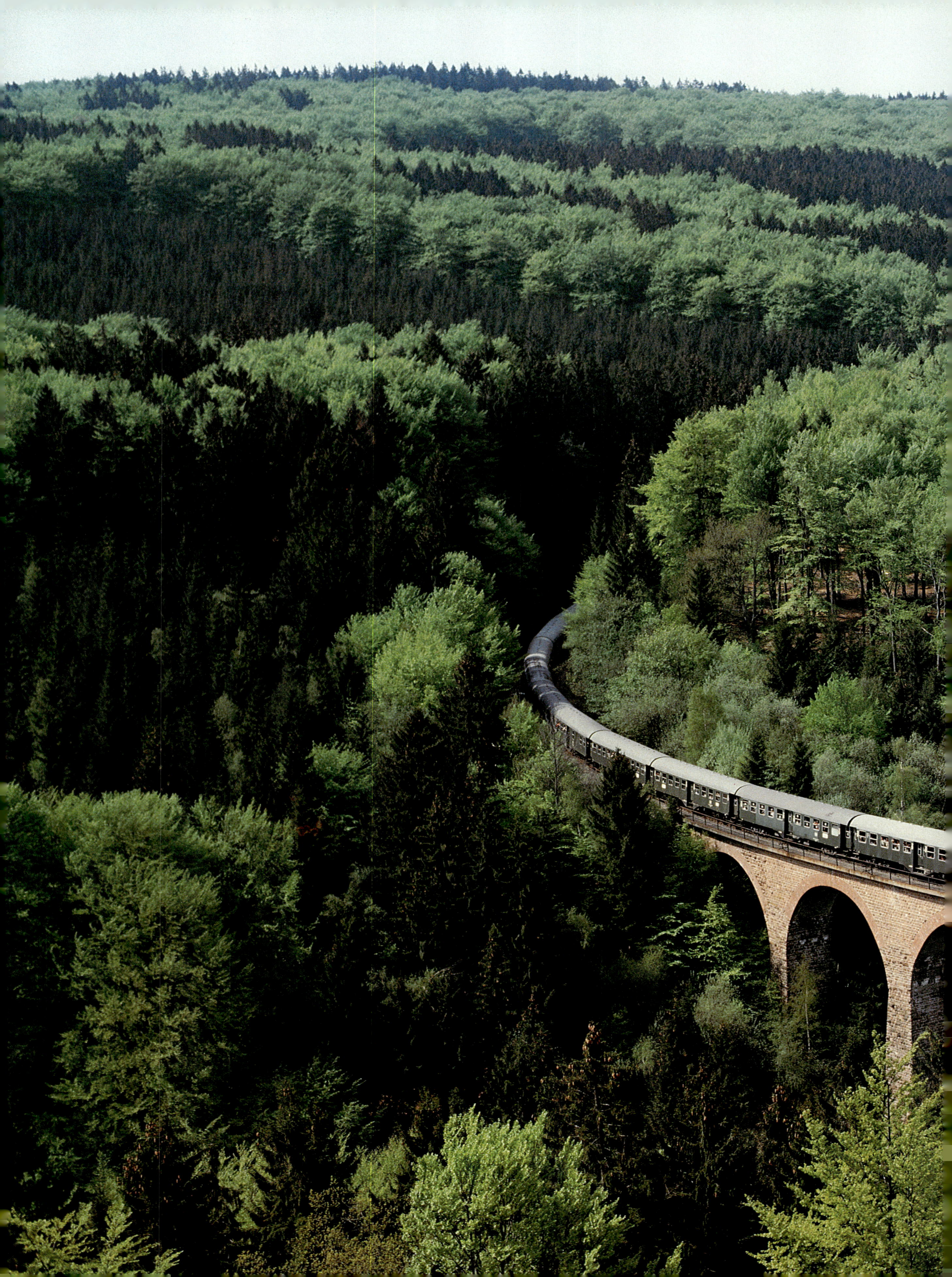

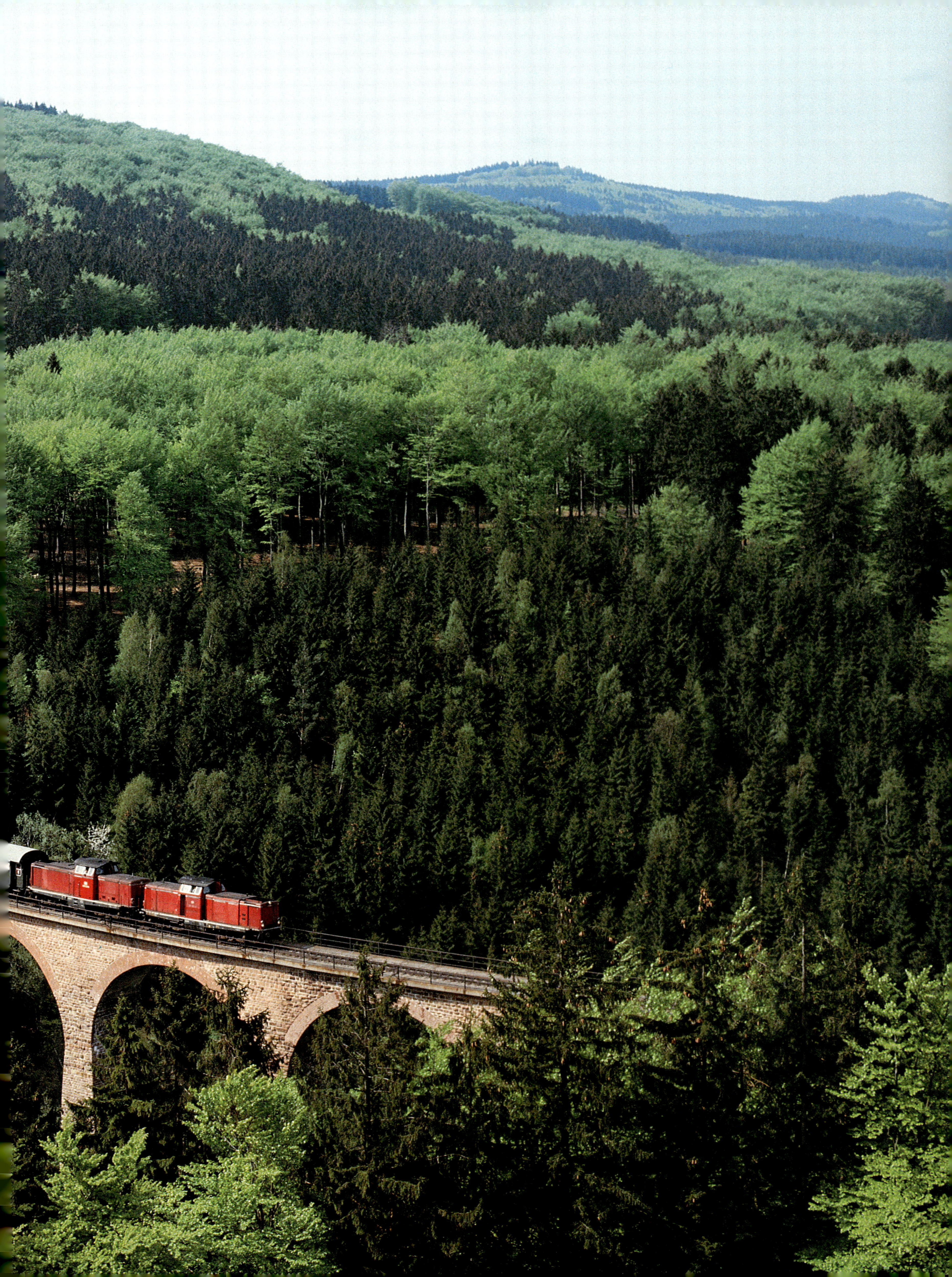

Nur noch spärlich liegt am 25. Februar 1986 der Schnee auf den Weinbergen der Mosel. Hier durchfährt 798 735 als N 8445 den im Moseltal gelegenen Weinort Reil an der Strecke Bullay – Traben-Trarbach (DB).

Links und rechts: Über die «Moselbahn» rollt ein Großteil der Güterzüge, die das Wirtschaftszentrum Saar mit Mittel- und Norddeutschland verbinden. Zahlreiche Ganzzüge versorgen die Stahlindustrie mit Montangütern. Bei Hatzenport entstand am 31. Mai 1985 die Aufnahme des Güterzuges mit leeren Rungenwagen, es führt die 140 689.
Nur wenig später folgte dann der lange Erzzug mit den beiden Lokomotiven 140 830 und 140 835.

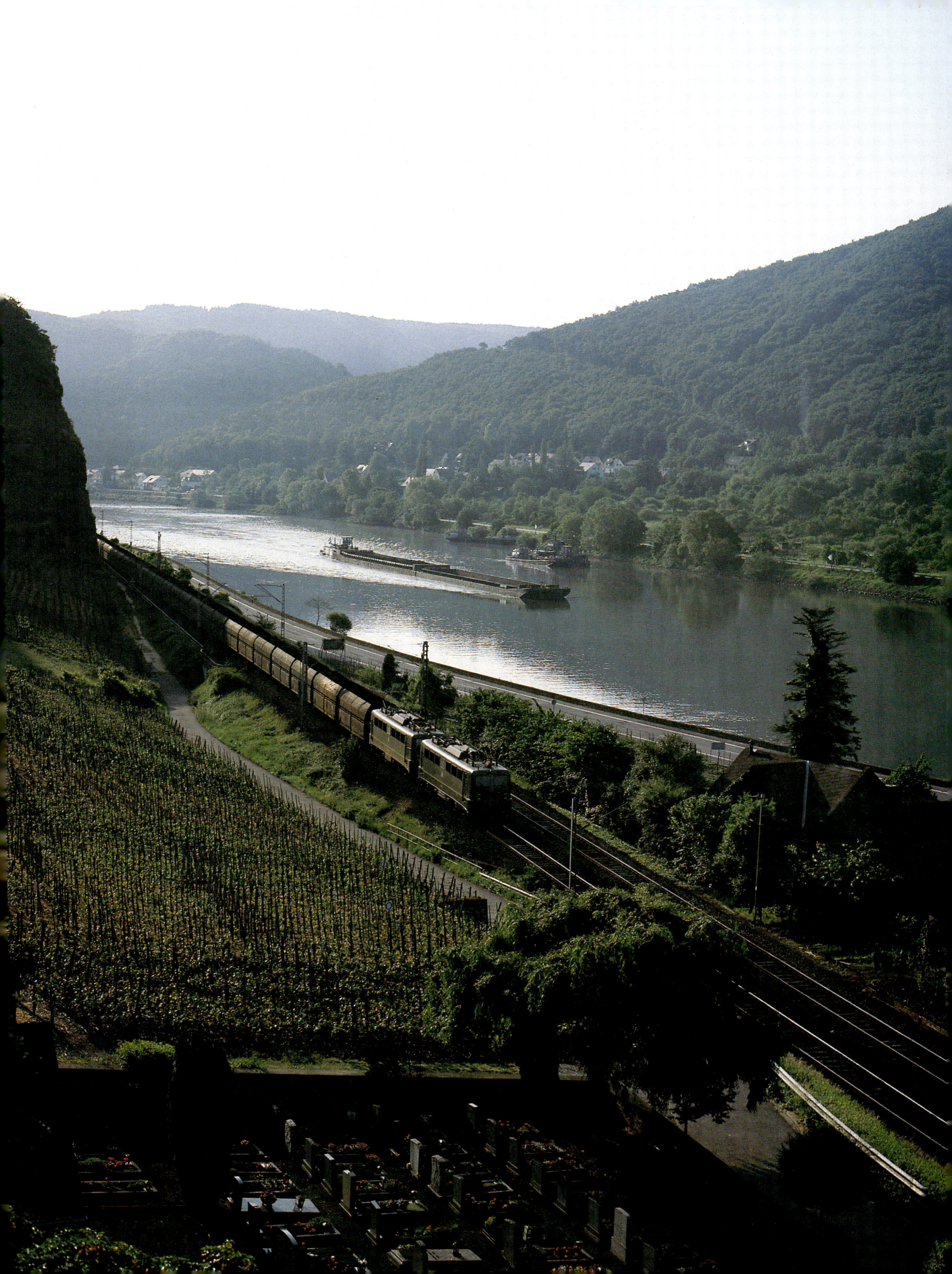

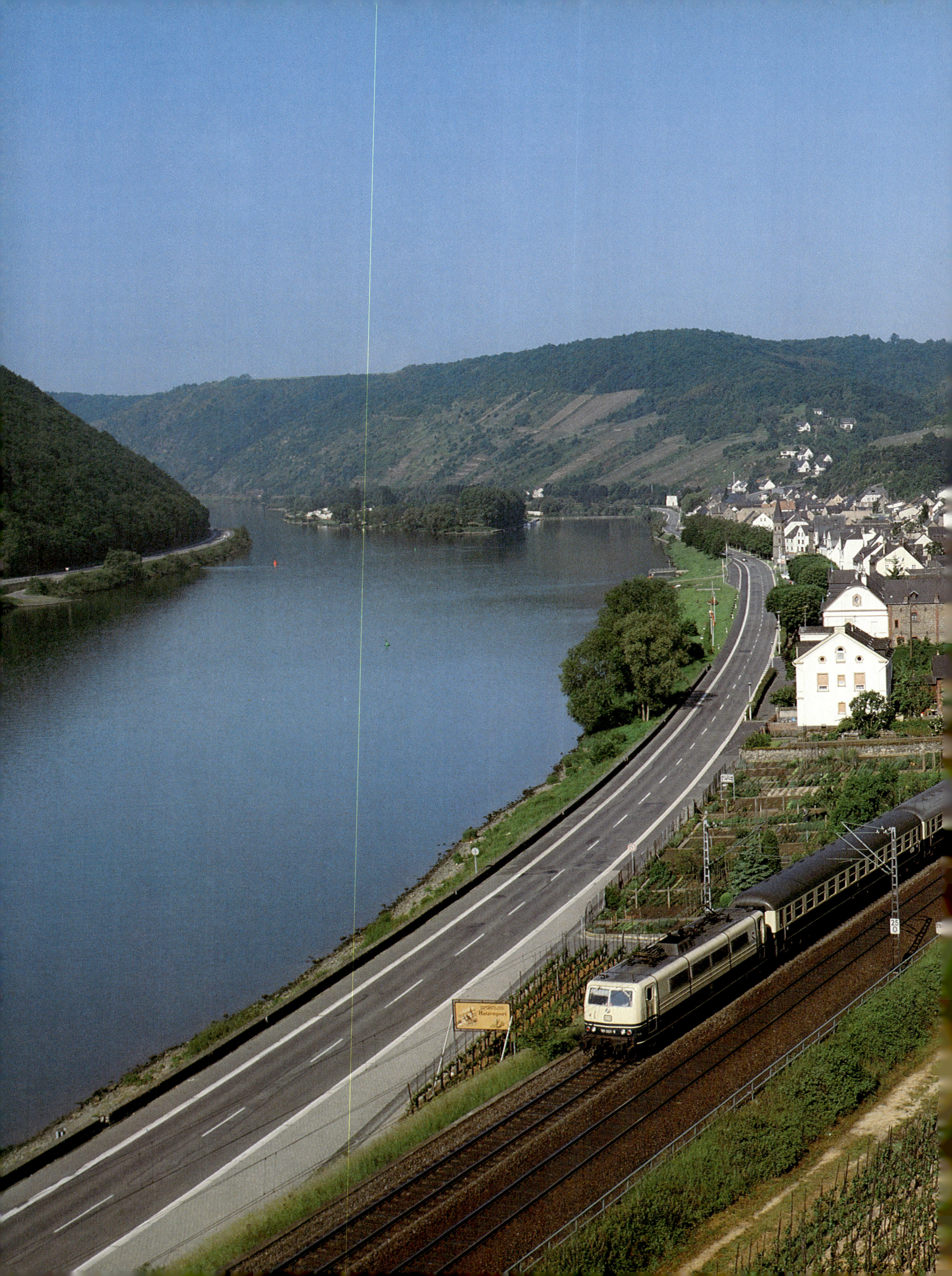

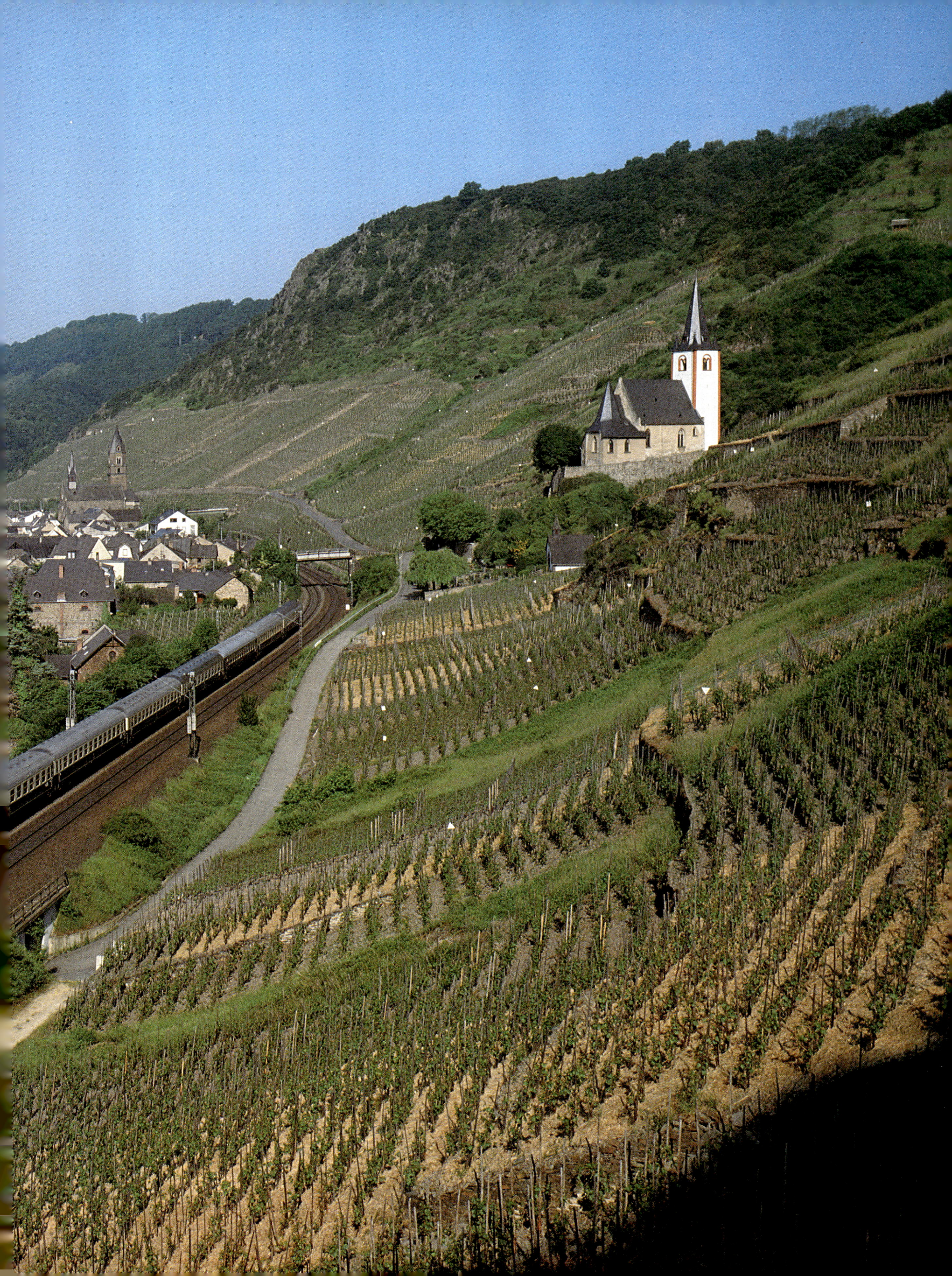

◁ Doppelseite: Äußerst selten kommen Vorserienlokomotiven der Baureihe 181 über Trier hinaus in Richtung Koblenz. Am Morgen des 31. Mai 1985 hatte der Fotograf besonderes Glück. Ausnahmsweise bespannte die türkis-beigefarbene 181 001 den D 802 (Saarbrücken – Dortmund), der hier gerade den langgezogenen Ort Hatzenport mit seinen beiden Kirchen durchfährt.

Oben: Eine Besonderheit ist die völlig getrennte Trassierung der beiden Streckengleise zwischen Pirmasens-Nord und Pirmasens Hauptbahnhof, die bis zu 100 Meter auseinander liegen. Seit Sommerfahrplan 1985 wird aber nur noch die Bergstrecke befahren.
Die Aufnahme zeigt 515 548 des Bw Worms als N 4563 am 18. Februar 1985.

Rechts oben: Nach Erprobung der UM – AN-Technik wurde die hierfür umgebaute 202 003 für kurze Zeit beim Bw Kaiserslautern im Plandienst eingesetzt. Die ursprünglich orangefarbene Maschine hatte für die Versuchsfahrten ein eigenwilliges Farbkleid erhalten. Neben Leistungen nach Karlsruhe und Neustadt/Weinstraße wurde die Maschine hauptsächlich vor Schnellzügen nach Frankfurt auf der Alsenzbahn eingesetzt. Am 4. April 1985 bespannte sie den D 209 (Paris – Frankfurt), aufgenommen bei Rockenhausen.

Rechts unten: Auf dieser Strecke finden auch die Lokomotiven der Baureihe 218 des Bahnbetriebswerks Kaiserslautern ein reges Betätigungsfeld. Am Abend des 1. Juni 1985 durcheilt eine rote 218 mit E 3288 den Bahnhof Altenbamberg – vorbei an der Altenbaumburg. Die Ebernburg sowie den Rotenfels bei Bad Münster am Stein hat sie bereits hinter sich gelassen.

57

Oben: Am 8. April 1985 entwikkelte sich über dem Rheintal ein heftiges Gewitter. Nach dessen Abzug kam die Sonne wieder zum Vorschein und ermöglichte so das Zustandekommen eines Regenbogens. Unbeeindruckt von diesem Naturereignis zieht die Hamburger 103 229 bei Rheindiebach ihren IC 612 «Kurpfalz» (München – Dortmund) vorbei nach Koblenz.

Rechts: Sicherlich genießen die Fahrgäste des fünfteiligen Lufthansa-Airport-Express die Fahrt von Düsseldorf nach Frankfurt/M.-Flughafen. Wer über einen gültigen Flugschein verfügt und diese Strecke nicht im Flugzeug zurücklegen möchte, der kann auf dieses Angebot der Lufthansa in Zusammenarbeit mit der Deutschen Bundesbahn zurückgreifen. Zwar dauert so die Fahrt ein wenig länger, doch ist sie wesentlich reizvoller. Der Et 403 passiert am 2. Juni 1985 die «Pfalz» auf Höhe des rechtsrheinischen Ortes Kaub.

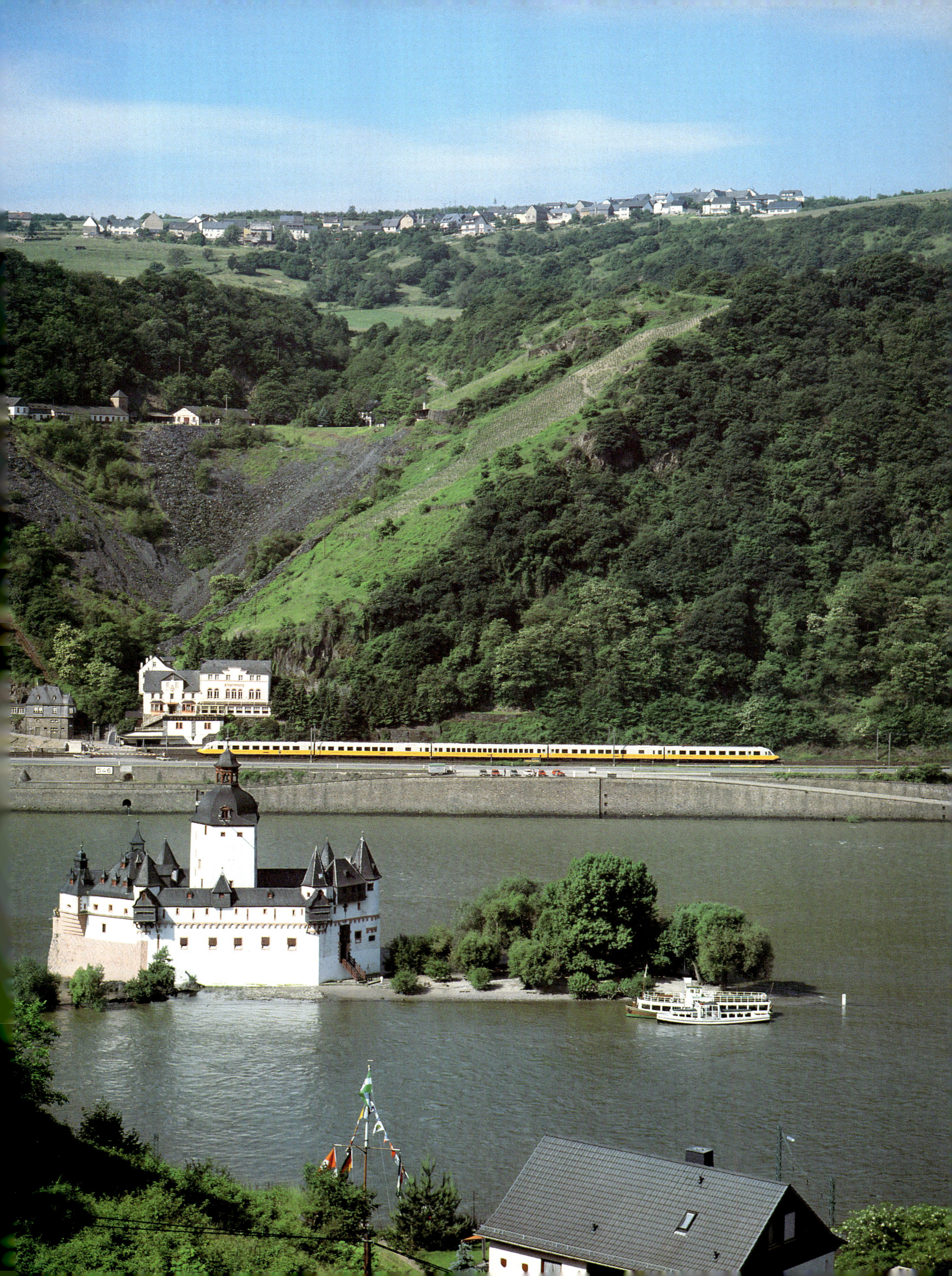

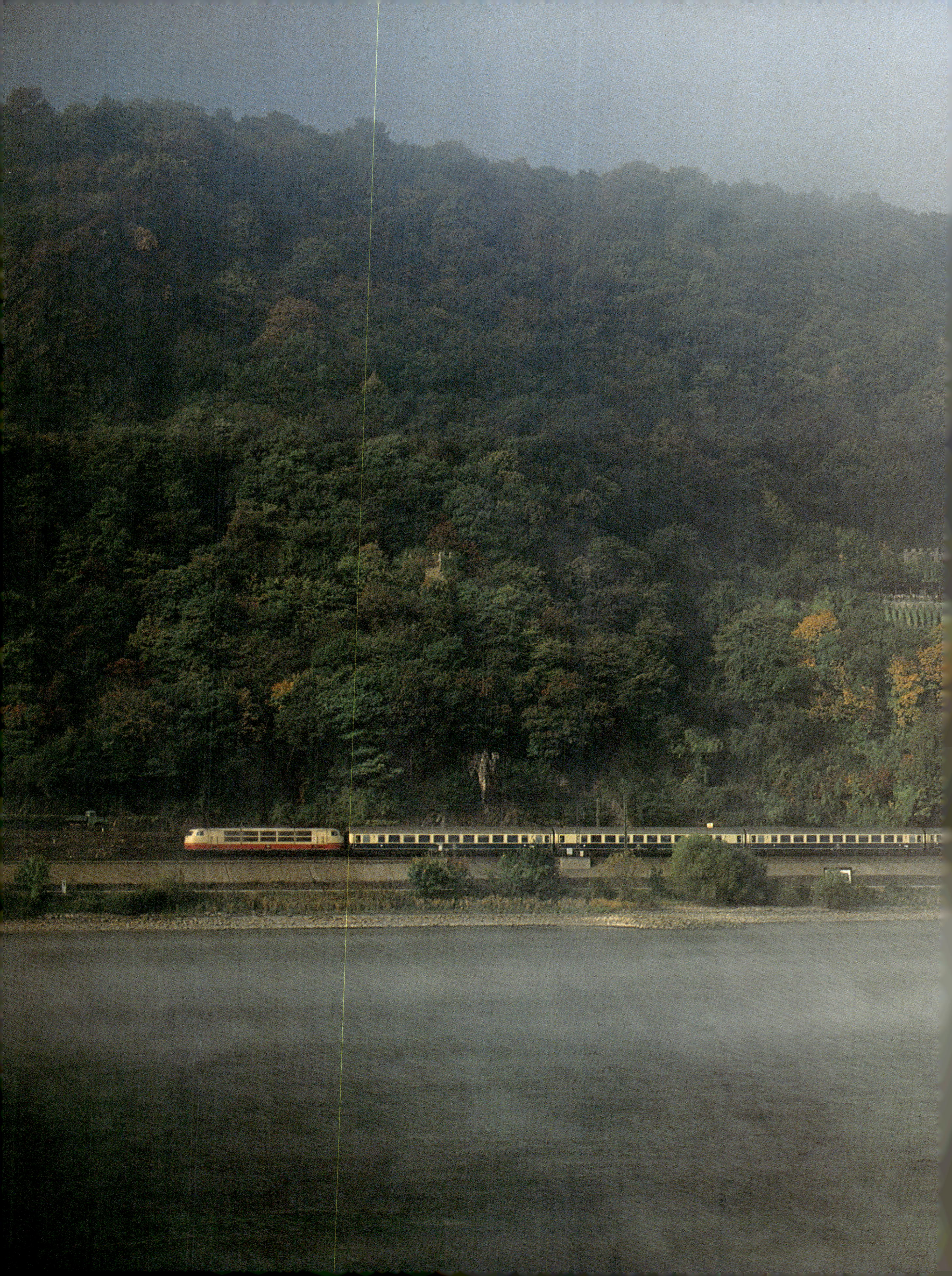

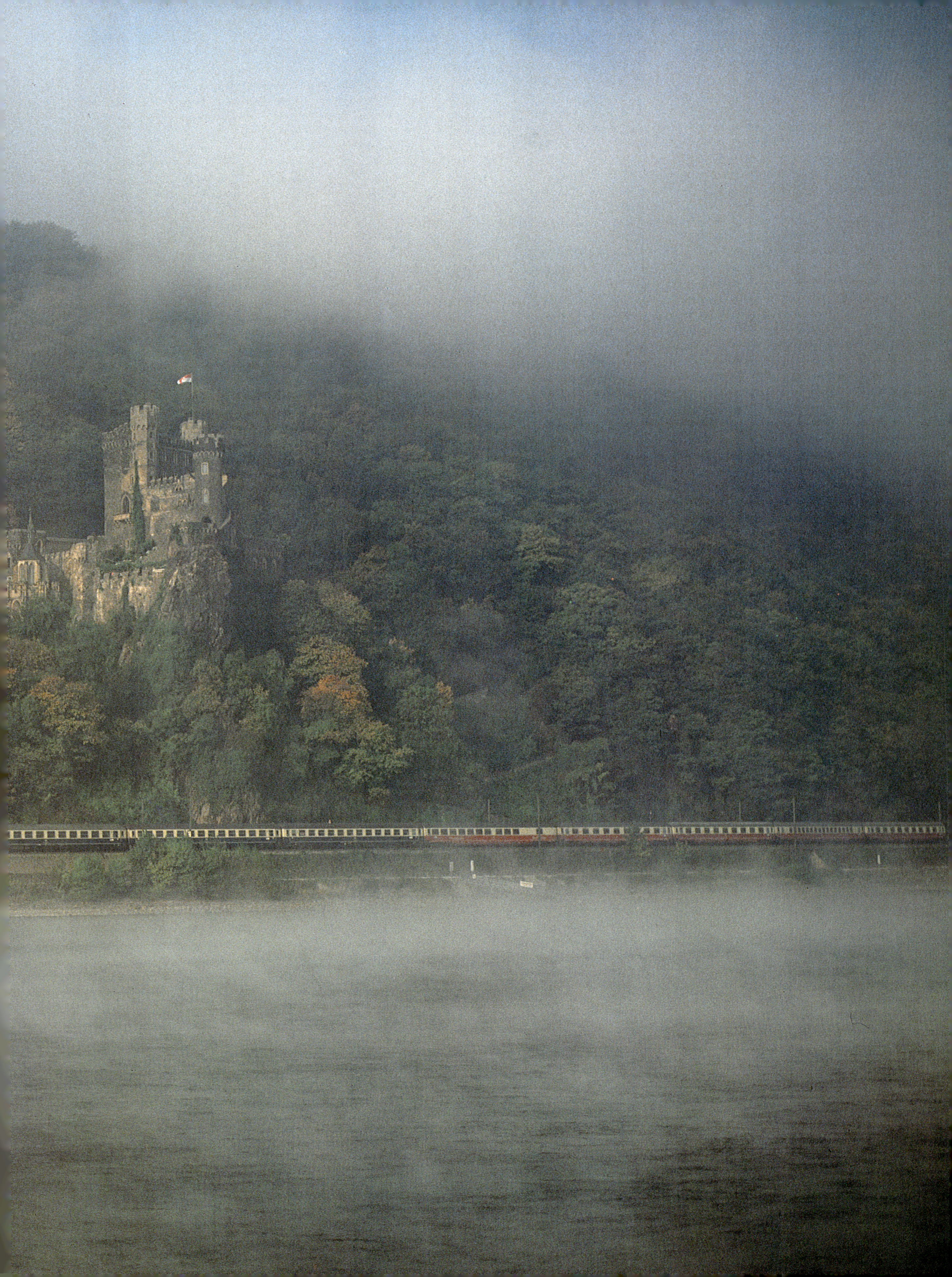

Unten: Die hessische Landeshauptstadt Wiesbaden ist mit der Strecke Frankfurt/M. – Limburg durch eine Verbindungsbahn nach Niedernhausen verbunden.
Bei Wiesbaden-Igstadt entstand am 25. Mai 1985 die Aufnahme des N 5608 (Wiesbaden – Niedernhausen), der mit 216 133 und 216 130 bespannt war.

Rechts: «Sanierungsarbeiten» mußte das Bahnhofsgebäude von Hohenstein/Nassau an der Strecke Limburg – Diez – Bad Schwalbach über sich ergehen lassen. Am 15. August 1983 war bereits ein Anbau des schönen Hauses abgebrochen worden, eine kahle Fläche ziert nun dessen Ostseite.

◁ Doppelseite: Die letzten Nebelfelder lösten sich am 22. Oktober 1985 erst im Laufe des Vormittags auf, als 103 215 mit IC 623 «Gambrinus» (Dortmund – München) die Burg Rheinstein zwischen Trechtingshausen und Bingerbrück passierte.

Rechts: Eine besonders reizvolle Nebenbahn war die Aartalstrecke von Limburg über Bad Schwalbach nach Wiesbaden, auf der lange Zeit auch die «Limburger Zigarren» der Baureihe 517 eingesetzt waren.

Auf der inzwischen stillgelegten Strecke durchfahren am 15. August 1983 noch 515 627 und 515 641 das lange Waldstück zwischen Bleidenstadt und Bad Schwalbach als N 5682.

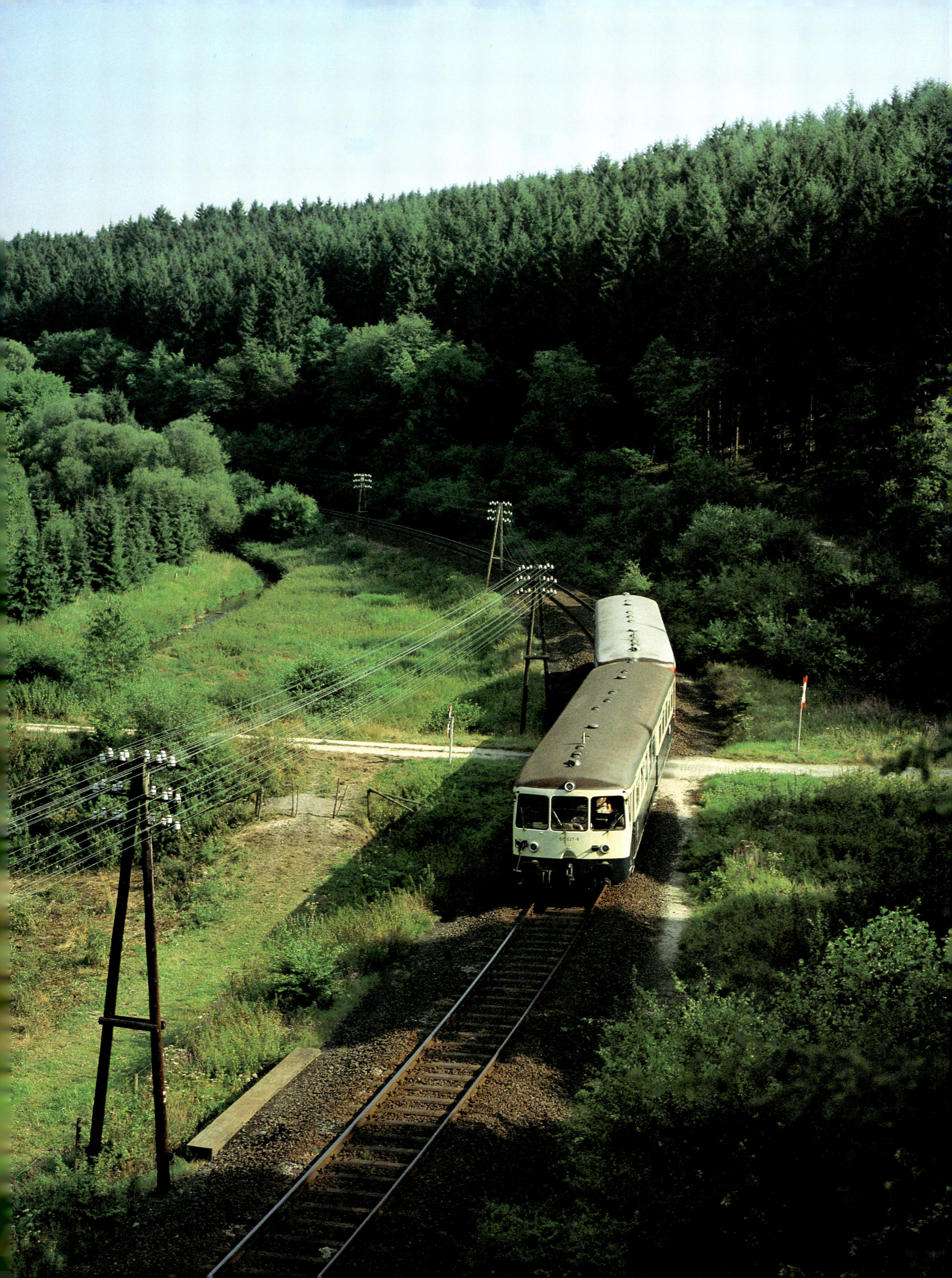

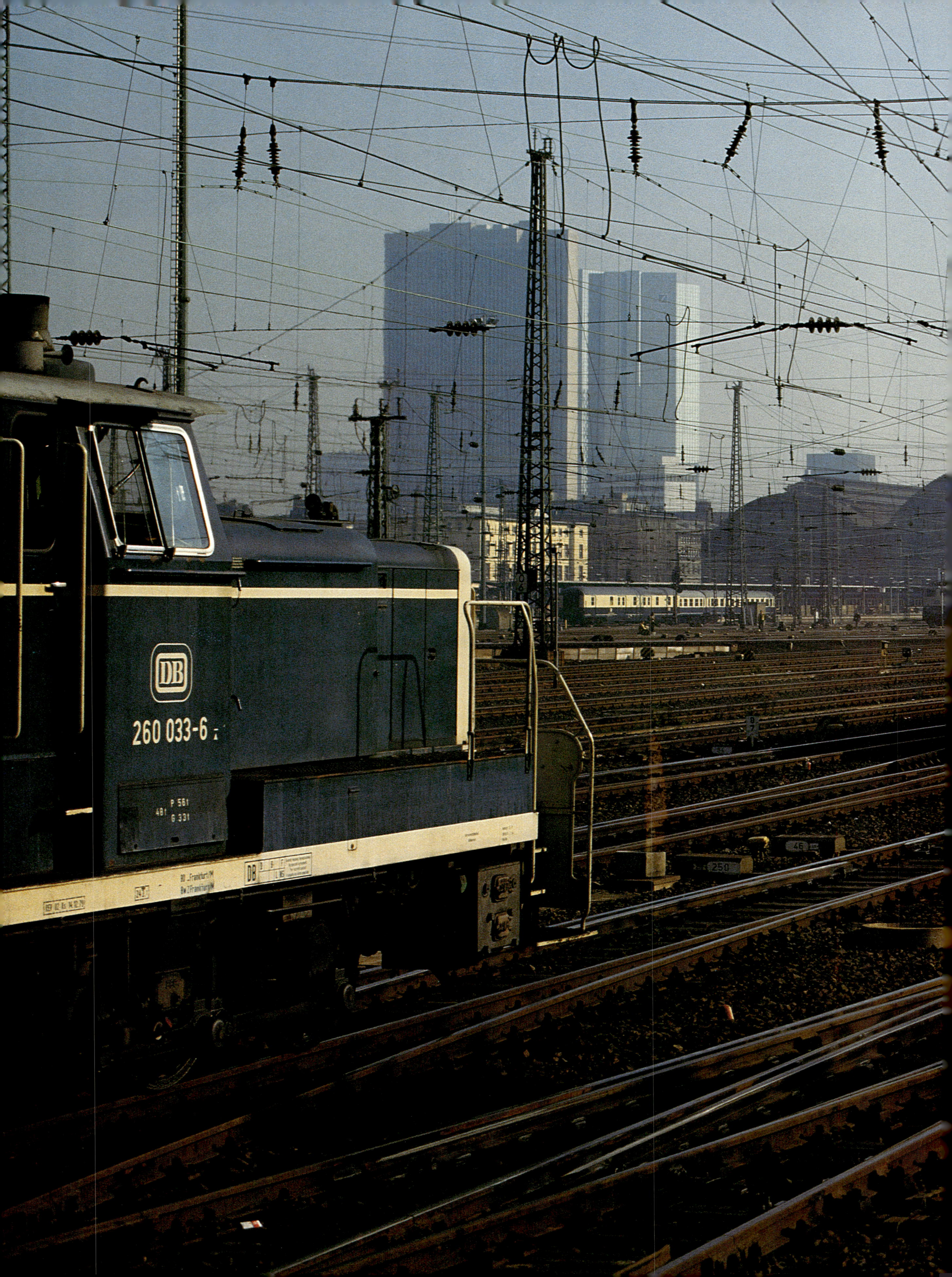
DB
260 033-6

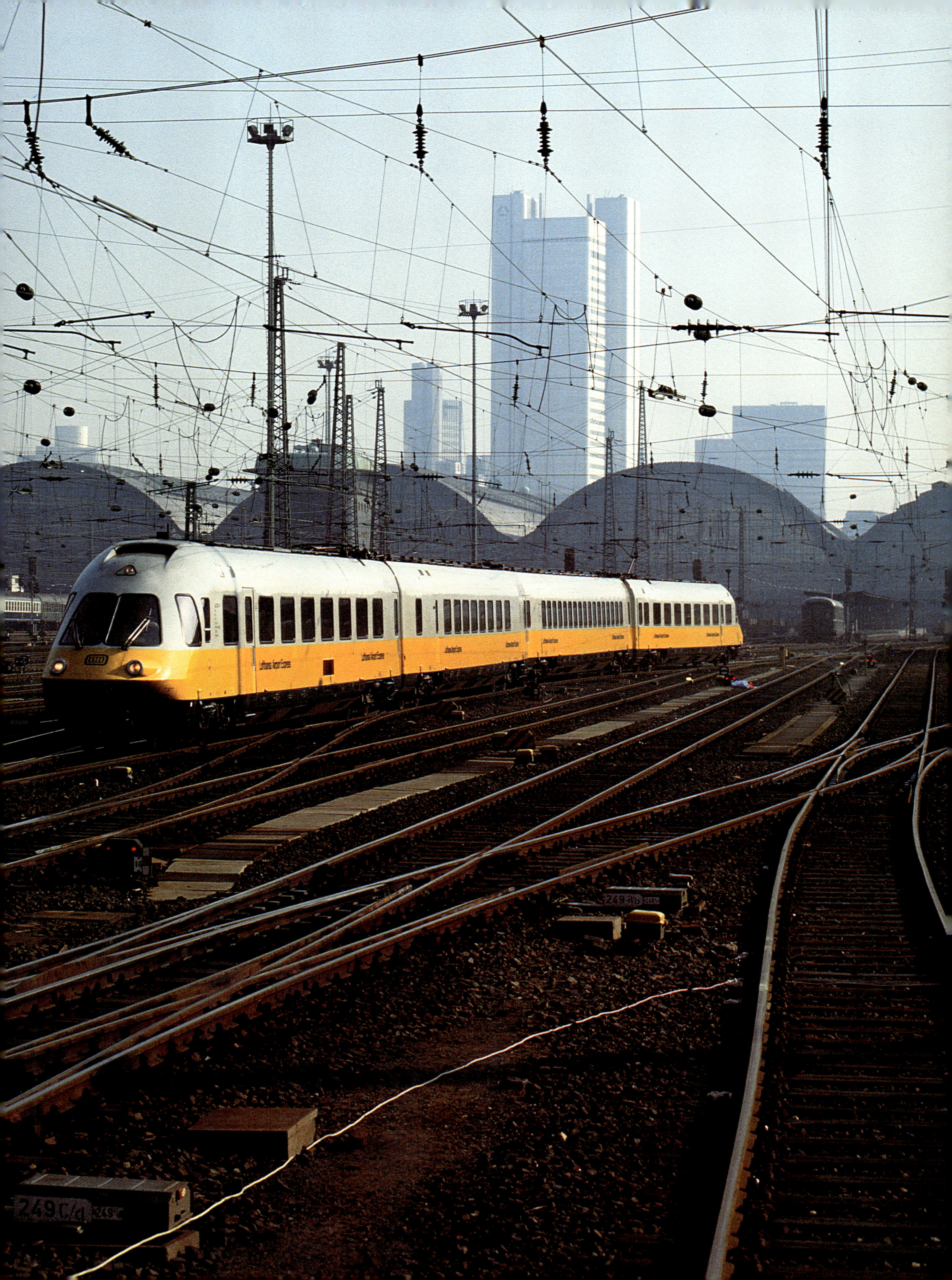
249 C/d

◁ Doppelseite: Gelegentlich werden die drei sonst nur noch im Flughafenverkehr zwischen Frankfurt und Düsseldorf eingesetzten Triebwagengarnituren der Baureihe 403 auch zu Sonderfahrten herangezogen. So dienten 403 003 und 403 004 am 10. September 1985 dem VW-Werk mit einer Fahrt von Frankfurt in die Bundeshauptstadt Bonn, hier aufgenommen bei der Ausfahrt aus den charakteristischen Hallen des Frankfurter Hauptbahnhofes.

Oben: Trotz der starken Quellbewölkung gelang am 13. September 1981 die Aufnahme des 601 018 bei Sonnenschein. Als Dt 13416 ist er mit heimreisenden Urlaubern aus Berchtesgaden und Freilassing nach Dortmund unterwegs und durcheilt hier den Haltepunkt Darmstadt-Süd mit seinem eigenwilligen Bahnhofsgebäude.

Rechts oben: Daß auch Nebenbahnen über einen ausgesprochen regen Güterverkehr verfügen können, zeigt diese Aufnahme. Am späten Vormittag des 8. März 1985 müht sich bei Eckweisbach die Kasselaner 216 216 redlich ab, um ihre Übergabe 68924 ans Ziel nach Hilders/Rhön zu befördern. Für die Rückleistung nach Fulda benötigte sie an diesem Tag sogar noch die Unterstützung einer zweiten Lokomotive.

Rechts unten: Bis zur Stillegung im September 1986 erledigten die 798 des Bw Gießen fast ausschließlich den Personenzugverkehr auf der «Rhönbahn» Fulda – Hilders. Am 25. Oktober 1985 hat die zweiteilige 998/798 Garnitur als N 5835 den Milseburgtunnel verlassen und strebt nun dem Haltepunkt Elters entgegen.

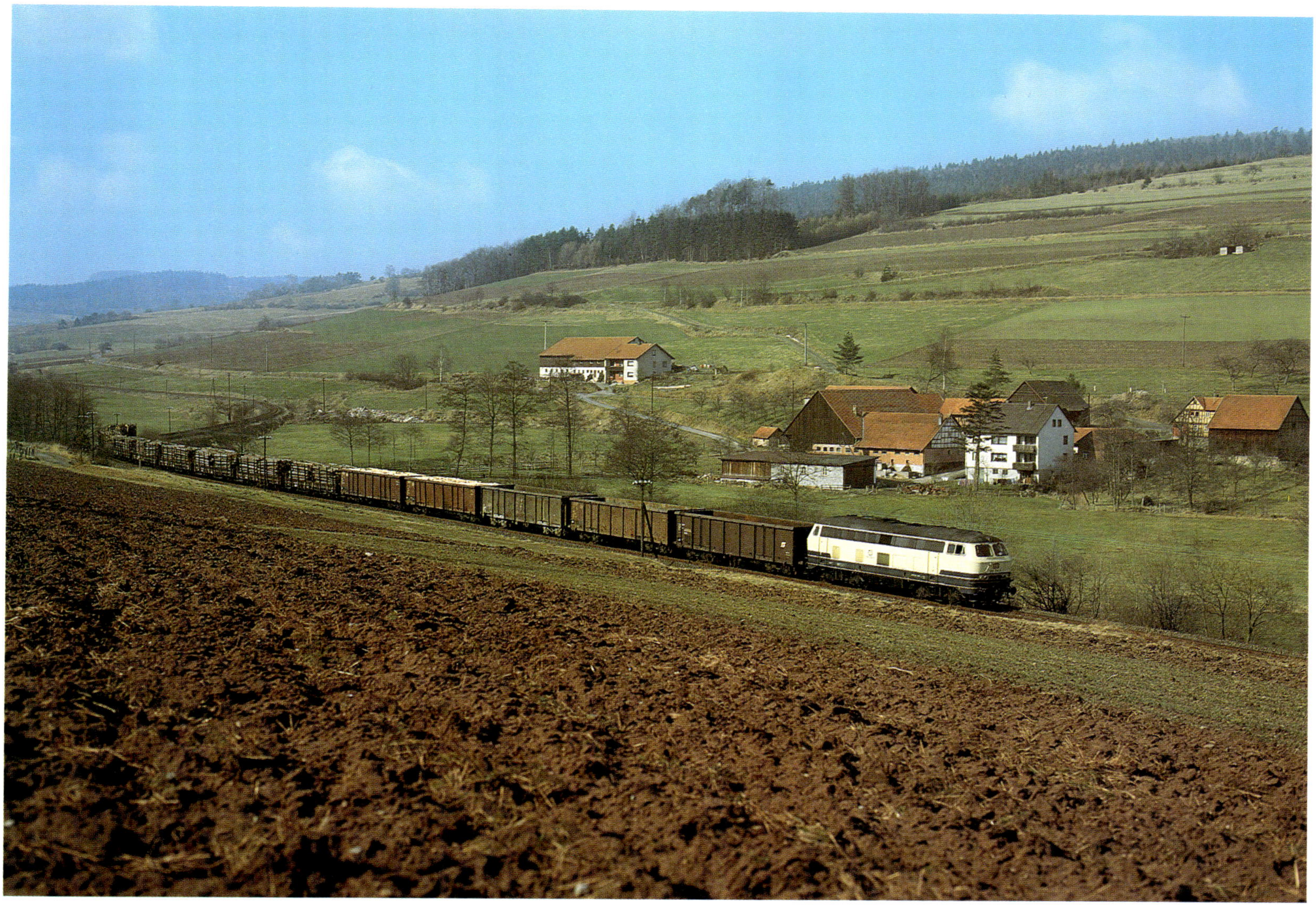

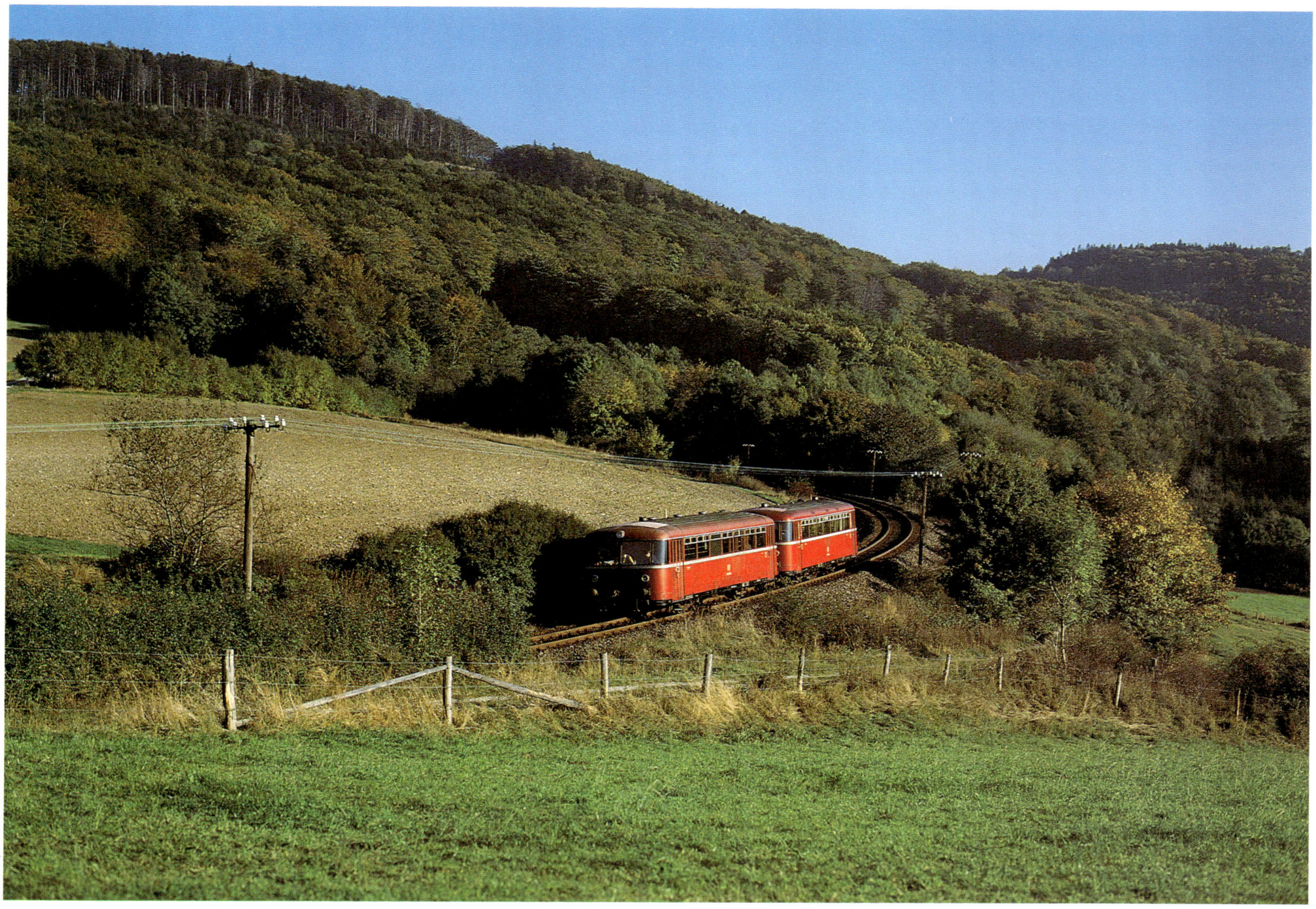

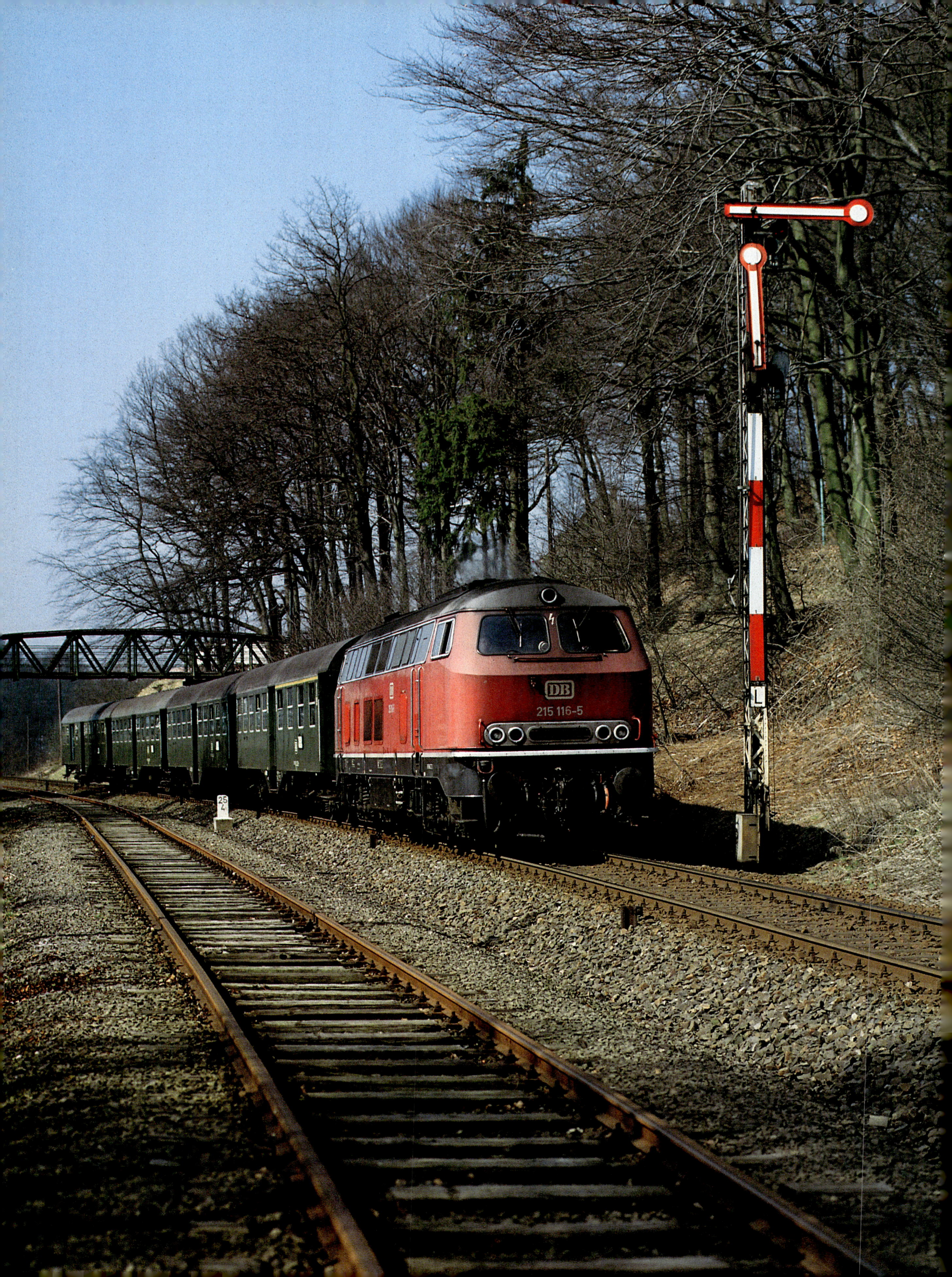
DB
215 116-5
L

RHEINLAND UND WESTFALEN

Rheinland und Westfalen – das sind zwei Landschaften mit vielfältigen, teils gegensätzlichen Formen: die Stadtlandschaften am Rhein, das Ruhrgebiet, die Mittelgebirge mit Nordeifel, Bergischem Land und Sauerland sowie die Niederrheinebene und das Münsterland.

Unsere Reise gliedert sich in zwei Teile: im ersten Abschnitt wollen wir Städte und Landschaften im südlichen Rheinland und im Bergischen Land kennenlernen, um danach im zweiten Abschnitt in Ostwestfalen den Teutoburger Wald zu bereisen.

Am Anfang steht der kleine Ort Heimbach in der Nordeifel, in dessen Nähe die größte Talsperre der Bundesrepublik, die Rurtalsperre, liegt. Sie dient nicht nur der Wasserwirtschaft, sondern als eines der beliebtesten Ausflugsziele im Deutsch-Belgischen Naturpark auch dem Fremdenverkehr.

Die Strecke Heimbach – Düren folgt in zahlreichen Kurven dem Flußlauf der Rur. Vorbei geht die Fahrt an der Ruine der im Jahre 1177 errichteten und bis 1340 zum Schloß ausgebauten Höhenburg Nideggen, die heute als Burgmuseum dient. In rascher Folge passieren wir schroffe, teils zerklüftete Felsvorsprünge, an denen oft Kletterer ihr Können messen.

Nach fast einer Stunde erreichen wir Düren. Im Bahnhof steht auf dem Nebengleis ein langer Güterzug, vollbeladen mit Kohle. Das ist hier nichts Ungewöhnliches, denn nordwestlich von Düren gibt es bei Aldenhoven Steinkohlelager, während sich zwischen Düren und Jülich das größte Braunkohleabbaugebiet der Erde befindet. Da die bis zu 70 Meter starken Flöze in etwa 200 bis 300 Meter Tiefe liegen, sind durch den Tagebau erhebliche Eingriffe in die Natur unvermeidlich. Riesige Schaufelradbagger, bis zu 200 Meter lang, 84 Meter hoch und 7000 Tonnen schwer fressen sich dort durch die Landschaft.

Für die Weiterfahrt nach Euskirchen benutzen wir den Bahnbus, da zwischen beiden Städten seit 1983 keine direkte Zugverbindung mehr besteht. Der Bus benötigt knapp 70 Minuten für die 30 Kilometer lange Strecke durch die Zülpicher Börde, einer besonders fruchtbaren Ackerlandschaft am Rand der Nordeifel; hier werden hauptsächlich Weizen und Zuckerrüben angebaut.

Mit dem Nahverkehrszug Euskirchen – Bonn geht die Fahrt weiter, die uns ab Meckenheim durch die «Ville» führt, ein Höhenzug, der Rhein- und Erfttal voneinander trennt. Mitten im Wald passieren wir den einsamen Bahnhof Kottenforst mit seinem hübschen, blumengeschmückten Empfangsgebäude im Fachwerkstil. Dann sind es nur noch wenige Minuten bis in die Bundeshauptstadt Bonn.

Unser Stadtrundgang beginnt am Hauptbahnhof; von hier gelangt man auf kurzem Wege in die Fußgängerzone der Innenstadt. Sehenswert sind vor allem das Barock-Rathaus am Marktplatz und das Münster St. Martin, welches aus einer Stiftskirche aus dem 11. Jahrhundert entstanden ist. In der Bonngasse liegt das Geburtshaus von Ludwig van Beethoven, in dem sich heute mit über 20 000 Büchern die größte Beethoven-Sammlung der Welt befindet.

Zwischen Rhein und Adenauer-Allee finden wir das politische Bonn: dicht aneinandergereiht sind dort mehrere Ministerien, das Haus des Bundespräsidenten (Villa Hammerschmidt), der Sitz des Bundeskanzlers (Palais Schaumburg), das Bundeskanzleramt und der Bundestag. – Am folgenden Tag geht es von Bonn weiter mit einem Schnellzug nach Köln; auf halber Strecke durchfahren wir Brühl. Zwischen den Bäumen erkennt man für einen Moment das Schloß Augustusburg, ein ehemaliges Lust- und Jagdschloß, das heute der Bundesregierung als Repräsentationsgebäude dient. Hier beginnt die Erholungslandschaft «Brühler Seenwald», die nach Abschluß des Tageabbaus von Braunkohle durch teilweise Auffüllung der Abbaufelder und Wiederaufforstung entstanden ist.

Bereits wenige Minuten vor Einfahrt in den Kölner Hauptbahnhof ist Kölns Wahrzeichen, der Dom, vom Zug aus zu sehen. Sein Bau wurde im Jahr 1248 begonnen und nach jahrhundertelanger Pause erst in den Jahren 1842-1880 beendet.

1894, nur wenig später, wurde der Kölner Hauptbahnhof unmittelbar am Dom errichtet, seine 255 Meter lange Bahnhofshalle war zu jener Zeit die größte Europas – und doch ist alles sehr beengt: mit nur 11 Gleisen ist der Bahnhof dem heutigen Verkehrsaufkommen nicht mehr gewachsen. Häufig stehen sogar zwei Züge hintereinander am Bahnsteig.

Unterwegs entlang der Wupper im Bergischen Land: der Nahverkehrszug 6071 von Remscheid-Lennep nach Marienheide passiert soeben das Einfahrsignal von Hückeswagen und wird in wenigen Minuten den Haltepunkt Bevertalsperre erreichen. Zuglok vor den vier «Umbauwagen» ist die 215 116 des Bw Köln-Nippes (24. März 1982).

Hier heißt es für uns umsteigen in den Nahverkehrszug nach Brügge, der uns durch das Aggertal ins Bergische Land bringt. Direkt hinter dem Bahnhof überquert der Zug den Rhein auf der Hohenzollernbrücke und passiert in Höhe Köln-Deutz das Messegelände; bei der Weiterfahrt wird links das Gleisgewirr des Abstellbahnhofs Köln-Deutzerfeld sichtbar.

Wir folgen zunächst der Strecke nach Troisdorf und durchfahren dann zwischen Heumar und Rösrath den Königsforst. Hier beginnt das Bergische Land, das seinen Namen allerdings nicht seinem Landschaftscharakter verdankt, sondern seiner Ausdehnung als ehemaliges Land der Grafen und späteren Herzöge von Berg. Vom Rhein her steigt das Bergische Land nach Osten an und geht unmerklich ins Sauerland über; es ist gekennzeichnet durch eine offene Landschaft mit bewaldeten Hügeln und Kuppen, dazwischen viele Seen und Talsperren.

Neben dem Flußlauf der Agger verläuft die Bahnlinie Köln – Gummersbach entlang zahlreicher verstreut liegender Siedlungen, die typisch für das Bergische Land sind. Dazwischen sind immer wieder kleine Industriebetriebe zu finden, denn im Aggertal hat sich eines der ersten deutschen Industriegebiete entwickelt. Blei und Zink wurden noch bis 1978 in der Grube Lüderich bei Overath abgebaut.

Schon bald passieren wir das Wasserschloß Ehreshoven, das aus einer von Gräben eingefaßten trutzigen Vorburg und einem dreiflügeligen barocken Herrenhaus besteht. Kurz darauf halten wir in dem hübschen Städtchen Engelskirchen, in dessen Nähe sich die seit 200 Jahren bekannte Aggertalhöhle befindet. Interessant sind hier nicht nur die herrlichen Tropfsteingebilde, sondern auch die in der Labyrinthhöhle angeschnittenen Korallenbänke, die Aufschluß über die Entstehung eines Riffs geben.

Bis Dieringhausen folgen wir der Agger; von dort machen wir einen Abstecher nach Olpe am Südende des 1965 neugeschaffenen Biggesees. Mit dem Zug ist Olpe heute nur noch von Finnentrop an der Ruhr-Sieg-Strecke (Hagen – Siegen) erreichbar. Bei einer Bahnfahrt von Olpe nach Finnentrop genießt man zahlreiche faszinierende Ausblicke auf den über den 17 Kilometer langen Stausee und seine zahlreichen Seitenarme. Empfehlenswert ist eine Schiffsrundfahrt, die vom Bootsanleger am Sperrdamm bei Attendorn startet. Dort birgt das Bergische Land auch eine weitere Tropfsteinhöhle, die Attahöhle.

Doch zurück zur Aggertalstrecke, die bei Dieringhausen das Tal ihres namengebenden Flusses verläßt und sich in nördliche Richtung wendet. Über Gummersbach und Kotthausen erreichen wir den Ort Marienheide.

Auf dem kleinen Bahnhof, dessen Empfangsgebäude die typische Schieferfassade trägt, wechseln wir in den Nahverkehrszug nach Remscheid-Lennep. Der Zug führt uns durch das idyllische Wiesental der Wipper, wie der Oberlauf der Wupper heißt, und erreicht nach 12 Kilometern Wipperfürth, die älteste Stadt des Bergischen Landes. Dort hatte einst das Herzogtum Berg seinen wichtigsten Handelsplatz. Im 14. Jahrhundert war Wipperfürth Mitglied der Hanse und lieferte vor allem Textilerzeugnisse in Hansestädte des In- und Auslandes.

Wenige Kilometer weiter liegt Hückeswagen, ehemaliges Zentrum der Eisengewinnung und -verarbeitung. Einen Besuch wert ist der gut erhaltene Stadtkern. Hier reihen sich schieferbeschlagene Häuserfassaden mit den grünen Fensterläden aneinander. Ganz in der Nähe liegt die Wupper-Talsperre, einer der vielen Stauseen, die wegen der ungewöhnlich hohen Niederschlagsmenge im Bergischen Land angelegt worden sind.

Wir können unseren Zug aber nur bis Remscheid-Lennep benutzen. Nächstes Ziel ist Solingen, das ebenso wie Remscheid durch seine Schneidwaren- und Werkzeugindustrie bekannt geworden ist. Zwischen beiden Städten überqueren wir auf der 1897 fertiggestellten «Müngstener Brücke» die Wupper, bevor diese weiter westlich in den Rhein mündet. Von der mit 107 Metern höchsten Eisenbahnbrücke Deutschlands ist ein herrlicher Blick ins Tal möglich.

In Solingen-Ohligs haben wir Anschluß nach Wuppertal, dessen ehemals selbständigen Stadtteile bandförmig entlang der Talsohle der Wupper liegen. Über dem Fluß verkehrt seit Anfang des Jahrhunderts als einzigartige Lösung der hiesigen Verkehrsprobleme die Wuppertaler Schwebebahn.

Wir verlassen den Zug im zentral gelegenen Bahnhof Wuppertal-Elberfeld, dem vorläufigen Endpunkt dieser Fahrt. Von hier bringt uns der IC «Gutenberg» über Dortmund und Münster nach Osnabrück, wo der zweite Teil dieser Reise beginnt, der uns durch Ostwestfalen führen wird.

Zwischen Teutoburger Wald und Wiehengebirge liegt Osnabrück, die drittgrößte Stadt Niedersachsens. Die heutige Industrie-, Handels- und Universitätsstadt entstand an einem mittelalterlichen Flußübergang an der Hase, der zunächst von einer Furt, später von einer Brücke, der «Ossenbrügge», gebildet wurde. In der Innenstadt sind neben einigen schönen Fachwerkhäusern auch der Dom St. Peter (11.–13. Jahrhundert) und Teile der alten Stadtbefestigung sehenswert. Am Markt befindet sich das alte Rathaus; dort wurde 1648 der Westfälische Frieden verkündet, der zum Ende des 30jährigen Krieges führte. Gegenüber steht die zum Markt hin mit reizvollen Giebeln geschmückte Marienkirche.

Nach dem Rundgang verlassen wir Osnabrück in Richtung Bielefeld; der Zug befährt zunächst die Gleise der Hauptstrecke Hamburg – Münster, um dann bei Osnabrück-Hörne in südöstlicher Richtung abzuzweigen. In Georgsmarienhütte liegt, wie schon der Name vermuten läßt, das schwerindustrielle Zentrum des Landkreises Osnabrück. An einem der seit 1860 ansässigen Stahlwerke führt die Bahn kurz vor dem Halt in Oesede vorbei, eine Kulisse, die an das Ruhrgebiet erinnert.

Nun beginnt die Steigungsstrecke, die durch Laubwälder hinauf zum Teutoburger Wald führt, vorbei an vereinzelten Höfen und kleinen Ortschaften. Der höchste Punkt wird in Hankenberge erreicht, und danach rollt der Zug hinab über Hilter nach Dissen-Bad Rothenfelde, das neben den anderen traditionellen Badeorten Bad Iburg, Bad Laer und Bad Essen an der sogenannten Bäderstraße liegt.

Hier unternehmen wir einen kurzen Spaziergang in den Ortsteil Rothenfelde. Dort steht das große Gradierwerk, ein aus Reisigwänden bestehendes Gerüst, über das Salzsole läuft; der durch Verdunstung des Wassers erhöhte Salzgehalt der Luft dient zur Behandlung von Erkrankungen der Atemwege.

Wir setzen die Reise in Richtung Bielefeld fort. Ab Dissen-Bad Rothenfelde verläuft die Strecke am Südhang des Teutoburger Waldes und trifft in Brackwede auf die Hauptstrecke Hamm – Hannover, die an dieser Stelle die niedrigste Paßverbindung im mittleren Teil des Teutoburger Waldes, dem Osning, benutzt. Nördlich davon liegt Bielefeld, das bereits 1214 gegründet wurde und heute Zentrum des Industriegürtels zwischen Gütersloh und Herford ist. Bekannt ist vor allem die Tradition der Bielefelder Leinen, die bis in das 16. Jahrhundert zurückreicht.

Über Lage gelangen wir nach Detmold. Die alte Residenzstadt des ehemaligen Fürstentums Lippe-Detmold bietet sich als Ausgangspunkt für einen Besuch des Herrmannsdenkmals und der Externsteine an. Doch vorher sollte man nicht versäumen, sich in Detmold selbst umzusehen. Die Altstadt ist noch heute von Fachwerkhäusern aus dem 16. und 17. Jahrhundert geprägt. Das Schloß entstand in den Jahren 1548-1557 als Vierflügelanlage der Weserrenaissance, eine im 16. Jahrhundert in Nordwestdeutschland verbreitete Stilrichtung, für die das Nebeneinander von gotischen Fassadendekorationen und anderen Renaissanceformen aus Mitteldeutschland charakteristisch ist. Eine besondere Attraktion ist schließlich das Freilichtmuseum im Süden der Stadt mit seinen historischen Bauernhäusern aus verschiedenen westfälischen Landschaften. Das Herrmannsdenkmal wurde 1838-1875 zur Erinnerung an die Schlacht im Teutoburger Wald errichtet. Im Jahre 9 n. Chr. soll der Cheruskerfürst Armin drei römischen Legionen eine vernichtende Niederlage beigebracht haben. Nicht minder gigantisch als das 53 Meter hohe Herrmannsdenkmal sind die Externsteine bei Horn-Bad Meinberg; die wildzerklüfteten Sandsteinfelsen wurden schon in vorchristlicher Zeit als Kultstätte benutzt.

Von Detmold geht es weiter in Richtung Altenbeken. Dabei unterqueren wir bei Langeland das Eggegebirge, das sich südlich an den Teutoburger Wald anschließt, mit dem über 1400 Meter langen «Rehberg-Tunnel». Das dahinter liegende Altenbeken hat seine besondere Bedeutung als Eisenbahnknotenpunkt, denn hier treffen die Bahnlinien aus Hannover, Herford, Hamm, Kassel und Holzminden zusammen. Westlich des Bahnhofs ist der riesige Viadukt zu erkennen, über den die Strecke nach Hamm auf die andere Talseite wechselt.

Wir fahren jedoch in der Gegenrichtung mit einem Eilzug nach Kreiensen weiter ins Weserbergland. Diese Strecke verläuft bis Bad Driburg am Eggegebirge entlang und von hier durch das Hügelland zwischen Eggegebirge und Solling, einem Teil des Weserberglandes östlich der Weser. Nach dem Halt in Ottbergen an der Abzweigung nach Northeim fährt unser Zug durch das breite Wesertal flußabwärts in Richtung Holzminden, während auf der anderen Weserseite sanft die große Hochfläche des Sollings ansteigt. Oberhalb des Flusses wird die Ortschaft Fürstenberg sichtbar, die durch ihre alte Porzellanmanufaktur über die Grenzen bekannt geworden ist.

Schließlich erreichen wir unser Reiseziel Höxter; vom Haltepunkt Rathaus sind es nur wenige Schritte in den Ortskern mit seinen vielen mittelalterlichen Fachwerkhäusern. Sehenswert sind auch das Rathaus mit seinem reichgeschnitzten Erker und die Kilianskirche, deren Türme das Stadtbild beherrschen.

Vor den Toren der Stadt liegt das Kloster Corvey, das im 9. Jahrhundert gegründet worden ist. Die Anlage stammt größtenteils aus der Barockzeit, nur das Westwerk der Klosterkirche ist als einziges Bauwerk in Deutschland aus karolingischer Zeit bis heute erhalten geblieben. Ein Kleinod ist auch die Bibliothek. Hier war Hoffmann von Fallersleben, der neben politischer Lyrik das «Deutschlandlied», aber auch Volkslieder wie «Alle Vögel sind schon da» verfaßte, bis zu seinem Tode als Bibliothekar tätig. Ein Spaziergang entlang der Weser führt uns zurück nach Höxter.

Einmalig in Art und Umfang war die Fahrzeugausstellung in Bochum-Dahlhausen anläßlich der 150-Jahr-Feier der Deutschen Eisenbahnen. Dampf-, Diesel- und E-Loks waren über eine Woche lang Anziehungspunkt für unzählige eisenbahnbegeisterte Besucher. Von weit her wurden die einzelnen Exponate verschiedener Leihgeber ins Ruhrgebiet gebracht. Der hier gezeigte Überblick bot sich am 4. Oktober 1985 von einem Autokran aus, der bis auf 40 Meter Höhe ausgefahren wurde.

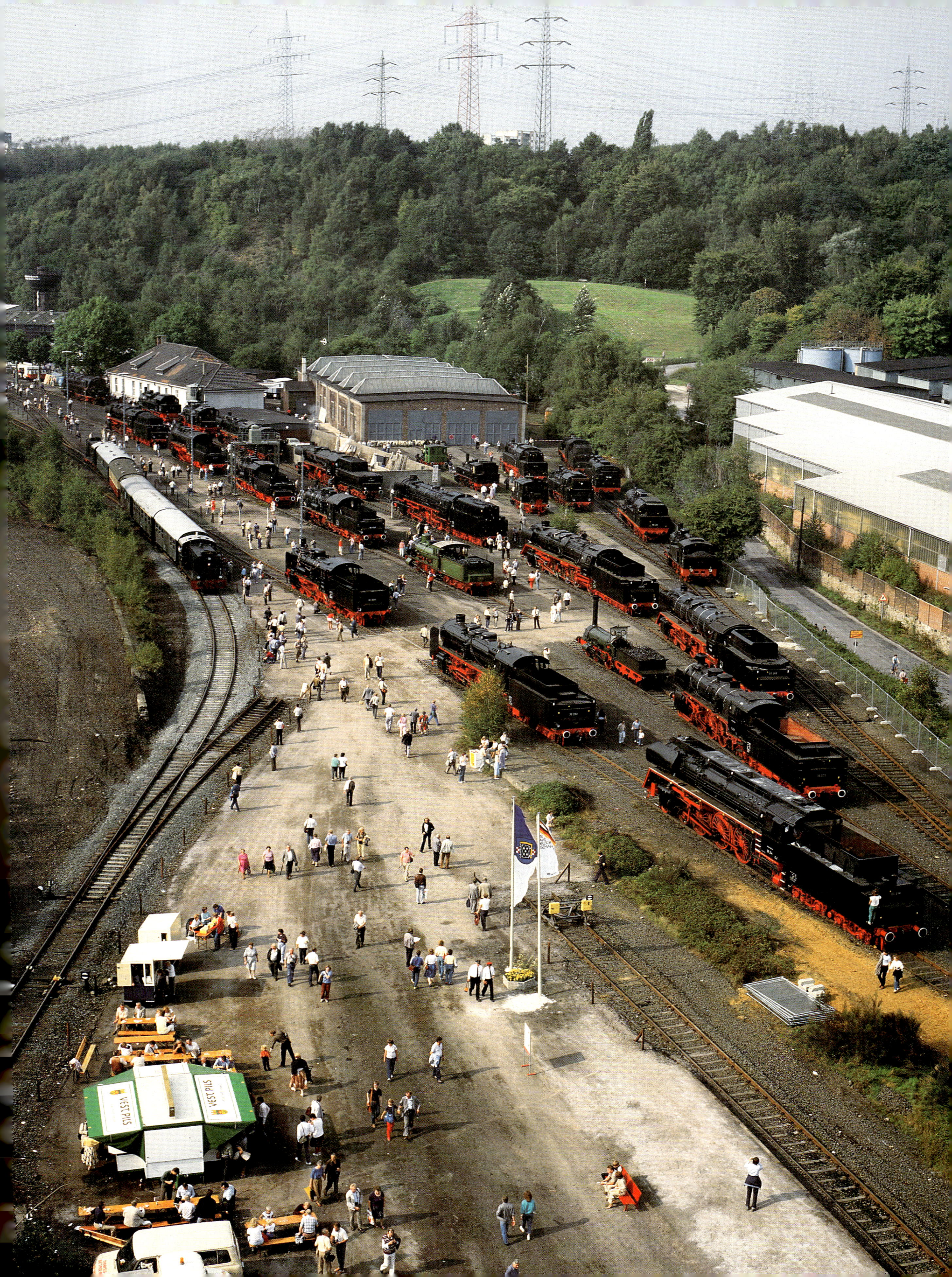
VEST PILS
VEST PILS

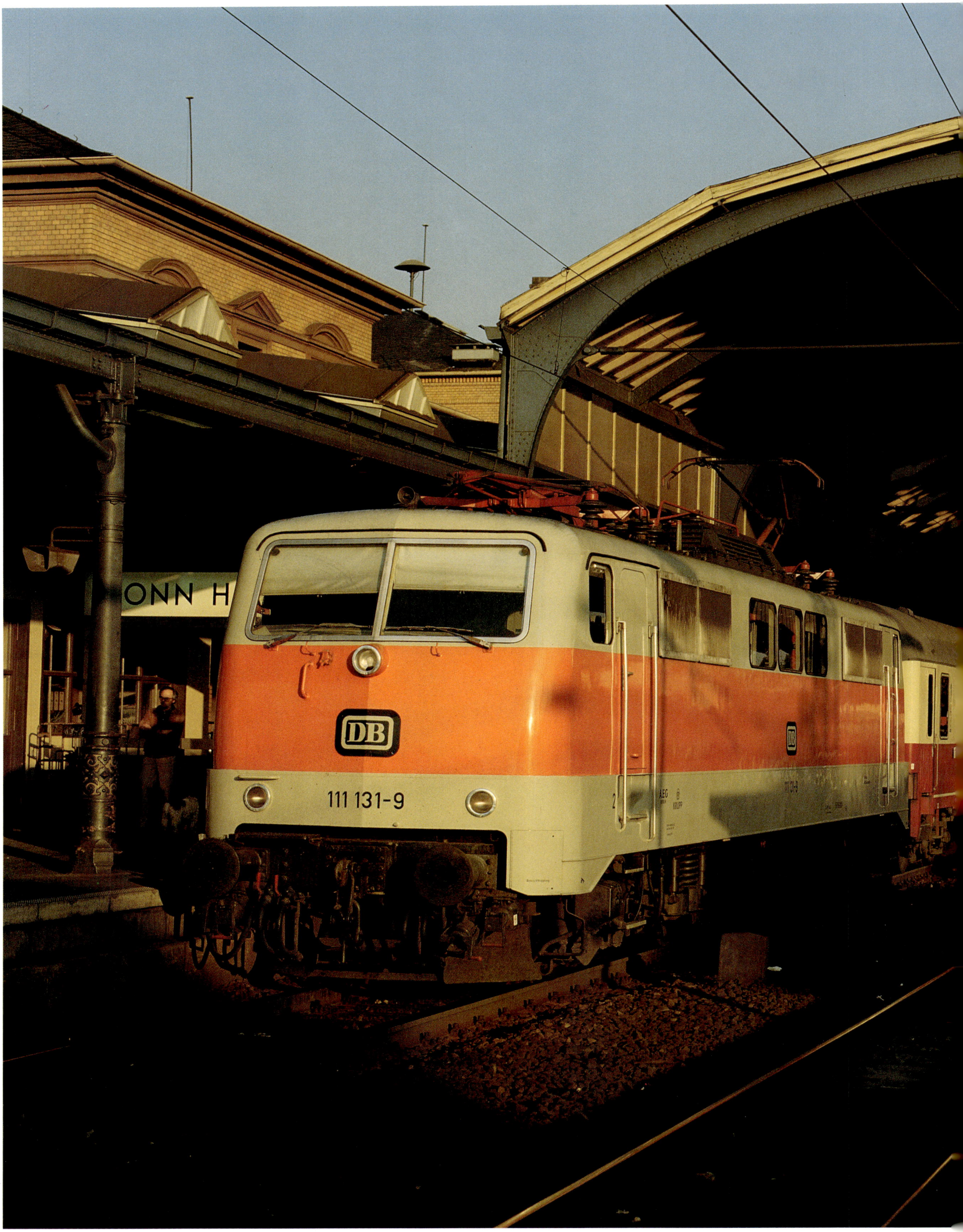
ONN H
DB
111 131-9

Das Zugpaar IC 567/566 «Goethe» (Düsseldorf – Frankfurt/M. und zurück) war eine der wenigen planmäßigen Leistungen, die mit den sonst nur im Ruhrgebiet eingesetzten Loks der Baureihe 111 des Bw Düsseldorf bespannt war. Im letzten Abendlicht des 22. September 1983 wartet 111 131 in Bonn Hbf auf den Abfahrtsauftrag.

Auch auf der Strecke Finnentrop – Olpe wurden mittlerweile die Schienenbusse der Baureihe 798 durch lokbespannte Wendezüge ersetzt. Am Abend des 5. September 1981 spiegelt sich der N 6738 im Wasser des Ahauser Stausees kurz vor Attendorn. Auf der Rückfahrt von Olpe nach Finnentrop wird er an diesem herrlichen Sommerabend etliche Ausflügler wieder mit zurücknehmen.

Links: In keiner Weise wurde die morgendliche Idylle im Bahnhof Obererbach/Westerwald an der Strecke Au – Limburg durch den soeben Richtung Limburg abfahrenden Akkutriebwagen 517 002 als N 6727 gestört (5. September 1981).

Doppelseite: In einer Höhe von 107 Meter über der Wupper befahren die 212 des Bw Wuppertal mit ihren kurzen Wendezuggarnituren die 494 Meter lange Müngstener Talbrücke zwischen den beiden Industriestädten Solingen und Remscheid. Die in den Jahren 1894 bis 1897 von der Maschinenfabrik Augsburg-Nürnberg erbaute 5000 Tonnen schwere Brücke ist die höchste der DB und zählt zu den größten Europas.

Auf der Strecke Köln – Gummersbach im Bergischen Land findet seit 1984 ein erfolgreicher Pilotversuch statt, um den Schienenpersonennahverkehr außerhalb der Ballungsräume attraktiver zu gestalten. Die wesentlichen Merkmale der «City-Bahn» sind die umgebauten Nahverkehrszüge mit neuer Inneneinrichtung und ansprechender Außenlackierung, die in einem festen Taktfahrplan verkehren. Am 6. Oktober 1985 verläßt die Hagener 218 143 mit der «City-Bahn» N 6430 das Städtchen Engelskirchen an der Agger.

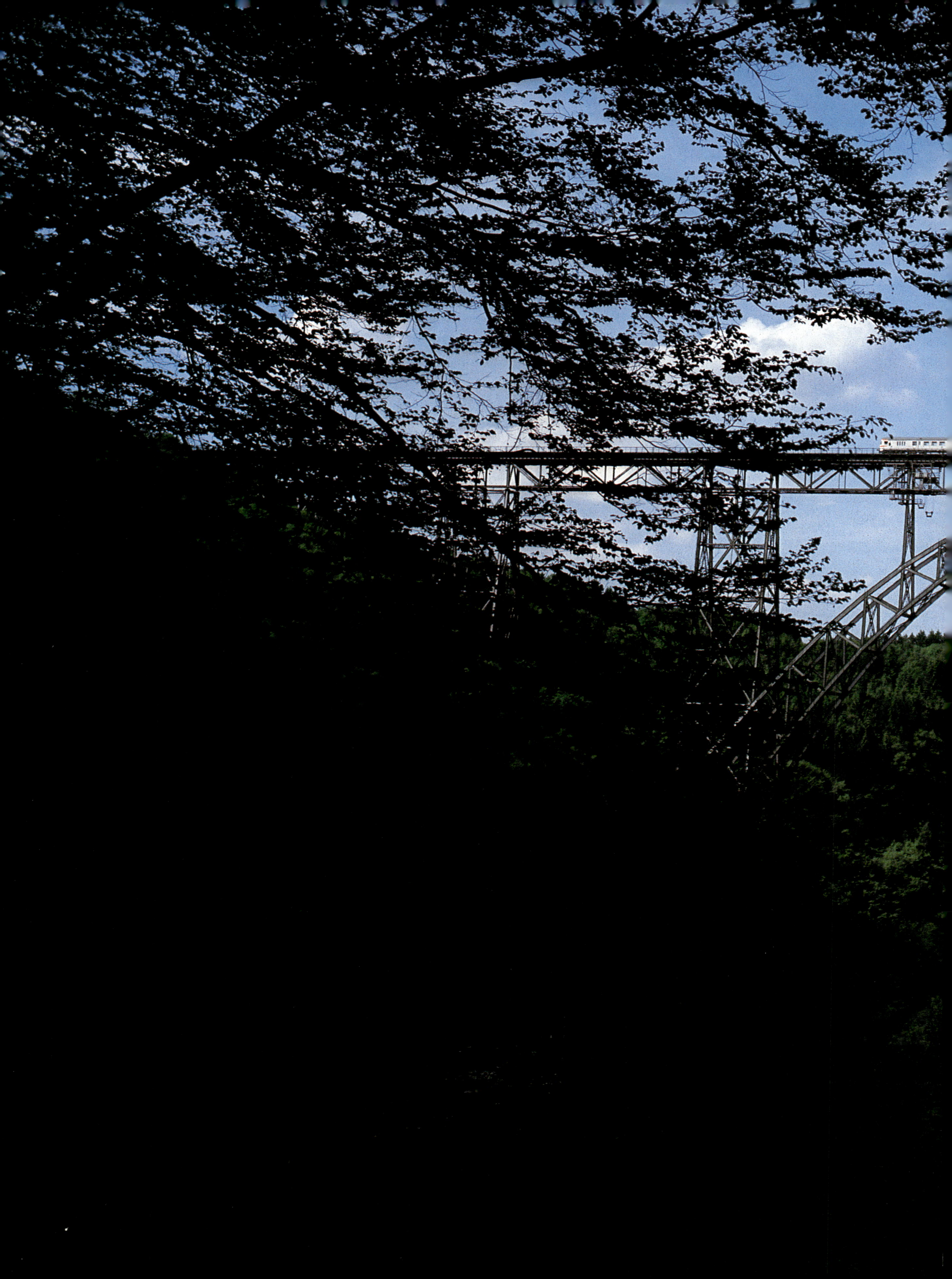

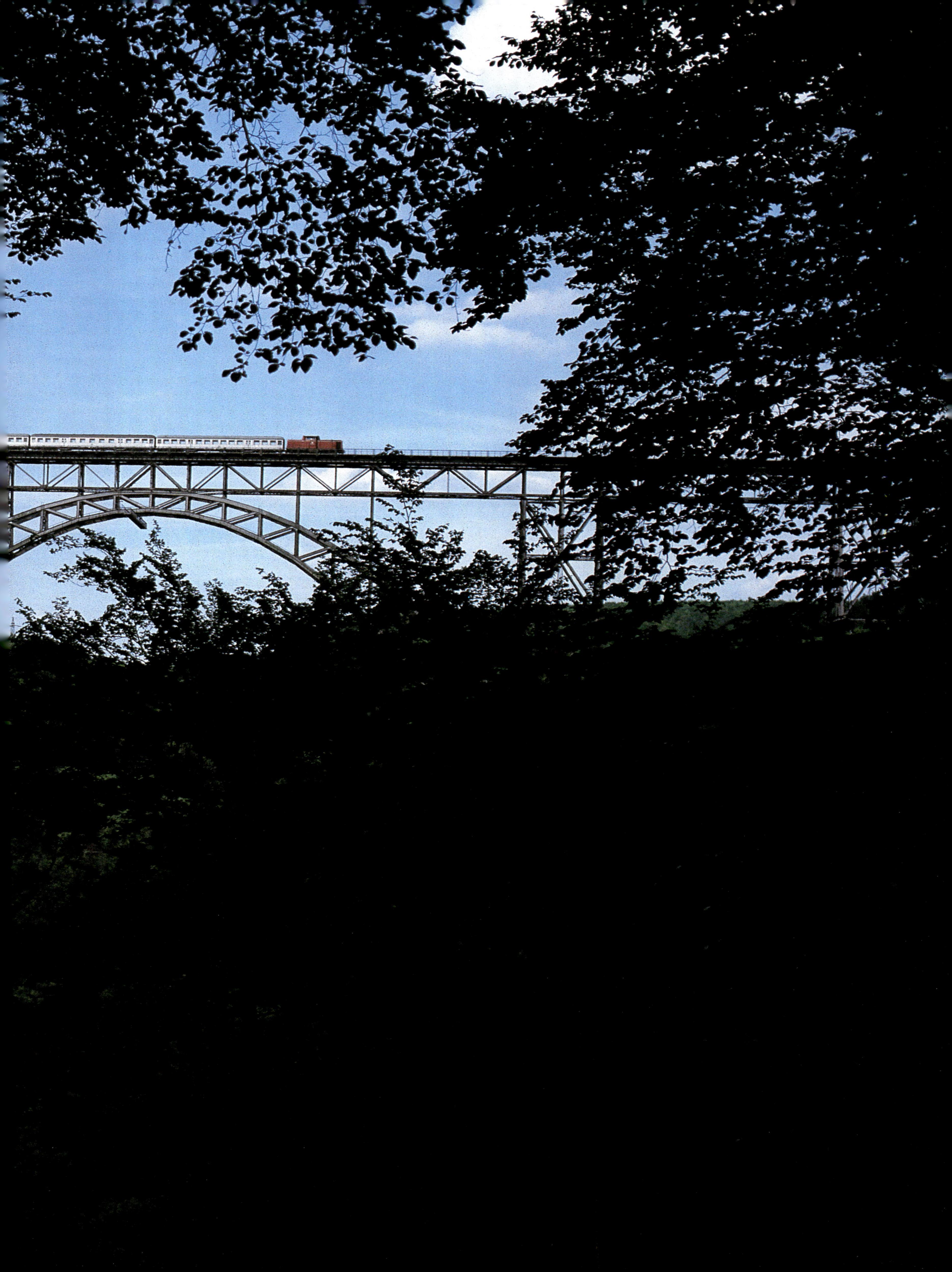

Ende der siebziger Jahre begannen die neuangelieferten Loks der Baureihe 111 die bis zu diesem Zeitpunkt im Rhein-Ruhr-S-Bahnverkehr eingesetzten Olympiatriebwagen ET 420 abzulösen.

Heute werden ausschließlich lokbespannte Wendezüge mit den neuentwickelten S-Bahnwagen der Bauarten Bx, ABx und Bxf eingesetzt. Auf dem Bild überquert am 9. August 1983 111 154 mit einer aus fünf Wagen gebildeten Garnitur auf der Linie S 6 (Langenfeld – Essen Hbf.) die Ruhr bei Kettwig-Stausee.

Rechts oben: Die elektrischen Triebwagen der Baureihe 430 waren jahrelang eine Stütze des Städteschnellverkehrs im Ruhrgebiet. Vom Bw Hamm kam es zu Einsätzen zwischen Münster, Mönchengladbach und Köln. Mitte der achtziger Jahre wurden die formschönen Fahrzeuge aus dem Verkehr gezogen.
Zwischen Dortmund und Witten war 430 120 am 21. März 1984 unterwegs, hier bei Witten-Annen als N 5335 unter der Brücke der Strecke Bochum-Langendreer – Dortmund-Löttringhausen.

Rechts unten: Landschaftlich äußerst reizvoll verläuft die Strecke von Düren nach Heimbach im Tal der Rur. Am Morgen des 6. September 1981 befördert die 211 012 den mit zahlreichen Ausflüglern besetzten N 8112 (Düsseldorf – Heimbach) bei Hausen. Die Felsen im Hintergrund werden schon von Kletterern bezwungen, die es ebenfalls nicht scheuen, früh aufzustehen, um ihrem Hobby nachzugehen.

Links: Für die Nahverkehrszüge auf der Relation Dortmund – Lüdenscheid heißt es in Brügge «Kopfmachen»: die Züge müssen hier die Fahrtrichtung wechseln. Der zeitaufwendige Lokwechsel entfällt jedoch, wenn Lokomotiven und Wagen mit Wendezugeinrichtung eingesetzt werden. Am 27. September 1983 fährt die Hagener 212 001 gerade mit dem N 6161 in den Bahnhof Brügge ein, den sie wenige Minuten später in der Gegenrichtung wieder verlassen wird.

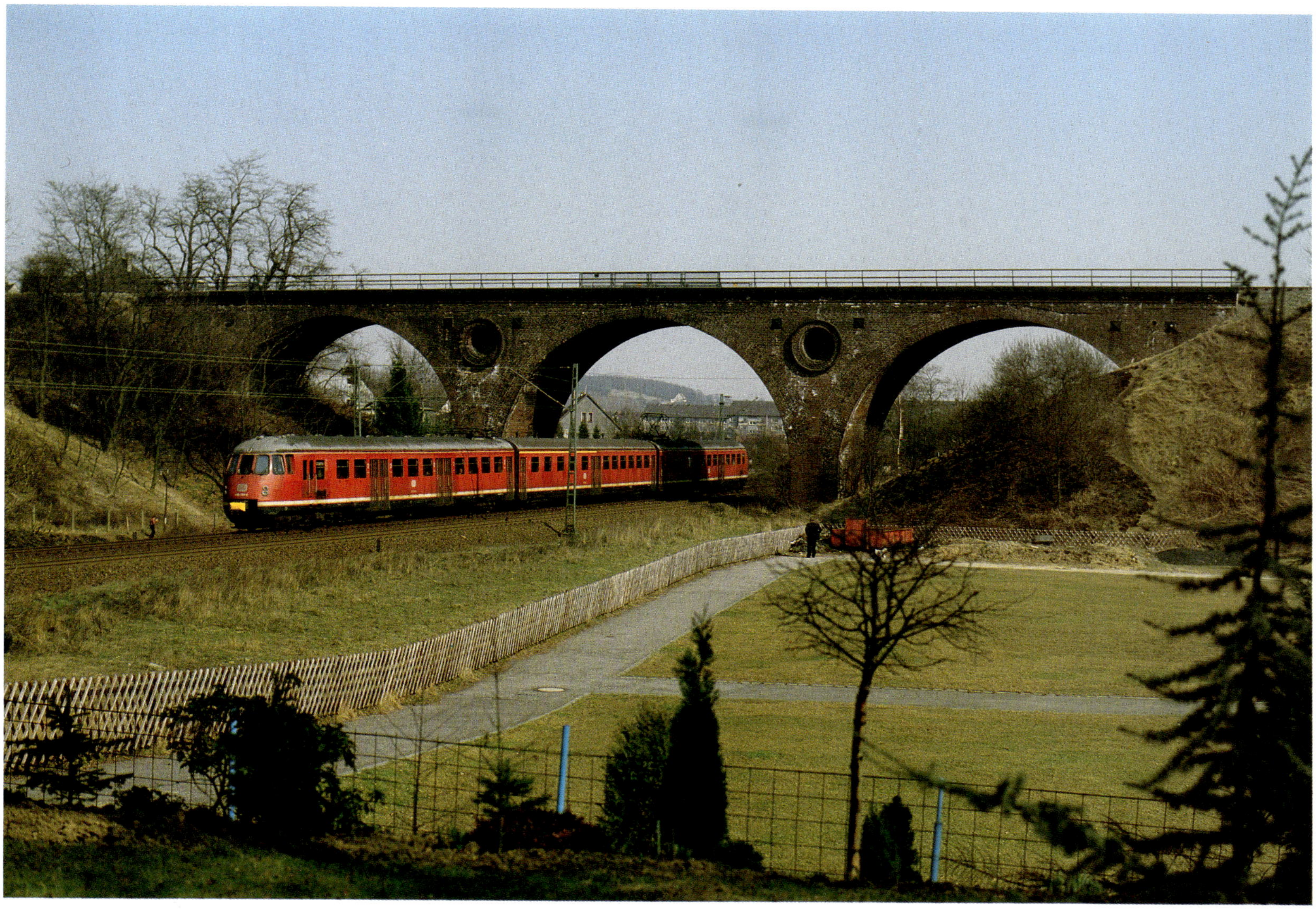

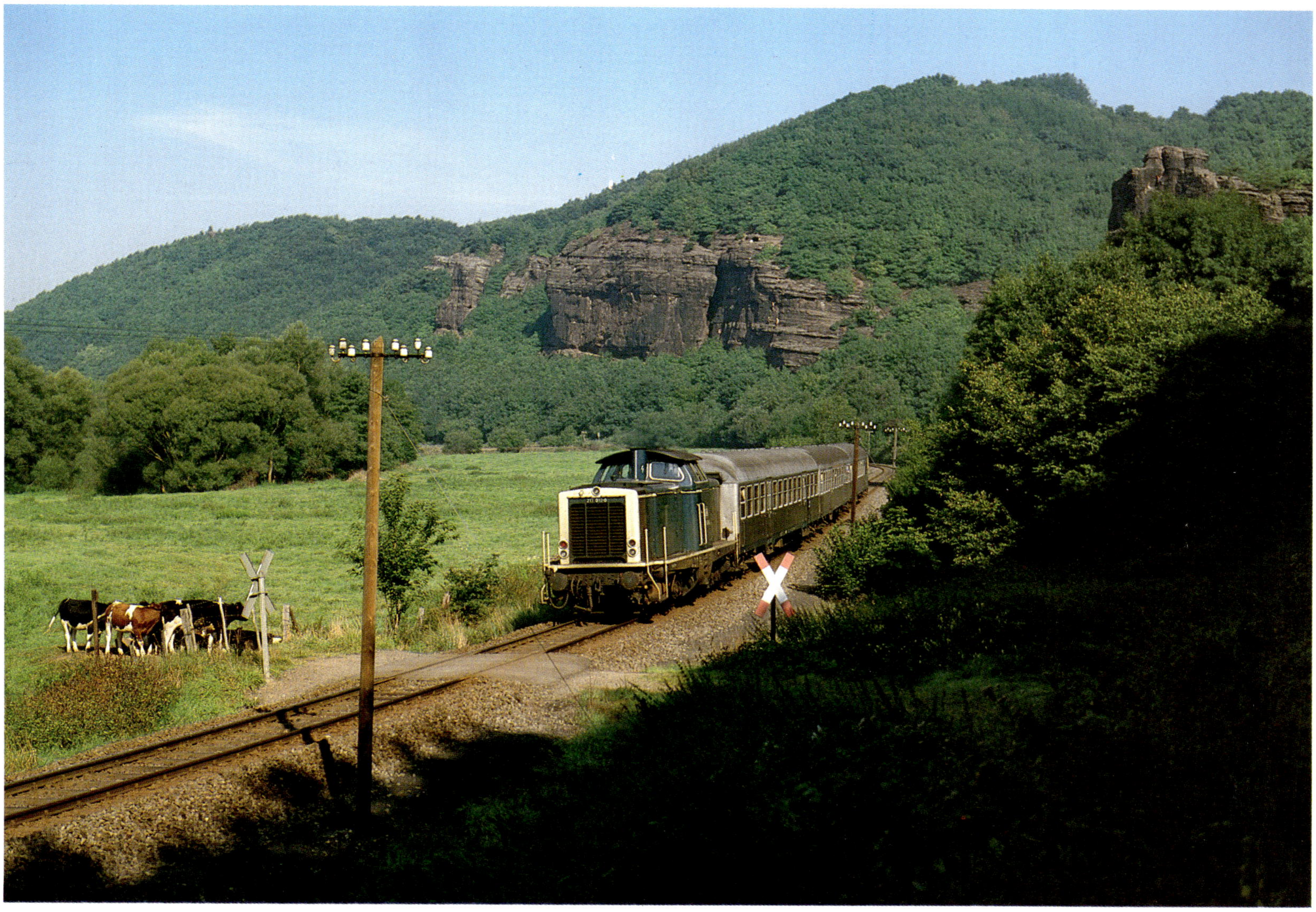

Den Güterverkehr auf der Angertalbahn zwischen Ratingen und Heiligenhaus im südlichen Ruhrgebiet teilen sich die Baureihen 215, 216 und 221 der Bahnbetriebswerke Krefeld und Oberhausen. Bei Hösel entstand am 10. März 1985 die Aufnahme des Gag 58135 mit 221 116 auf der Fahrt nach Rohdenhaus.

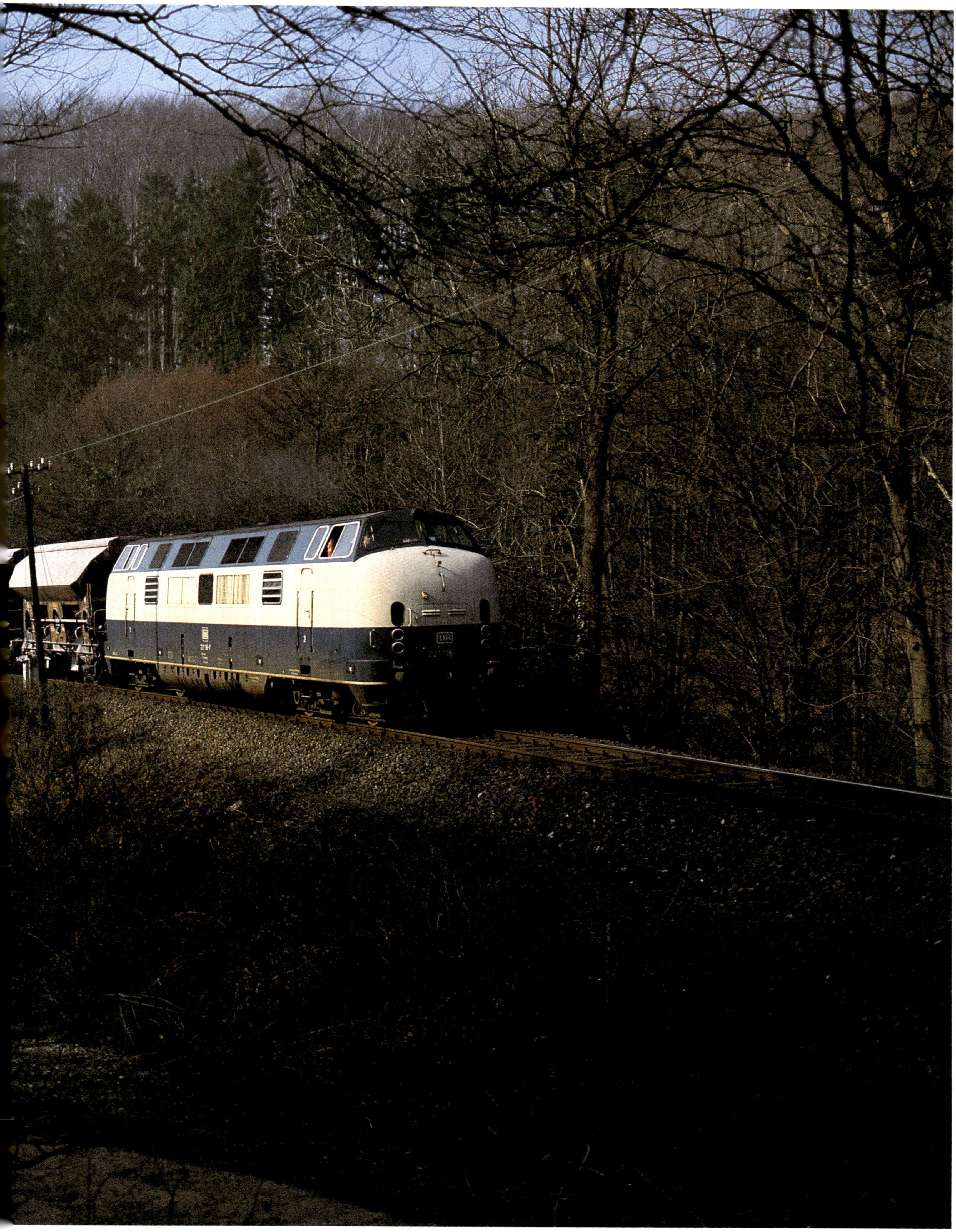

Oben: Der Nahverkehrszug 7813 (Osnabrück – Bielefeld) hat den Steigungsabschnitt hinauf zum Kamm des Teutoburger Waldes fast hinter sich gebracht und passiert zwischen Wellendorf und Hankenberge einige westfälische Gehöfte, um kurz darauf nach Dissen-Bad Rothenfelde hinabzurollen. Die Zuggarnitur besteht aus 634 633, 934 445 und 624 625 des Bw Osnabrück, einem der letzten Triebwagen dieser Baureihe in roter Farbgebung (17. Februar 1984).

Rechts oben und unten: In der Nähe von Schieder an der Strecke Hameln – Altenbeken wurde Anfang der achtziger Jahre der Emmerstausee im Rahmen wasserwirtschaftlicher Baumaßnahmen errichtet. Dort entstanden die Aufnahmen auf der rechten Seite. Den Streckenabschnitt Bad Pyrmont – Steinheim benutzt das Bundesbahn-Zentralamt Minden wegen seiner engen Kurven gelegentlich für Versuchsfahrten. Im April 1984 wurde das Anfahrverhalten einer Drehstromlok der Baureihe 120 untersucht, wobei am Schluß des mit Ballastgewichten beladenen Güterzuges die Bremslokomotiven 217 001 und 217 002 (Bw Regensburg), 181 104 (Bw Saarbrücken) sowie 103 001 (Bw Hamburg-Eidelstedt) liefen. Nach dem Ende einer Meßfahrt zieht 103 001 die gesamte Garnitur wieder nach Bad Pyrmont zurück, aufgenommen am 25. April 1984 bei Glashütte. Ebenfalls in der Nähe der Ortschaft kann sich der E 3004 (Hannover – Altenbeken) am frühen Morgen noch im ruhigen Wasser spiegeln, bevor Wasservögel und Segler den See beleben werden (18. April 1984).

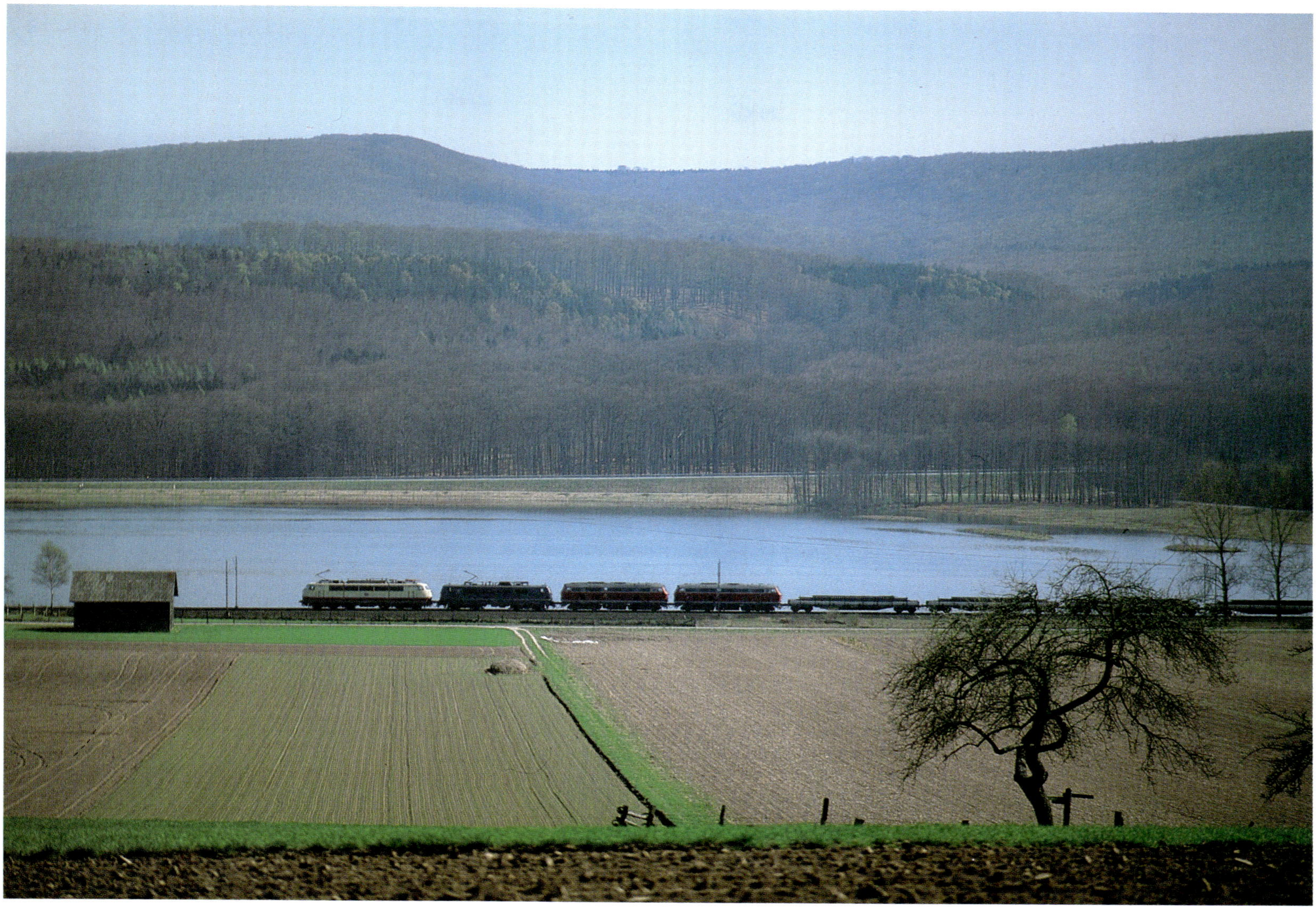

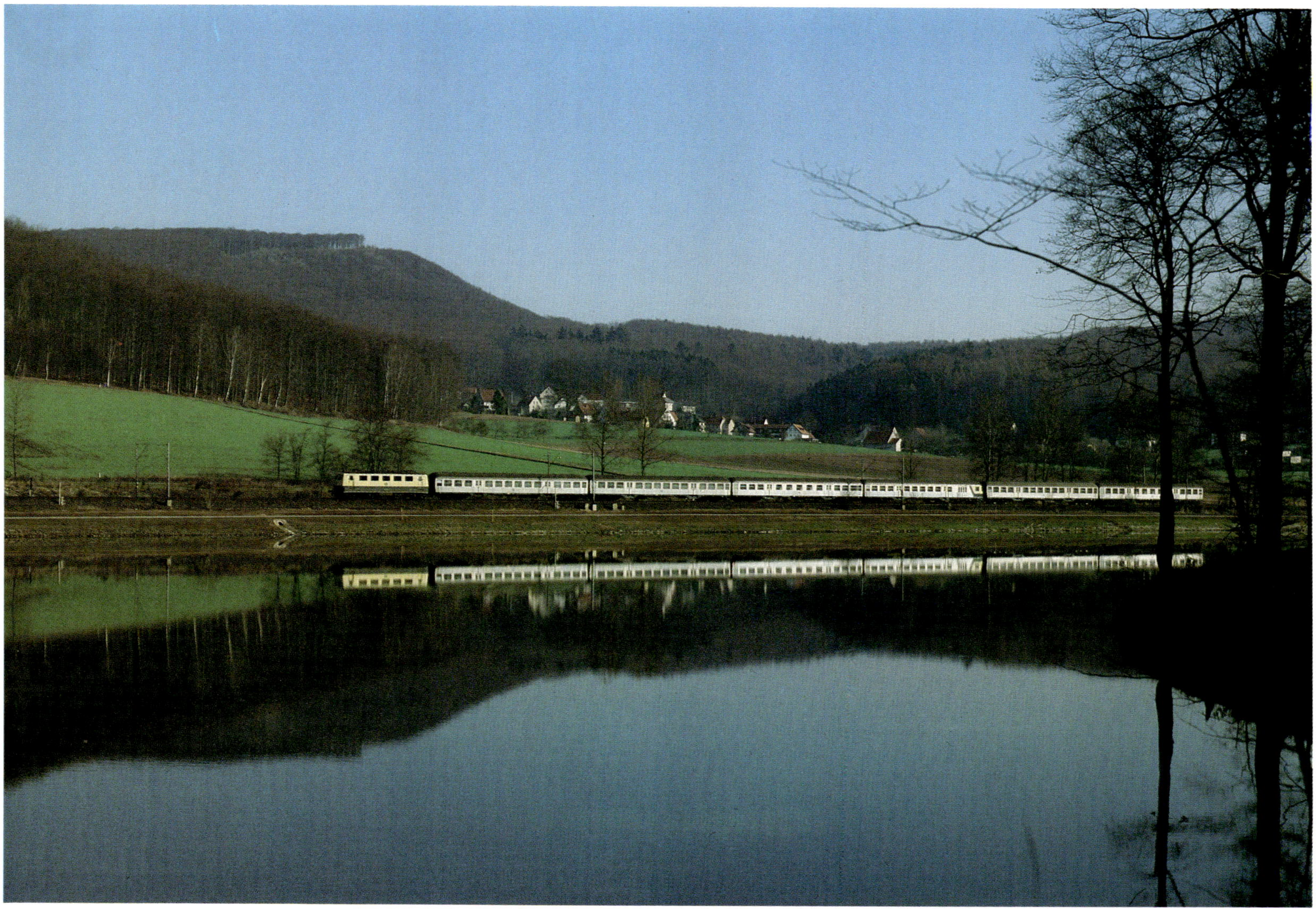

Der östlichste Teil Nordrhein-Westfalens ist das Wesertal zwischen Höxter und Beverungen.
Im Licht der tiefstehenden Abendsonne durchfahren 613 607, 913 015 und 613 616 als N 6970 (Göttingen – Holzminden) den Einschnitt bei Amelunxen, um kurz danach den Bahnhof Ottbergen zu erreichen (30. Juli 1984).

Am Morgen des 15. April 1984 war die Osnabrücker 624-Garnitur 624 624, 934 443 und 624 668 als E 5911 zwischen Ottbergen und Kreiensen unterwegs. Der Zug hat vor wenigen Minuten den Haltepunkt Höxter-Rathaus verlassen und passiert nun in Höhe der Weserbrücke das Kloster Corvey.

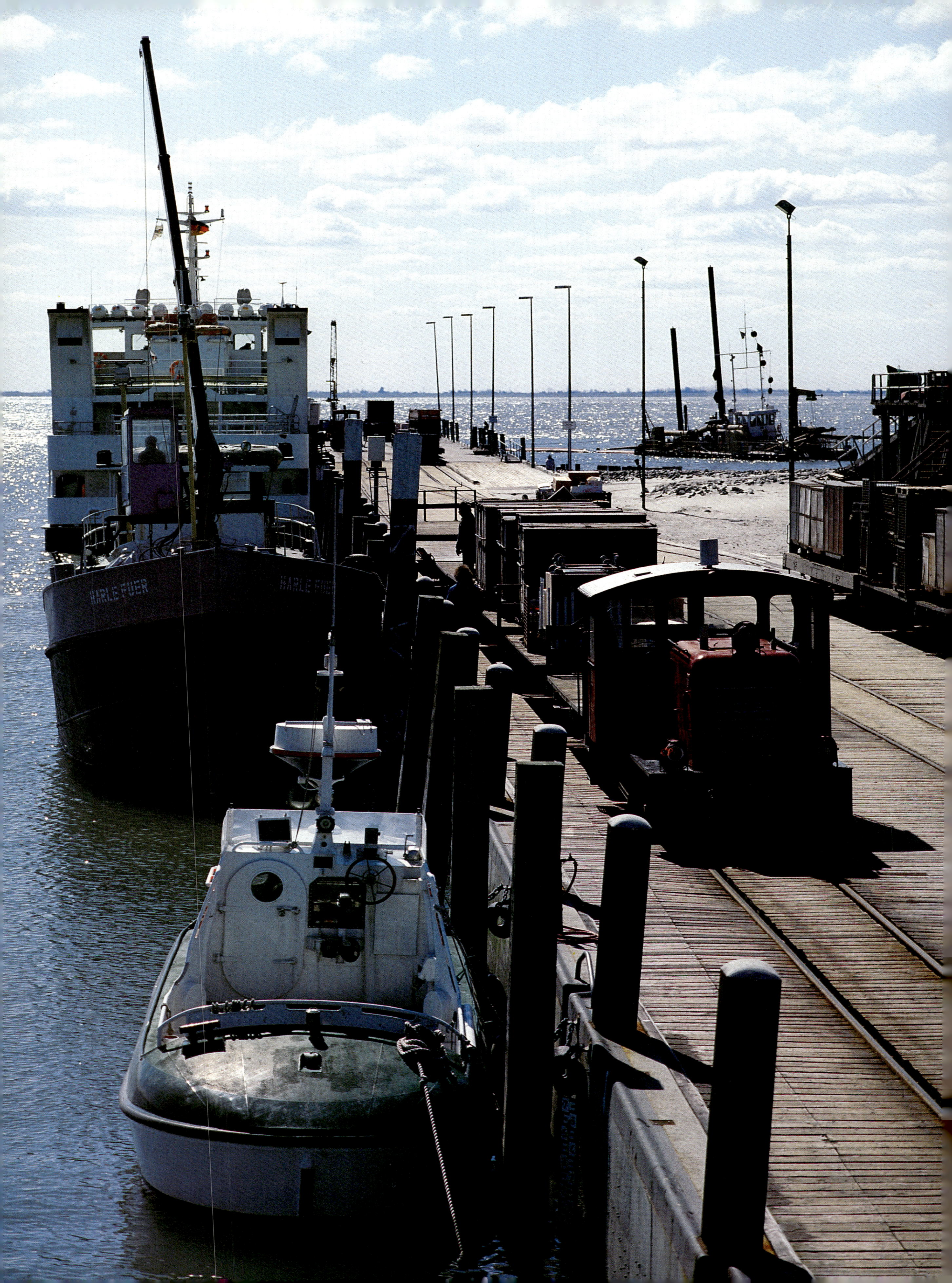
HARLE FUER

ZWISCHEN NORD- UND OSTSEE

Die fünfte Reise, die uns Städte und Landschaften zwischen Nord- und Ostsee zeigen soll, beginnt in Bremerhaven an der Wesermündung. Nach der Anreise wollen wir uns zunächst etwas in der Stadt umsehen, bevor die Fahrt am Abend nach Cuxhaven weitergeht.

Vom Bahnhof führt der Weg durch Straßen mit den typischen rotgemauerten Wohnhäusern in die Innenstadt. Das Straßenschild «Columbusstraße» läßt die Richtung zum Hafen vermuten, und nach Überqueren des Flüßchens Geeste, das hier in die Weser mündet, stehen wir am Alten Hafen. Ein starker Kontrast entsteht durch die modernen Hochhäuser und die alten Schiffe, die als Originalschaustücke ständig im Hafenbecken vor dem Deutschen Schiffahrtsmuseum liegen. Dort kann man sich über die Geschichte der Schiffahrt von den Anfängen bis zur Gegenwart informieren. Besonders die vielen Schiffsmodelle sind beeindruckend. In einem feuchtgehaltenen Klimaraum wird die «Hanse-Kogge» restauriert, ein über 600 Jahre altes Handelsschiff, das 1962 in der Weser bei Bremen gefunden worden ist. Auch erfahren wir hier, daß die Stadt Bremerhaven erst 1827 als Vorhafen Bremens gegründet wurde, weil Seeschiffe wegen der versandeten Weser Bremen selbst nicht mehr anlaufen konnten. Im Passagierverkehr hatte Bremerhaven zu Zeiten des Linienverkehrs über den Ozean erhebliche Bedeutung: der wichtigste Anlegeplatz, die Columbuskaje, erhielt sogar einen eigenen Bahnhof, so daß die Passagiere direkt vom Zug auf das Schiff umsteigen konnten. Heute starten hier noch gelegentlich Kreuzfahrten, ansonsten ist der Hafen vom Güterverkehr geprägt; Europas größtes Container-Terminal und der Fischereihafen sind neben den Werften die wichtigsten Wirtschaftsbereiche der Stadt.

Wieder am Bahnhof zurück, steht der Nahverkehrszug nach Cuxhaven schon am Bahnsteig bereit, gut besetzt mit Urlaubern, die mit einem Intercity aus Richtung Süden gekommen sind und nun noch etwa 50 Minuten Fahrt bis zu ihrem Ziel vor sich haben. Die eingleisige Strecke verläuft überwiegend durch flaches Weideland, das von zahllosen Gräben und Kanälen durchzogen ist; der weitreichende Blick ist an diesem Augustabend lediglich durch den langsam aufkommenden Dunst getrübt. Kurz vor Cuxhaven durchfahren wir die «Wurster Heide», die mit ihren Kiefernwäldern zwischen Nordholz und Altenwalde für Abwechslung sorgt.

Bei der Ankunft in Cuxhaven begrüßt uns ein leichter Wind, der schon richtig nach Meer schmeckt. Die Urlauber aus dem Zug fahren mit Taxis in die Stadtteile Duhnen, Döse und Sahlenburg weiter und werden wohl gleich morgen den langen Sandstrand bevölkern. Bei Ebbe entsteht nordwestlich von Cuxhaven eine riesige Wattenlandschaft, die zu Wattwanderungen einlädt oder die Möglichkeit bietet, mit dem Pferdewagen zur 11 Kilometer entfernten Insel Neuwerk zu gelangen. Wir haben uns für den nächsten Vormittag einen Rundgang durch den Hafen vorgenommen. Das ursprüngliche Hafenbollwerk «Alte Liebe» stammt aus dem Jahre 1732; einer der Schiffsanleger ist täglich Ausgangspunkt für die zwei- bis dreistündige Fahrt zur 64 Kilometer entfernten Felseninsel Helgoland.

Am «Steubenhöft» legten noch in den sechziger Jahren häufig Ozeanriesen wie die «Hanseatic» oder «Hamburg» an, bevor sie zu ihrer Fahrt über den Atlantik aufbrachen; heute sind hier eher große Frachtschiffe und gelegentlich auch Kreuzfahrer zu finden. Zwischen «Steubenhöft» und «Alte Liebe» liegt der Fischereihafen, der mit zahlreichen kleinen Fischkuttern ein farbenfrohes Bild bietet. Im Nordwesten ist als Wahrzeichen Cuxhavens die «Kugelbake» zu erkennen, ein aus Holz gebautes Orientierungszeichen für die Seefahrt.

Nach dem Mittagessen verlassen wir Cuxhaven mit einem Eilzug in Richtung Stade über die «Unterelbestrecke», die bis Otterndorf nur wenige hundert Meter hinter dem Deich verläuft, so daß kurz vor Altenbruch sogar ein Leuchtturm vom Zug aus zu sehen ist. Hinter Otterndorf biegt die zweigleisige Hauptbahn in das Landesinnere ab, wo es nichts anderes als endlose Wiesen mit weidenden Kühen zu geben scheint. Eine Ausnahme bildet die Gegend um Wingst-Dobrock mit dem Silberberg, der die für das norddeutsche Flachland ungewöhnliche Höhe von 74 Metern hat, und dem Aussichtsturm auf dem «Deutschen Olymp». Zwischen Hechthausen und Himmelpforten wird auf einer eingleisigen Brücke die Oste überquert, die vor Ottern-

---

Schmalspurzüge der Deutschen Bundesbahn verkehren heute nur noch auf der Nordseeinsel Wangerooge. Um von der Schiffsanlegestelle, dem Westanleger, in den rund vier Kilometer entfernten Ort zu gelangen, muß man den Zug benutzen.
Am 11. April 1986 brachte die «Harlefuer» mehr Waren als gewöhnlich mit, so daß ein zusätzlicher Güterzug gefahren werden mußte, denn sämtliche auf der Insel benötigten Versorgungsgüter werden mit Schiff und Bahn herangebracht.
Die 329 502 wartet an der Schiffsanlegestelle auf Beendigung der Verladearbeiten, um sogleich die Fahrt aufzunehmen.

dorf in die Elbe mündet. Kurz danach erreichen wir Stade.

Die ehemalige Hansestadt besaß vermutlich den ersten Hafen an der Unterelbe und war bis etwa 1300 bedeutender als Hamburg. Nach dem Dreißigjährigen Krieg wurde Stade eine schwedische Festung, woran der noch heute erhaltene «Schwedenspeicher» erinnert, ein 1692 erbautes Proviantshaus für die Besatzungstruppen. Sehenswert sind auch der Holztretkran, der einem Vorgänger aus dem Jahre 1661 exakt nachgebaut worden ist, sowie das Rathaus mit Renaissance-Fassade und das ehemalige Zeughaus am Pferdemarkt, ein Backsteinbau aus dem 17. Jahrhundert. Besonders eindrucksvoll ist jedoch die lange Reihe farbenprächtiger Patrizierhäuser gegenüber dem Fischmarkt.

Da am folgenden Tag ein Aufenthalt in Hamburg auf dem Programm steht, verlassen wir Stade bereits am frühen Morgen mit einem der Eilzüge aus Cuxhaven. Bis Buxtehude durchfährt der Zug das größte Obstanbaugebiet Europas, das «Alte Land»; der Name geht auf holländische Siedler zurück, die das Sumpfgebiet im 12. und 13. Jahrhundert eindeichten und es «Olland» (Altes Land) nannten. Der Obstanbau wurde durch Mönche der Stader Klöster vor 600 Jahren eingeführt; noch heute ist jedes Jahr die Kirschblüte eine besondere Attraktion.

In Hamburg-Harburg wird die Fahrtrichtung gewechselt: mit einer anderen Lok geht es weiter in Richtung Hamburg-Hauptbahnhof. Die S-Bahn, die ab Neugraben parallel zu unserer Strecke verläuft, hat es da leichter: sie unterquert in einem großen Bogen die Stadt und den Bahnhof Harburg und spart auf diese Weise den zeitaufwendigen Richtungswechsel. Als zwischen Harburg und Hamburg-Wilhelmsburg neben uns ein S-Bahn-Zug aus dem Tunnel auftaucht und sich anschickt, unseren Eilzug zu überholen, fällt die Besonderheit der Hamburger S-Bahn auf. Im Gegensatz zu den S-Bahnsystemen in München, Frankfurt oder Stuttgart beziehen die Triebwagen hier ihren Strom nicht aus der Oberleitung, sondern aus seitlich am Gleis montierten Stromschienen.

Während der Überquerung der großen Norderelbbrücke kurz vor dem Hamburger Hauptbahnhof haben wir einen herrlichen Blick auf die Innenstadt und auf Deutschlands größten Binnen- und Seeschiffahrtshafen: in dem Gewirr von Gleisanlagen, Brücken, Lagerhallen und Schiffen scheint keine Ordnung zu bestehen. Im Hintergrund steht in der Nähe des Hafens Hamburgs Wahrzeichen, der «Michel». Der Turm dieser größten norddeutschen Barockkirche ist mit seinen 132 Metern Höhe schon von weitem sichtbar und begrüßt die heimkehrenden Seefahrer. Weitere Bauten aus früheren Jahren fehlen fast ganz, denn ein verheerender Brand im Jahre 1842 und die Luftangriffe im Zweiten Weltkrieg vernichteten fast die gesamte Innenstadt.

Unser Rundgang beginnt am Hauptbahnhof und führt durch die Mönckebergstraße mit ihren zahlreichen Kaufhäusern zur Alster, die sich kurz vor der Mündung in die Elbe zu einem respektablen See ausweitet. Entstanden sind die Binnen- und Außenalster im Mittelalter als Aufstau für den Betrieb der Mühlen. Am Rande der Binnenalster verläuft der Jungfernstieg mit eleganten Geschäften, Café-Restaurants und überdachten Einkaufspassagen. Nur zehn Gehminuten weiter kommen wir zum Dammtorbahnhof, einer eindrucksvollen Stahl-Glas-Konstruktion aus dem Jahre 1903. In seiner Nähe befinden sich das Congress-Centrum und der Park «Planten un Blomen», der vom 271 Meter hohen Fensehturm überragt wird. Für Modellfreunde ist der Besuch des Museums für Hamburgische Geschichte empfehlenswert: neben etlichen Schiffmodellen wird eine dem Gleisverlauf zwischen Hamburg-Harburg und Hauptbahnhof nachempfundene Modelleisenbahnanlage im Betrieb gezeigt.

Vom Dammtorbahnhof geht es mit der S-Bahn wieder zurück zum Hauptbahnhof; dabei überqueren wir auf halber Strecke die Lombardsbrücke, die Binnen- und Außenalster voneinander trennt. Zur Fahrt nach Lübeck benutzen wir einen der stündlich verkehrenden Eilzüge. Beim ersten Halt in Bad Oldesloe besteht Umsteigemöglichkeit in Richtung Bad Segeberg, wo alljährlich am Kalkfelsen die Karl-May-Festspiele stattfinden.

Nach der Ankunft in Lübeck haben wir am späten Nachmittag noch Zeit, uns ein wenig in der Stadt umzusehen. Die traditionsreiche Hansestadt Lübeck entstand im 12. Jahrhundert an der Trave vor deren Mündung in die Lübecker Bucht und bietet noch heute das Bild einer mittelalterlichen Handelsstadt. Auf dem Weg vom Bahnhof zur Altstadt, die inselförmig von der Trave und ihren Kanälen umflossen wird, liegt das Holstentor. Es wurde in den Jahren 1466 bis 1478 zur Stadtbefestigung erbaut und symbolisiert die einstige Macht der Hanse; im Zweiten Weltkrieg unzerstört geblieben, dient es heute als Museum für Stadtgeschichte. Die Marien- und die Petrikirche sind als Vertreter der norddeutschen Backsteingotik ebenso sehenswert wie der romanisch-gotische Dom, dessen Grundstein 1173 von Heinrich dem Löwen gelegt wurde, oder das Annenkloster und die vielen alten Bürgerhäuser in der Altstadt.

Einen Abstecher zur Insel Fehmarn machen wir am nächsten Tag über die «Vogelfluglinie» Lübeck – Puttgarden – Kopenhagen. Den Namen erhielt diese meistbenutzte Verkehrsverbindung zwischen Deutschland und Skandinavien wegen der vielen Zugvogelschwärme aus Nordeuropa, die diesen Weg alljährlich nach Süden nehmen. Zwischen den Fährbahnhöfen Puttgarden auf Fehmarn und Rödbyhavn auf dem dänischen Lolland verkehren heute kombinierte Eisenbahn-/Autofähren, welche auch zum «Fuhrpark» der Deutschen Bundesbahn und der Dänischen Staatsbahnen gehören. Die Insel Fehmarn ist durch den 1300 Meter breiten Fehmarnsund vom Festland getrennt. Früher gestalteten sich hier die Überfahrten der Fähren wegen der starken Strömung und des häufig niedrigen Wasserstandes oft sehr schwierig. Im Jahre 1905 stellte erstmals eine Eisenbahnfähre den Anschluß mit dem Kleinbahnnetz Fehmarns her; die Verbindung blieb jedoch unzureichend, da jeweils nur drei Waggons übergesetzt werden konnten. Seit 1963 wird der Fehmarnsund von einer Auto- und Eisenbahnbrücke mit einem 250 Meter langen Mittelbogen überspannt. Während unseres halbstündigen Aufenthalts auf dem Fährbahnhof Puttgarden nutzen wir die Gelegenheit, den Rangierbetrieb zwischen dem Bahnhof und den Schiffen zu beobachten. Die ankommenden Reisezüge müssen zunächst in Gruppen von zwei bis vier Wagen geteilt werden, bevor diese über die große Ladeluke am Bug auf das Schiff rangiert werden können. Auf den Nachbargleisen warten mehrere Güterzüge auf die Überfahrt, doch die Reisezüge genießen Vorrang.

Nach der Rückkehr aus Puttgarden geht die Fahrt von Lübeck aus weiter nach Plön. Der Landschaftscharakter im östlichen Schleswig-Holstein ist im Gegensatz zum westlichen Flachland durch Hügel, Wälder, Seen und große Buchten an der Ostsee geprägt. Die Seenlandschaft Ostholsteins verdankt ihre Entstehung der jüngsten Eiszeit: die langsam von den Gebirgen Skandinaviens heranwandernden Gletscher führten das unterwegs abgeschürfte Bodenmaterial, Felsbrokken, Sand und Geröll mit. Als sich das Klima veränderte, taute das Eis, und der Gletscherschutt blieb am Eisrand zurück; dieser bildet heute den kuppenreichen Hügelstreifen, der sich von Flensburg über Schleswig, Rendsburg und Neumünster nach Süden zieht. Östlich davon sammelte sich das Wasser in den Mulden des Gletscherrandes; es entstand die Seenlandschaft «Holsteinische Schweiz». Dieser werbeträchtige Name für einen Teil des Gebietes zwischen Neustadt/Ostsee und Kiel soll den Erzählungen nach von einem Hotelbesitzer stammen, der seinen Hotelneubau im Jahr 1881 «Holsteinische Schweiz» nannte, weil ihn der steil zum See abfallende Hang an die Schweizer Berge erinnerte. Heute steht dieser Begriff für die beliebte Urlaubs- und Ausflugsgegend um Plön, Malente und Eutin.

Der Große Plöner See ist mit 10 Kilometern Länge und 8 Kilometern Breite der größte See Schleswig-Holsteins. Zwischen ihm und dem Kleinen Plöner See liegt die Stadt Plön, überragt vom Renaissanceschloß der hier einst regierenden Herzöge. Es wurde 1633-1636 am Platz einer ehemaligen mittelalterlichen Burg erbaut und dient heute als Internat.

Unser letzter Reisetag beginnt mit der Fahrt von Plön nach Kiel, das nach etwa einer halben Stunde erreicht wird. Die ehemalige Hansestadt wurde bereits im 13. Jahrhundert gegründet, stand jedoch lange im Schatten der großen Hansestädte Hamburg und Lübeck. Heute ist die Hauptstadt des Bundeslandes Schleswig-Holstein ein wichtiger Hafen- und Werftplatz sowie Universitätsstadt. In Kiel-Schilksee befindet sich das Olympiazentrum, wo die Segelwettbewerbe der Olympischen Spiele 1972 ausgetragen wurden und alljährlich die Sportveranstaltungen der «Kieler Woche» stattfinden.

Nördlich von Kiel mündet der Nord-Ostsee-Kanal bei Holtenau in die Kieler Förde. Der 99 Kilometer lange Kanal verläuft über Rendsburg nach Brunsbüttelkoog an der Elbmündung und verbindet somit Nord- und Ostsee. Er wurde 1895 als «Kaiser-Wilhelm-Kanal» eröffnet und gilt heute als die meistbefahrene Wasserstraße der Welt. Die Bahnstrecke Kiel – Flensburg überquert den Nord-Ostsee-Kanal auf der Levensauer Hochbrücke, die ebenso wie die Eisenbahnbrücken bei Rendsburg, Grünenthal und Hochdonn eine Höhe von 42 Metern über dem Kanalniveau hat, damit auch Seeschiffe mit besonders hohen Masten passieren können.

Im weiteren Verlauf der Reise durchfahren wir die Fischerei- und Yachthafenstadt Eckernförde und kreuzen bei Lindaunis die Schlei mit einer Klappbrücke, die sowohl dem Bahn- als auch dem Straßenverkehr dient.

Schließlich erreichen wir Flensburg, die nördlichste Stadt Deutschlands. Die unmittelbar an der Grenze zu Dänemark liegende Hafenstadt entstand aus einer dänischen Handelssiedlung und gewann während des Niedergangs des Hansebundes im 16. Jahrhundert stark an Bedeutung. Heute ist Flensburg ein wichtiger Hafenplatz an der Ostsee und Ausgangspunkt mehrerer Schiffsrouten nach Skandinavien.

Die Eisenbahn dient mit ihren Leistungen nicht nur am Tage, sondern steht rund um die Uhr zur Verfügung.
Hier wartet 110 367 mit ihrem Expressgutzug im spärlich beleuchteten Hamburger Hauptbahnhof auf die Abfahrt nach Hannover. Zur Zeit der Aufnahme, am 10. September 1981, war sie eine der beiden letzten 110 mit noch vollständiger Schürzenverkleidung, mit der die sogenannten «Bügelfalten-E 10» mit geänderter Stirnfront seit Mitte der sechziger Jahre abgeliefert worden waren. Aus Gründen einer wirtschaftlicheren Fahrzeugunterhaltung wurde die Schürze jedoch nach und nach abgebaut.

Oben: Nur wenige Meter vor dem Hamburger Hauptbahnhof muß die Bahn zahlreiche Kanäle überqueren. Eine Lok der Baureihe 103 hat am Abend des 12. April 1986 schon fast den Endbahnhof ihres IC 684 «Albrecht Dürer» (München – Hamburg-Altona) erreicht, als sie langsam in das Vorfeld des Hauptbahnhofs rollt.

Rechts: Die beiden nächsten Aufnahmen zeigen den Verkehr auf der Vogelfluglinie.
Auf dem oberen Bild stellen am 12. April 1986 die Lübecker 218 493 und 218 247 den IC 130 «Merkur» (Kopenhagen – Frankfurt/M.) zusammen. Sie ziehen gerade die Kurswagen aus dem Schiffsbauch der dänischen «Prins Henrik» heraus, während die Rangierlok 260 289 die beiden Verstärkungswagen aus Puttgarden bereitstellt.

Bekanntestes Wahrzeichen der Strecke Hamburg – Puttgarden ist die 1963 erbaute und 1300 Meter lange Fehmarnsundbrücke. Zwei Schwesterlokomotiven der Baureihe 218 ziehen am Morgen des gleichen Tages den D 396 (Hamburg – Kopenhagen) bis nach Puttgarden, vorbei am unterhalb der Brücke gelegenen kleinen Jachthafen.

95

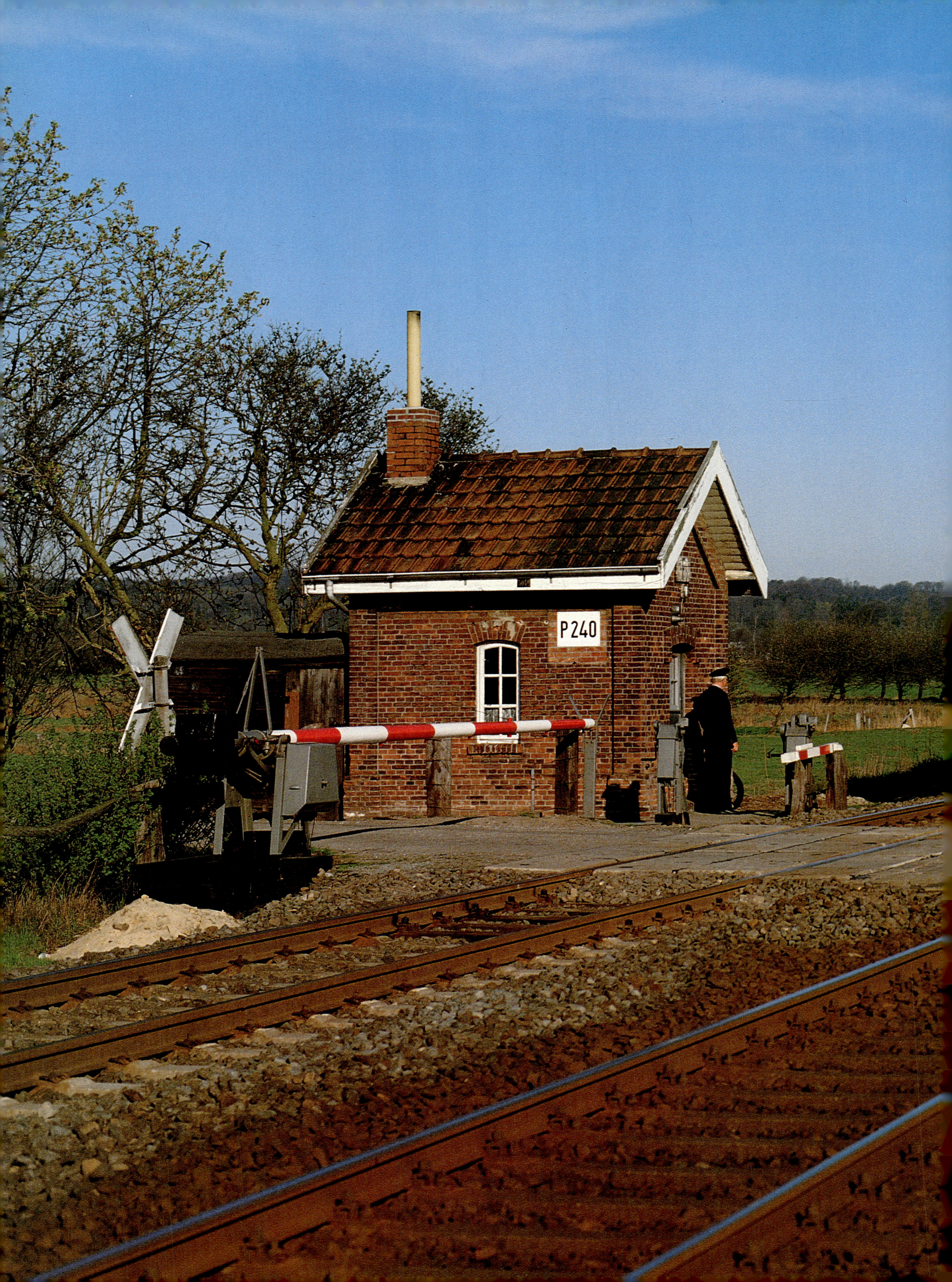
P 240

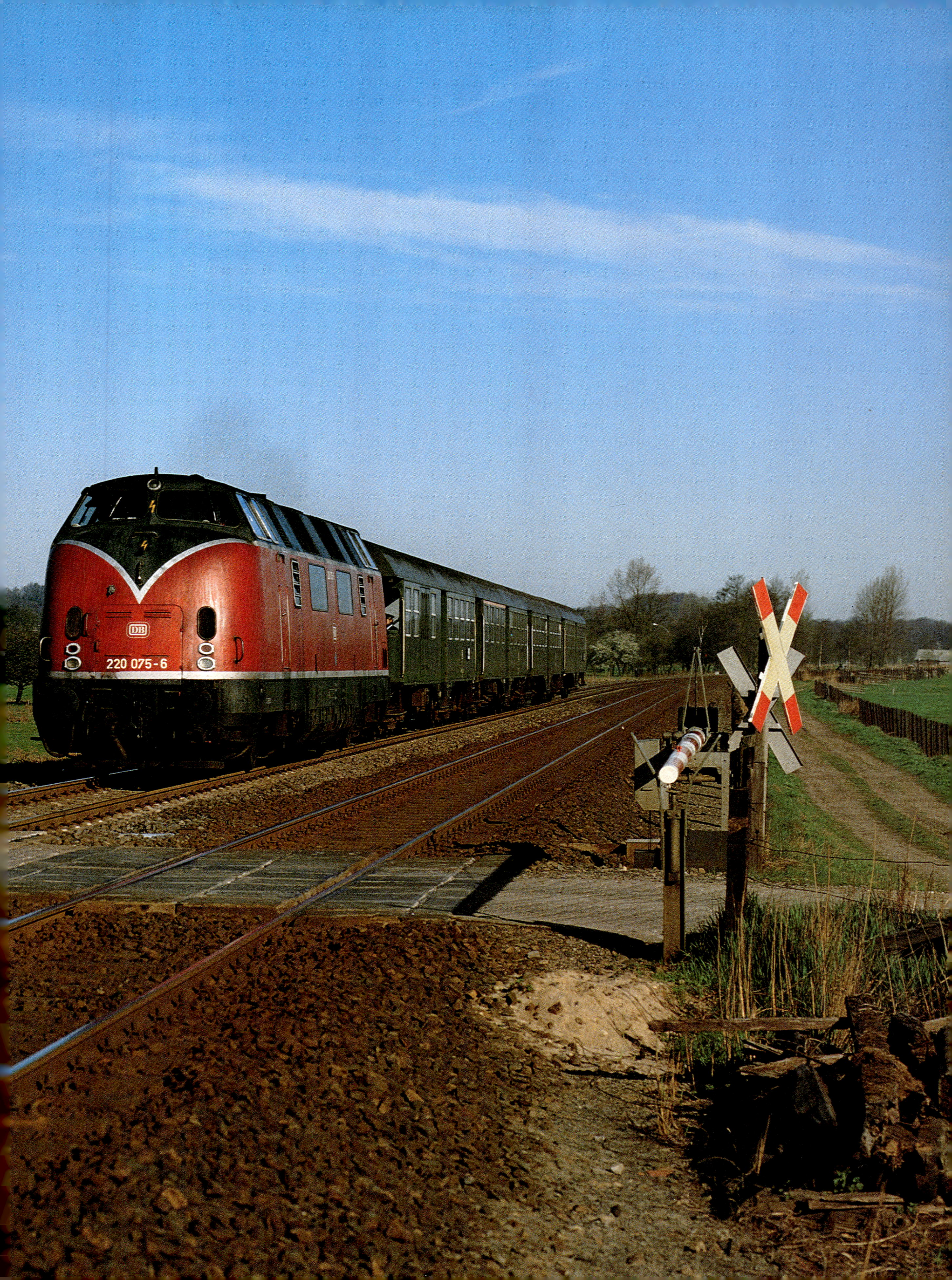
DB
220 075-6

Links: Im Sommerfahrplan 1983 waren die Umläufe der Baureihe 220 des Bw Lübeck bereits stark eingeschränkt. Es gab allerdings noch einige «Langläufe» wie den E 3180 von Lüneburg nach Kiel. Am 11. August 1983 befindet sich 220 051 schon fast am Ende ihrer Tagestour, sie durchfährt hier den landschaftlich besonders reizvollen Abschnitt in der Holsteinischen Schweiz zwischen Plön und Ascheberg entlang der Plöner Seen.

Rechts oben: Im Elbe-Weser-Dreieck wird der Nahverkehr zum Teil mit den Schienenbussen des Bw Hamburg-Wilhelmsburg abgewickelt. Am 28. April 1984 hat N 4570 (Stade – Bremerhaven) sein Ziel fast erreicht, als die Aufnahme der Garnitur 998 668/998 064/798 822 in der Nähe des «Wilden Moors» zwischen Sellstedt und Bremerhaven-Wulsdorf entstand.

Rechts unten: Neben Loks der Baureihe 218 der Bahnbetriebswerke Lübeck und Flensburg versahen im Sommer 1981 noch Triebwagen der Baureihe 612/613 des Bahnbetriebwerks Hamburg-Altona die Personenzugleistungen zwischen Kiel und Flensburg. Hier fährt ein 613 am Abend des 10. September 1981 in den Bahnhof Süderbrarup als N 4260 ein.

Links: Der Betrieb zwischen den beiden Hansestädten Hamburg und Lübeck wurde im Sommer des Jahres 1983 fast ausschließlich schon mit Lokomotiven der Baureihe 218 abgewickelt.
Auf dem Bild sind zwei Maschinen dieser Gattung mit einem langen Durchgangsgüterzug bei Hamburg-Rahlstedt in Richtung Lübeck unterwegs.

◁ Doppelseite: Die Unterelbestrecke zwischen Hamburg und Cuxhaven war jahrelang die Domäne der Baureihe 220, bis diese ehemalige Schnellzuglok im Sommer 1984 endgültig von Neubauloks abgelöst wurde. Eine der letzten Lokomotiven dieser Baureihe, die Lübecker 220 075, passiert am 27. April 1984 mit dem N 4425 (Cuxhaven – Stade) einen für diese Gegend typischen Schrankenposten, dessen Wärter vorschriftsmäßig den vorbeifahrenden Zug kontrolliert.

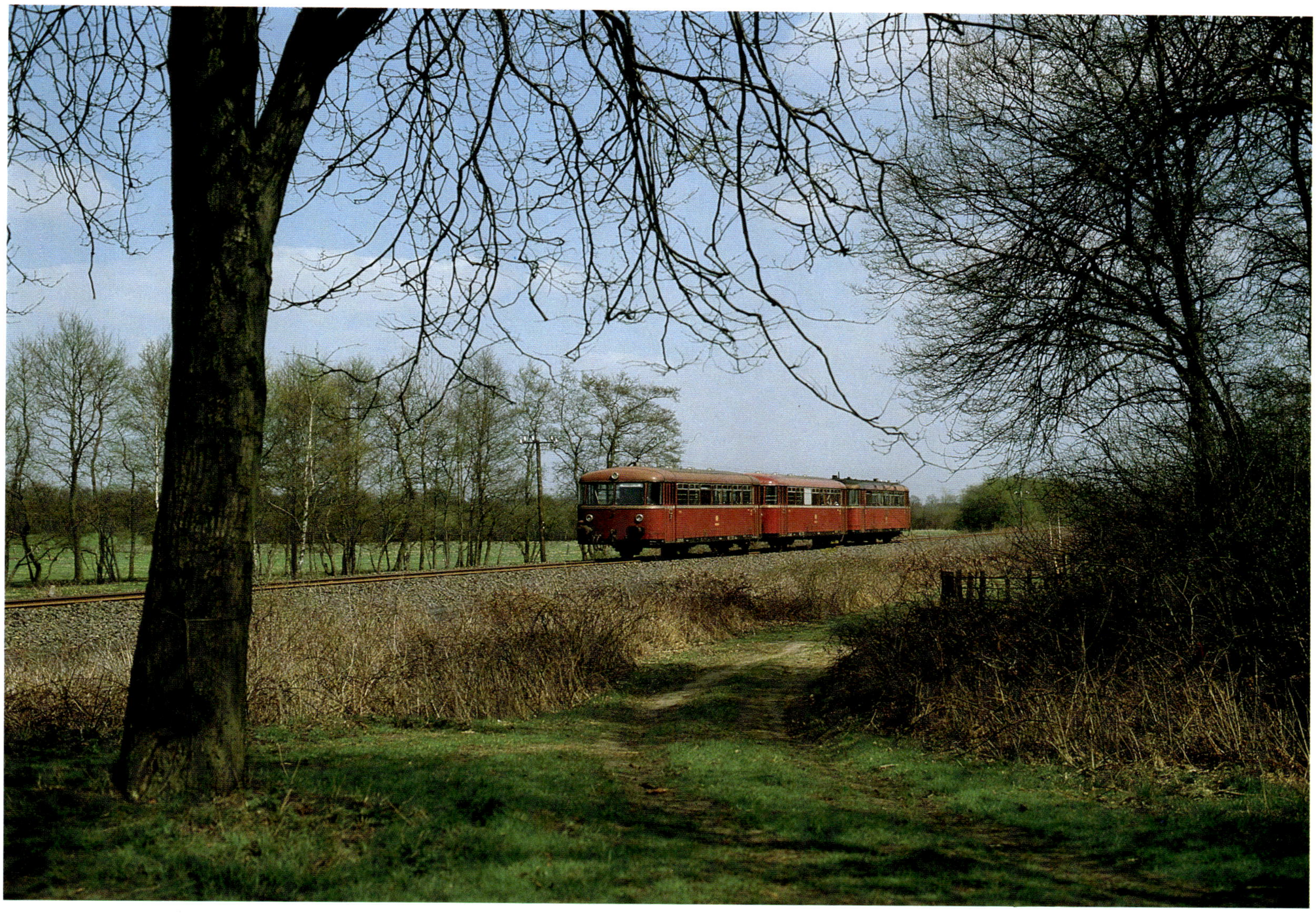

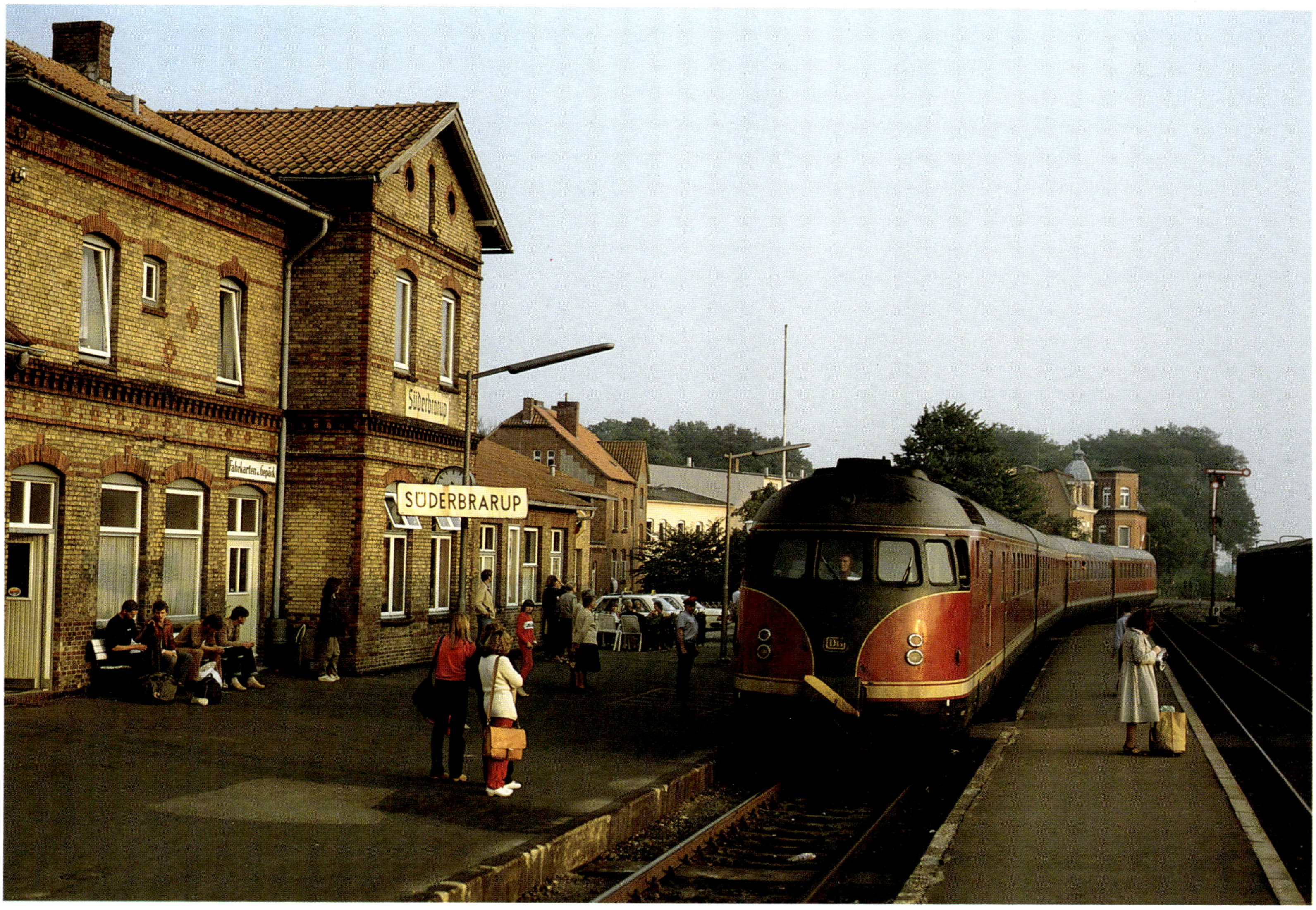
Süderbrarup
Fahrkarten u. Gepäck
SÜDERBRARUP

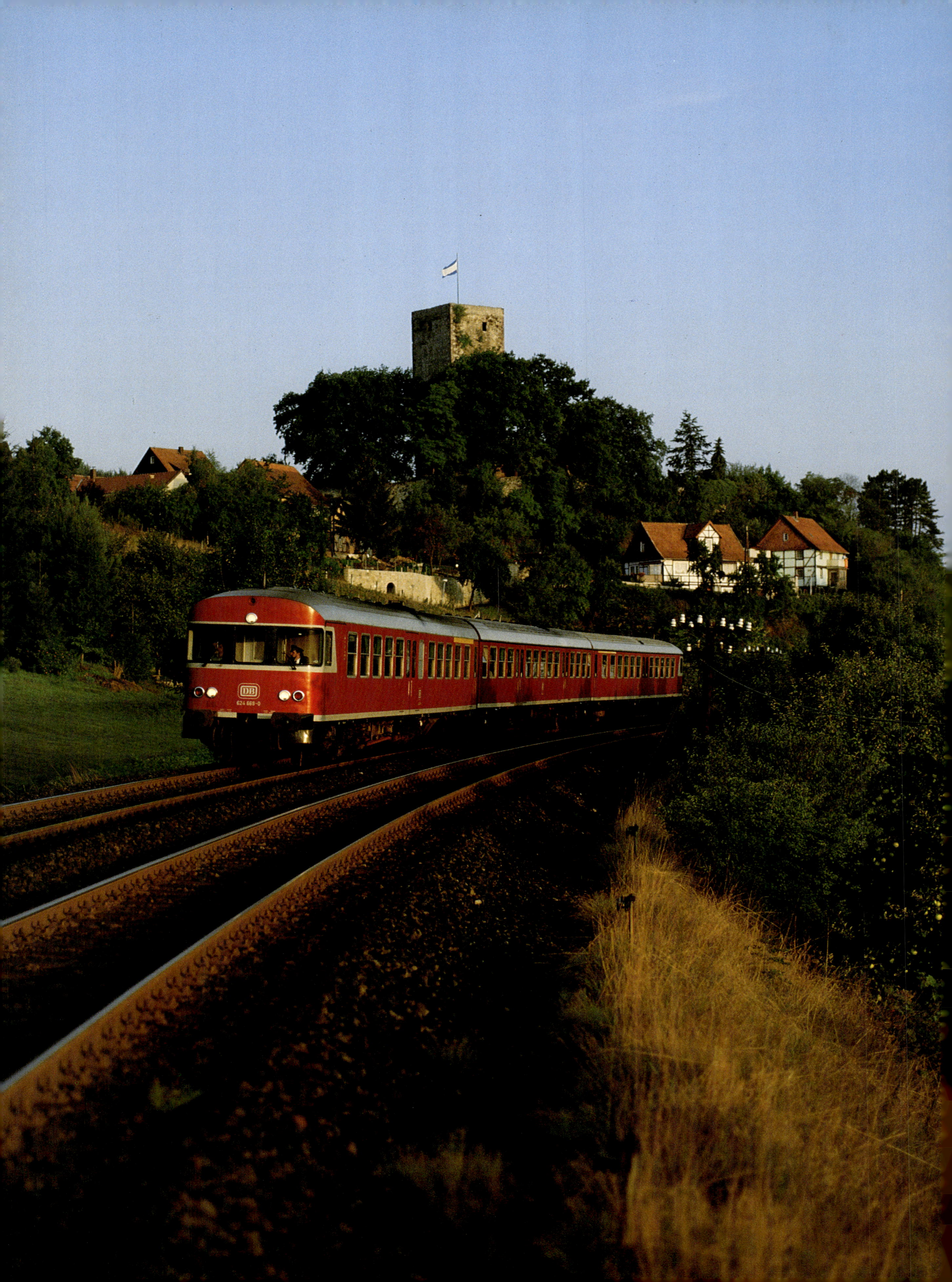

ZWISCHEN HARZ UND WESER

Die Reise in den Harz und das Weserbergland beginnt in Uelzen am Rande der Lüneburger Heide. Wir sitzen im Eilzug Flensburg – Kreiensen, einem jener «Heckeneilzüge», die meist abseits der großen Fernstrecken mit beachtlichen Laufwegen verkehren und trotz ihrer geringeren Reisegeschwindigkeit als umsteigefreie Verbindung bei vielen Reisenden beliebt sind. Der Eilzug benutzt, von Flensburg über Kiel und Lübeck kommend, zwischen Lüneburg und Uelzen die Hauptstrecke Hamburg – Hannover und wartet nun im Bahnhof Uelzen auf einen leicht verspäteten Schnellzug aus Westerland. Die weitläufigen Gleisanlagen und das große Empfangsgebäude lassen die frühere Bedeutung des Bahnhofes erahnen, der einst Zwischenhalt der Ost-West-Strecke Berlin – Stendal – Bremen war. Durch die innerdeutsche Grenze ist die Strecke heute unterbrochen und zum Großteil zu einer eingleisigen Nebenbahn zurückgebaut worden.

Wir verlassen Uelzen in südöstlicher Richtung und kreuzen bei Stederdorf den Elbe-Seitenkanal, der die Elbe mit dem Mittellandkanal verbindet und im Jahre 1976 Aufsehen erregte, als er nur wenige Wochen nach seiner Fertigstellung wegen eines Dammbruchs wieder gesperrt werden mußte. Unsere Strecke zweigt in Wieren von der ehemaligen Hauptbahn nach Stendal ab und verläuft am Rande der Südheide an Äckern, Wiesen und kleinen Waldstücken entlang. Den Elbe-Seitenkanal queren wir noch einmal bei Knesebeck, wo unser Blick für einen Moment auf ein tief im Wasser liegendes Frachtschiff fällt, das gerade mühelos von mehreren Sportbooten überholt wird.

Nächster Halt ist Gifhorn-Stadt, einer von zwei Bahnhöfen der Kreisstadt, die im Mittelalter an der von Lüneburg nach Braunschweig führenden Salzstraße lag. Dieser alte Handelsweg kreuzte hier die Aller mit einem Flußübergang, der durch eine Wasserburg gesichert war. Heute steht an derselben Stelle das Welfenschloß, das sich mit Konzerten und Theatervorführungen sowie dem Heimatmuseum zum kulturellen Zentrum der Stadt entwickelt hat.

Nun verläuft die Strecke bis Braunschweig überwiegend parallel zur Bundesstraße 4, der «Harz-Heide-Straße». Sie stellt nicht nur eine verkehrsmäßige, sondern auch eine historische Verbindung mit Lüneburg her. Denn der Braunschweiger Herzog Heinrich der Löwe verhalf einst Lüneburg zu seinem wirtschaftlichen Aufschwung, und später gehörten beide Städte dem mächtigen Bund der Hanse an. Aus Lüneburg erhielt Braunschweig die erste für die Staatsbahn nach Hannover bestimmte Lokomotive; diese war auf dem Wasserweg aus England gekommen und wurde im Lüneburger Hafen verladen.

Nach der Ankunft im Braunschweiger Hauptbahnhof verlassen wir den Zug. Der Bahnhof ist einer der jüngsten der Deutschen Bundesbahn: im Oktober 1960 löste er den alten Kopfbahnhof westlich des Stadtzentrums ab, dessen Lage und Anbindung für den Fernverkehr zu ungünstig war. Gleichzeitig wurde die Streckenführung im Braunschweiger Raum verändert, wodurch zahlreiche innerstädtische Bahnübergänge durch Brücken ersetzt werden konnten. Der Bahnhofsvorplatz ist mit seinen breiten Straßen sehr großzügig gestaltet und von modernen Bauten umsäumt. Mit dem Standort des Hauptbahnhofs sind jedoch heute vor allem die Berufspendler nicht so glücklich, da er sich etwas außerhalb der eigentlichen Innenstadt befindet. Mit der Straßenbahn sind es aber bis dorthin nur wenige Minuten Fahrt.

Obwohl die Stadt im Krieg fast völlig zerstört wurde, ist es gelungen, einige historische Bauten, die an die Glanzzeit Braunschweigs unter Heinrich dem Löwen erinnern, wieder aufzubauen. Dazu gehören der Dom aus dem 12. Jahrhundert und die Burg Dankwarderode, die einstige Residenz des Herzogs. Beachtung findet auch das Altstadt-Rathaus, das aus zwei rechtwinklig aufeinander zulaufenden Flügeln besteht, denen ein Laubengang vorgelagert ist. Auf dem Burgplatz vor dem Dom steht als Bronzeplastik das Wappentier Braunschweigs, der Burglöwe. Als wir nach dem kurzen Stadtrundgang wieder zurück am Bahnhof sind, trifft gerade der Eilzug aus Wolfsburg ein, mit dem wir unsere Fahrt in Richtung Harz fortsetzen wollen.

Zunächst kommen wir nach Wolfenbüttel, das als ehemalige Residenzstadt der Welfen auch einen Besuch lohnt: neben den zahlreichen alten Fachwerkhäusern sollte man sich vor allem das Schloß, das Rathaus und die Gebäude der Herzog-August-Bibliothek an-

---

Vor allem dem Schülerverkehr dient der E 3501 von Altenbeken nach Bad Gandersheim, der im ersten Morgenlicht des 29. August 1983 unterhalb der im 14. Jahrhundert erbauten Burg Greene in das Leinetal hinabrollt und in wenigen Minuten den Bahnhof Kreiensen erreichen wird. Die Zuggarnitur, bestehend aus 624 668, 934 443 und 624 677 des Bw Osnabrück, wird noch am gleichen Tag über Altenbeken und Herford wieder in heimatnähere Regionen gelangen.

sehen. Südlich von Schladen führt die Strecke neben dem Flüßchen Oker direkt an der Grenze zur DDR vorbei, und kurz danach erreichen wir Vienenburg. Dort fällt uns das holzverschalte Empfangsgebäude auf, das nach Feststellung von Wissenschaftlern das älteste Bahnhofsgebäude in der Bundesrepublik ist. Erbaut wurde es um 1840 für die erste deutsche Staatsbahn Bad Harzburg – Braunschweig. Nachdem jahrelang der Abbruch vorgesehen war, will die Stadt nun das Gebäude von der DB kaufen und restaurieren. Von hier sind es nur noch wenige Kilometer bis zu unserem heutigen Tagesziel Bad Harzburg.

Am nächsten Vormittag sehen wir uns etwas in Bad Harzburg um. Auffallend sind die zahlreichen villenartigen Häuser im traditionellen Baustil großer Badeorte der Jahrhundertwende. Mit der Seilbahn fahren wir auf den 483 Meter hohen Burgberg, wo sich die Ruinenreste der ehemaligen Harzburg befinden; klares Wetter und gute Fernsicht ermöglichen einen weitreichenden Blick auf die Harzvorberge und die höchste Erhebung des Harzes, dem 1142 Meter hohen Brokken, der bereits auf dem Gebiet der DDR liegt.

Ursprünglich war der Harz mit Laub- und Mischwald bedeckt; wegen des großen Holzbedarfs im Bergbau wurden nach und nach schnellwüchsige Fichtenmonokulturen angelegt, die jedoch sehr anfällig gegen Stürme und Schädlinge sind, wie sich vor allem in den vergangenen 20 Jahren gezeigt hat. Heute läßt sich nur sehr mühsam eine gegenläufige Entwicklung einleiten.

Gegen Mittag verlassen wir Bad Harzburg und fahren mit einem Eilzug in das 11 Kilometer entfernte Goslar, vorbei am Stadtteil Oker, der sich mit seinen Hütten- und Chemiewerken in starkem Kontrast zur Umgebung zeigt.

Ein Rundgang durch die alte Kaiserstadt Goslar steht am Nachmittag auf dem Programm. Die Geschichte der über tausendjährigen Stadt ist eng mit dem Bergbau verbunden, der im Mittelalter maßgeblich ihren Aufstieg und Reichtum begründete. Der Sage nach begann alles im Jahre 968 mit einem Zufall. Das Pferd des Ritters Ramm scharrte an einer Stelle des heutigen Rammelsberges mit den Hufen und legte dabei eine Silberader frei. Schon bald danach begann der planmäßige Bergbau, der neben Silber auch Kupfer, Blei und Zink zutage brachte. Da Bodenschätze im Alten Deutschen Reich Eigentum des Kaisers waren, wurde in der ersten Hälfte des 11. Jahrhunderts die Kaiserpfalz zum Schutz des Bergwerks errichtet. Auch politisch gewann Goslar an Bedeutung, da hier über 100 Reichstage stattfanden. Der Reichsadler, der den Marktbrunnen ziert, ist seit 1340 das Goslarer Wappentier. Am Marktplatz steht das Rathaus aus dem 15. Jahrhundert, das nur eines der zahlreichen historischen Bauten Goslars ist. Sehenswert sind auch das «Brusttuch», ein Patrizierhaus aus dem Jahre 1526 mit besonders reich verzierter Fassade, oder die «Kaiserworth», das einstige Gildehaus der Gewandschneider.

Der Bergbau lebte nach neuen Funden im 19. Jahrhundert noch einmal auf, hat jedoch heute nur noch geringe Bedeutung: der Rammelsberg wurde unter Verwendung moderner Technik weitgehend ausgebeutet und noch 1987 wird der letzte Stollen geschlossen. Die Bauten des Bergwerks werden aber voraussichtlich als technisches Großdenkmal in der Form eines Museums erhalten bleiben.

Einen Ausflug in den Oberharz unternehmen wir am nächsten Tag, wobei wir jedoch auf den Bahnbus angewiesen sind. Bis Mai 1976 konnte man noch mit dem Zug von Goslar über Langelsheim nach Clausthal-Zellerfeld und Altenau fahren. Doch heute ist der Verlauf der Strecke nur noch an einzelnen Bauwerken zu erkennen. Im ehemaligen Bahnhof Altenau läßt der teilweise überwucherte Schotter vermuten, wo die Gleise lagen, und auch das alte Bahnhofsgebäude steht noch; heute finden wir hier eine Gaststätte.

Clausthal-Zellerfeld ist durch seine Lage inmitten der Clausthaler Hochebene das Herz des Oberharzes. Weltbekannt ist die «Bergakademie», die heutige Technische Universität. In ihrer Nähe steht die größte holzverschalte Kirche Europas, die Marktkirche zum Heiligen Geist, die in den Jahren 1639-1642 erbaut worden ist. Typisch für das Ortsbild ist die Verschalung der Häuser mit grauem Schiefer oder bunt gestrichenem Holz. Rund um den Ort fallen die vielen kleinen Stauseen und Teiche auf, die noch aus der Blütezeit des Oberharzer Bergbaus übriggeblieben sind. Ein kompliziertes System aus Teichen, Gräben und Stollen diente damals zur Krafterzeugung und zum Antrieb der Maschinen und Fahrwerke.

Nach der Rückfahrt mit dem Bus besteigen wir in Goslar den Eilzug Braunschweig – Köln, den wir bis Seesen benutzen. Die Bahnlinie verläuft von Goslar aus in westlicher Richtung am Harzrand entlang und trifft nach einer großen Kurve bei Neuekrug-Hahausen mit der Strecke aus Braunschweig zusammen, welche den kürzeren Weg über Salzgitter-Ringelheim genommen hat.

In Seesen steigen wir aus und warten nur 10 Minuten auf den Eilzug nach Göttingen, wobei uns die gepflegten Bahnsteiganlagen auffallen: idyllisch wirken die Sitzbänke und Blumenkübel neben der alten verzierten Bahnsteigüberdachung – und wie schon vor 50 Jahren kündigt der Aufsichtsbeamte den nächsten Zug mit Blechschildern am handbetätigten Zuglaufanzeiger an.

Pünktlich läuft der Eilzug Braunschweig – Göttingen ein, gebildet aus einem Triebwagen der Baureihe 613. Dieser hat seine besten Zeiten längst hinter sich. In den fünfziger Jahren gebaut, liefen diese Triebwagen, die wegen ihrer Form «Eierköpfe» genannt wurden, jahrelang im hochwertigen Fernverkehr als F- und TEE-Züge. Die letzten Exemplare wurden bis zur Ausmusterung von Braunschweig aus im Bezirksverkehr zwischen Harz und Weser eingesetzt. Daß wir mit einem ehemaligen Fernschnelltriebwagen fahren, zeigt sich nicht zuletzt an den großen Abteilen der früheren 1. Klasse und an der Laufruhe.

Bis Kreiensen hält der Zug auf jedem Bahnhof, sowohl in den kleinen Vorharzdörfern Ildehausen und Harriehausen als auch im Thermalsolebad Bad Gandersheim. Dort können wir bei der Einfahrt zwischen den Häusern einen Blick auf die beiden achteckigen Türme der über 900 Jahre alten Stiftskirche erhaschen.

Auf die Nord-Süd-Strecke wechseln wir in Kreiensen über; nun kann der VT 613 bis Göttingen im Blockabstand hinter dem IC «Amalienburg» noch einmal zeigen, welche Leistung in ihm steckt. Nach wenigen Minuten folgt ein kurzer Halt in Einbeck, dem früheren Bahnhof Salzderhelden, wie auch an dem mit Steinen an einem Hang ausgelegten Schriftzug zu sehen ist. Von hier führt eine Stichstrecke ins benachbarte Einbeck, der Heimat des Bockbieres. Heute nachmittag gibt es hier nur noch einen Anschluß mit dem Bahnbus, weil der letzte Zug bereits gegen 15 Uhr abgefahren ist.

Zwischen Salzderhelden und Northeim verläuft neben der Strecke ein Damm, der das im Bau befindliche Hochwasser-Rückhaltebecken der Leine begrenzt, das im Endausbau 7 Kilometer lang und bis zu 1,5 Kilometer breit sein wird. Weitere grundlegende landschaftliche Veränderungen wird diese Gegend in den nächsten Jahren erfahren, wenn die Neubaustrecke Hannover – Würzburg fertiggestellt ist: westlich von Northeim steht bereits eine Brücke über dem Überschwemmungsgebiet der Rhume, bei Edesheim wird ein Überwerfungsbauwerk die alte und die neue Strecke verknüpfen; der massive Einsatz von Beton wird jedoch die Einfügung in die Landschaft nicht gerade erleichtern.

Vom Eisenbahnknotenpunkt Northeim, wo die Nord-Süd-Strecke mit den Bahnlinien aus dem Südharz und aus dem Weserbergland zusammenkommt, sind es noch weitere 10 Minuten Fahrt bis Göttingen.

Vom Bahnhof gelangt man in kurzer Zeit in die Altstadt und den Bereich der Fußgängerzone, wo zahlreiche alte Fachwerkhäuser erhalten geblieben sind. Am Marktplatz steht das 1369-1443 erbaute Rathaus, davor der Rathausbrunnen mit der Gänseliesel, die nach altem Brauch von jedem frischgebackenen Doktor einen Kuß erhält; es soll diesen Glück für das weitere Leben bringen.

Am Rande der Innenstadt sind noch die Gräben und Mauern der alten Wallbefestigung erkennbar, die aus den Jahren 1351-1572 stammen, als auch Göttingen Mitglied der Hanse war. Der kulturelle Aufstieg der Stadt begann im Jahre 1737 mit der Gründung der Landesuniversität «Georgia Augusta», die heute eine der größten deutschen Hochschulen ist. Viele berühmte Persönlichkeiten haben in Göttingen geforscht oder gelehrt, und angesehene Institute haben hier ihren Sitz.

Der nächste Tag ist der letzte unserer Reise zwischen Harz und Weser; wir verlassen Göttingen mittags mit dem Nahverkehrszug nach Bodenfelde. Der mit Schülern vollbesetzte Triebwagen fährt zunächst am

Göttinger Rangierbahnhof vorbei und zweigt in Höhe des Stadtteils Weende in westlicher Richtung ab. Mit einer kleinen Brücke wird das noch schmale Flüßchen Leine überquert, danach geht es mit leichtem Anstieg weiter zwischen sanften bewaldeten Hügeln und kleinen Ortschaften in das Weserbergland hinein. Einziger größerer Ort ist Adelebsen, wo sich bei der Ausfahrt ein Blick auf die Burg Adelebsen mit ihrem mächtigen Hauptturm bietet. Nach abwechslungsreicher Fahrt durch das Tal der Schwülme treffen wir in Bodenfelde auf die Weser.

Dort steigen wir in den Nahverkehrszug nach Ottbergen um, dessen nächster Halt unser Ziel Bad Karlshafen ist. Das Städtchen wurde 1699 vom hessischen Landgrafen Carl als Hugenottensiedlung mit symmetrischem Grundriß an der Mündung der Diemel in die Weser angelegt. Carl verband damit den Plan, von hier einen Kanal durch das Diemeltal bis Kassel zu bauen, um die hannoversche Zollstelle in Münden zu umgehen. Der Kanal wurde jedoch nie gebaut, verwirklicht worden ist nur das Hafenbecken, das noch heute Zentrum der Stadt ist. An seinem Rand steht die eindrucksvolle Barockfassade des Rathauses aus den Jahren 1715-1718. Das älteste Gebäude der Stadt beherbergt heute das Gasthaus «Zum Landgraf Carl»; dort wollen wir zum Ausklang unserer mehrtägigen Bahnfahrt zwischen Harz und Weser einkehren.

Einen letzten Blick auf die Harzvorberge haben die Reisenden des N 3579 (Göttingen – Braunschweig) bei Hahausen, bevor die am 17. Mai 1985 im Umlaufplan eines Braunschweiger VT 614 laufende 613-Garnitur 913 608/913 021/613 607 den nächsten Haltepunkt Nauen/Harz erreicht. Der Zug benutzt zwischen Seesen und Braunschweig die kürzere Verbindung über Salzgitter-Ringelheim; nachdem der Abschnitt Neuekrug-Hahausen – Salzgitter-Ringelheim im Sommer 1984 eingleisig zurückgebaut worden ist, liegt das ehemalige zweite Gleis ein Jahr später immer noch, allerdings bereits ohne Schotterbett.

Im Vorharz und im Weserbergland bestreiten die Akku-Triebwagen der Baureihe 515 den Großteil des Nahverkehrs, so auch auf der Strecke Derneburg – Seesen – Herzberg am Westrand des Harzes. Bei Bornhausen rollen am 10. November 1983 die Hildesheimer 815 649, 515 579 und 515 592 als N 6767 (Hildesheim-Seesen) vorbei, ohne das auf der nahen Wiese weidende Pferd zu stören.

Die Triebwagen der Baureihe 612/613 wurden in ihren letzten Betriebsjahren vielfach in untergeordneten Diensten auf Zweigstrecken eingesetzt. Im Winterfahrplan 1983/84 erbrachten sie auch den Gesamtverkehr auf der einstellungsbedrohten Strecke Derneburg – Salzgitter-Lebenstedt. Der N 3580 (Wolfsburg – Derneburg) wurde am 15. Dezember 1983 mit 612 506, 913 012 und 613 606 in der Nähe der Ortschaft Luttrum aufgenommen.

Doppelseite: Einer der am stärksten belasteten Abschnitte der Nord-Süd-Strecke zwischen Hannover und Göttingen ist das Teilstück Nordstemmen – Elze, das von den Zügen der Ost-West-Verbindung Braunschweig – Hameln – Löhne mitbenutzt wird. Am Nachmittag des 17. Januar 1986 war dort die Hamburger 112 269 mit dem D 2070 (Kassel – Hamburg) vor dem Hintergrund der überschwemmten Leinewiesen unterwegs.

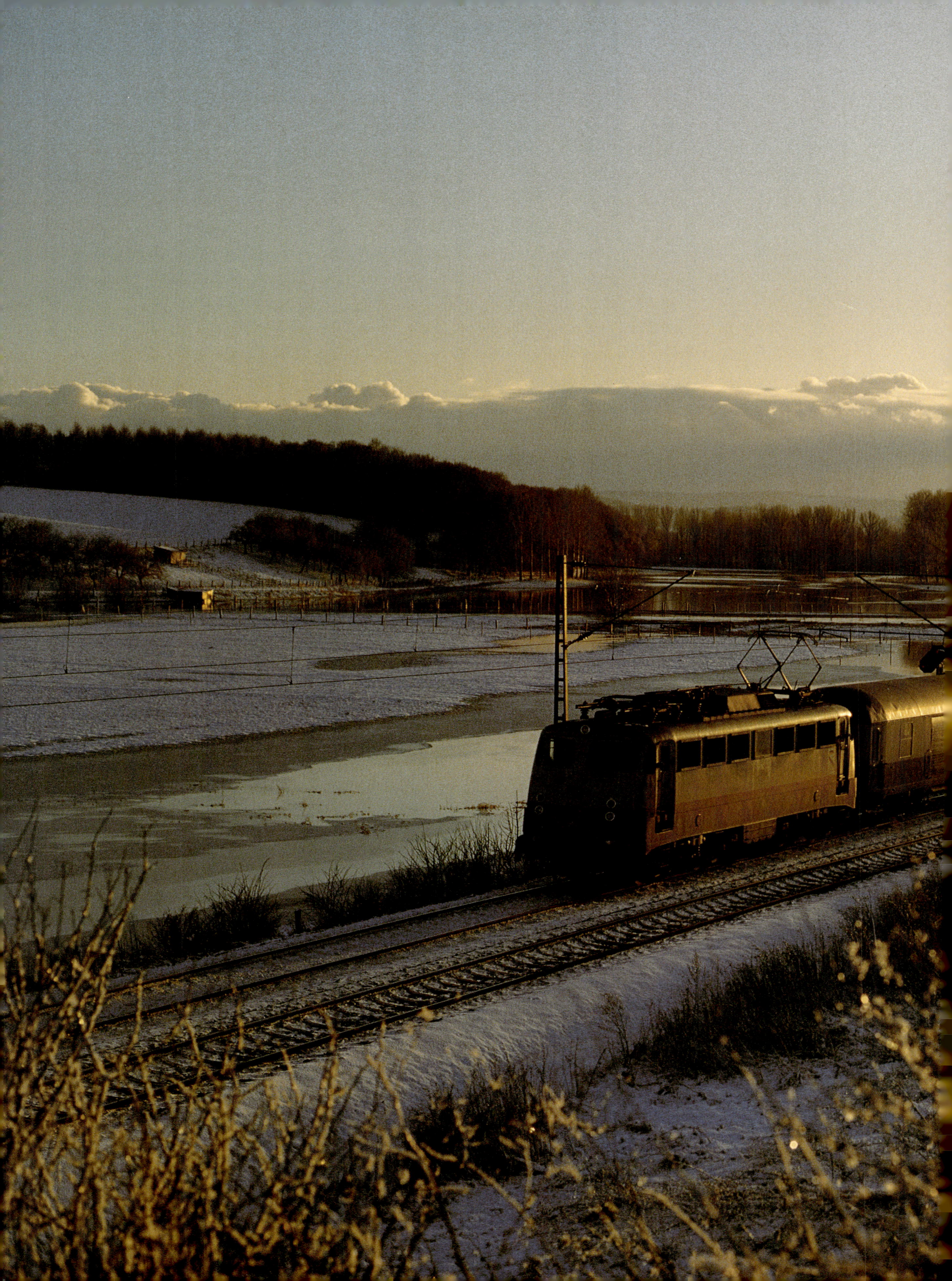

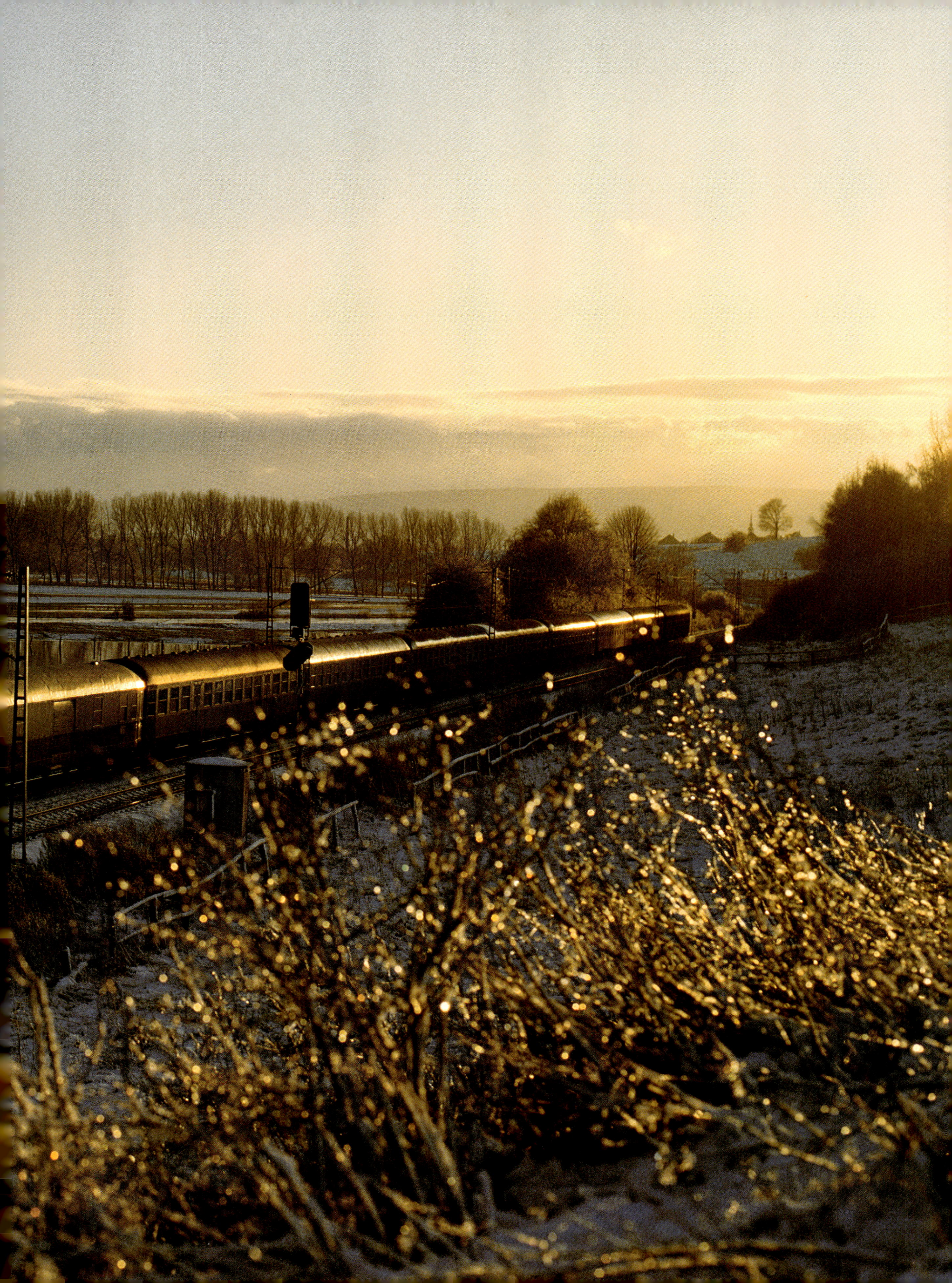

Links: Nur kurze Zeit drangen Sonnenstrahlen durch den wolkenverhangenen Himmel, als am 1. Mai 1985 die Aufnahme des IC 574 «Schauinsland» (Basel – Hamburg) bei Elze zwischen Göttingen und Hannover entstand. Die Zuglok 103 245 wurde als letzte der insgesamt 145 Serienloks im Juni 1974 abgeliefert und gehört seitdem zum Einsatzbestand des Bw Hamburg-Eidelstedt.

Unten: Besondere Fracht hatte der Dg 53300 (Nürnberg Rbf – Maschen) am 16. Mai 1985. Hinter der Zuglok 150 093 des Bw Bebra liefen die Nürnberger Drehstromloks 120 005 und 120 002 mit, die für Meßfahrten in Schweden nach Puttgarden überführt wurden. Der Zug hat soeben die Blockstelle Weissmoor zwischen Lehrte und Celle passiert, das Blocksignal ist bereits wieder in Halt-Stellung (Hp 0) zurückgefallen.

Rechts oben und unten: Harz und Leinebergland im Wandel der Jahreszeiten: Die Braunschweiger Triebwagengarnitur 613 612/913 004/613 614 war am 12. November 1983 als N 3511 (Kreiensen – Braunschweig) im herbstlichen Vorharz bei Neuekrug-Hahausen unterwegs. Ein leuchtendes Rapsfeld bildete den Vordergrund für die Aufnahme vom 14. Mai 1985, als 913 602, 913 015 und 612 506 als N 6970 (Göttingen – Holzminden) bei Adelebsen in Richtung Bodenfelde fuhren.

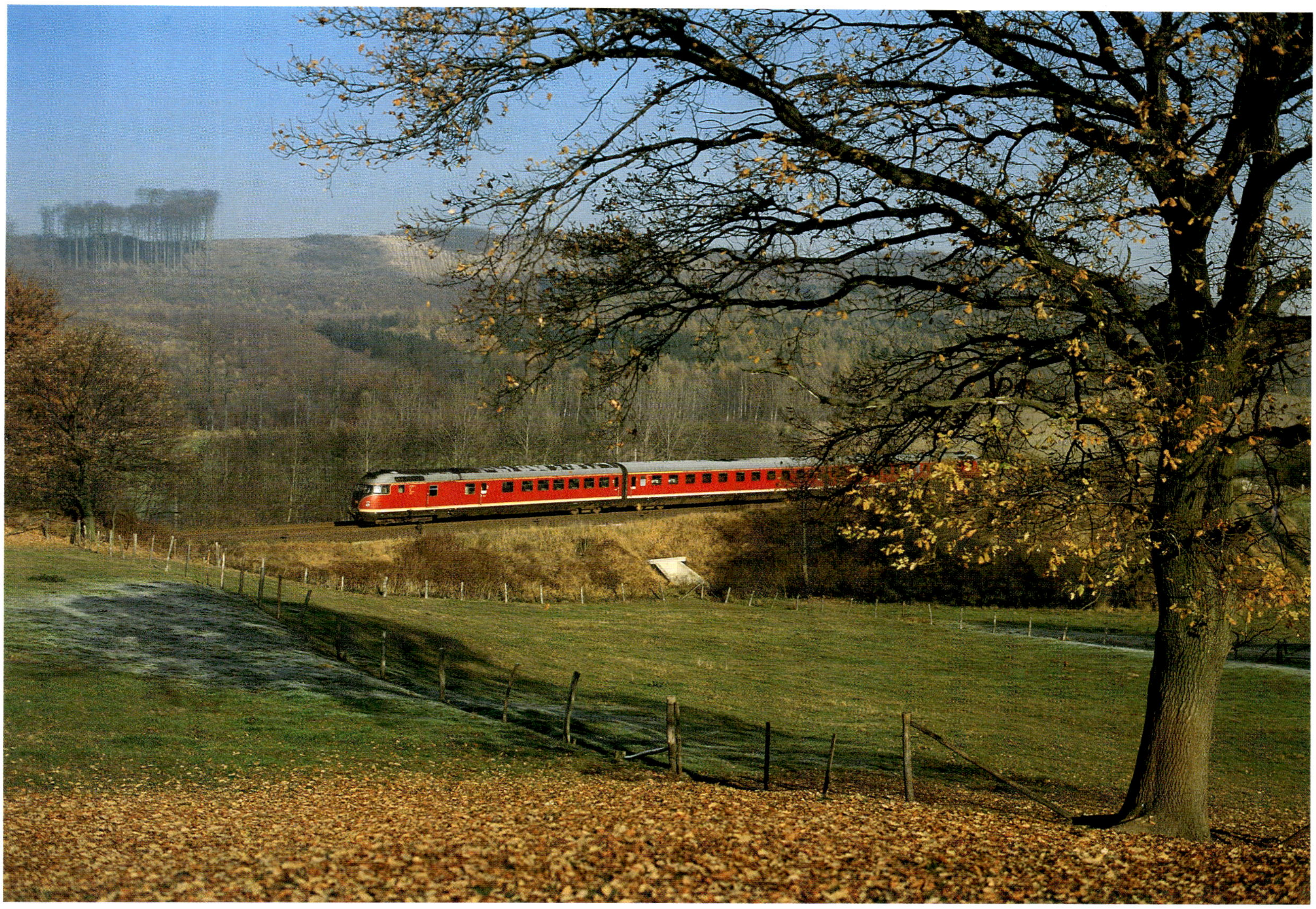

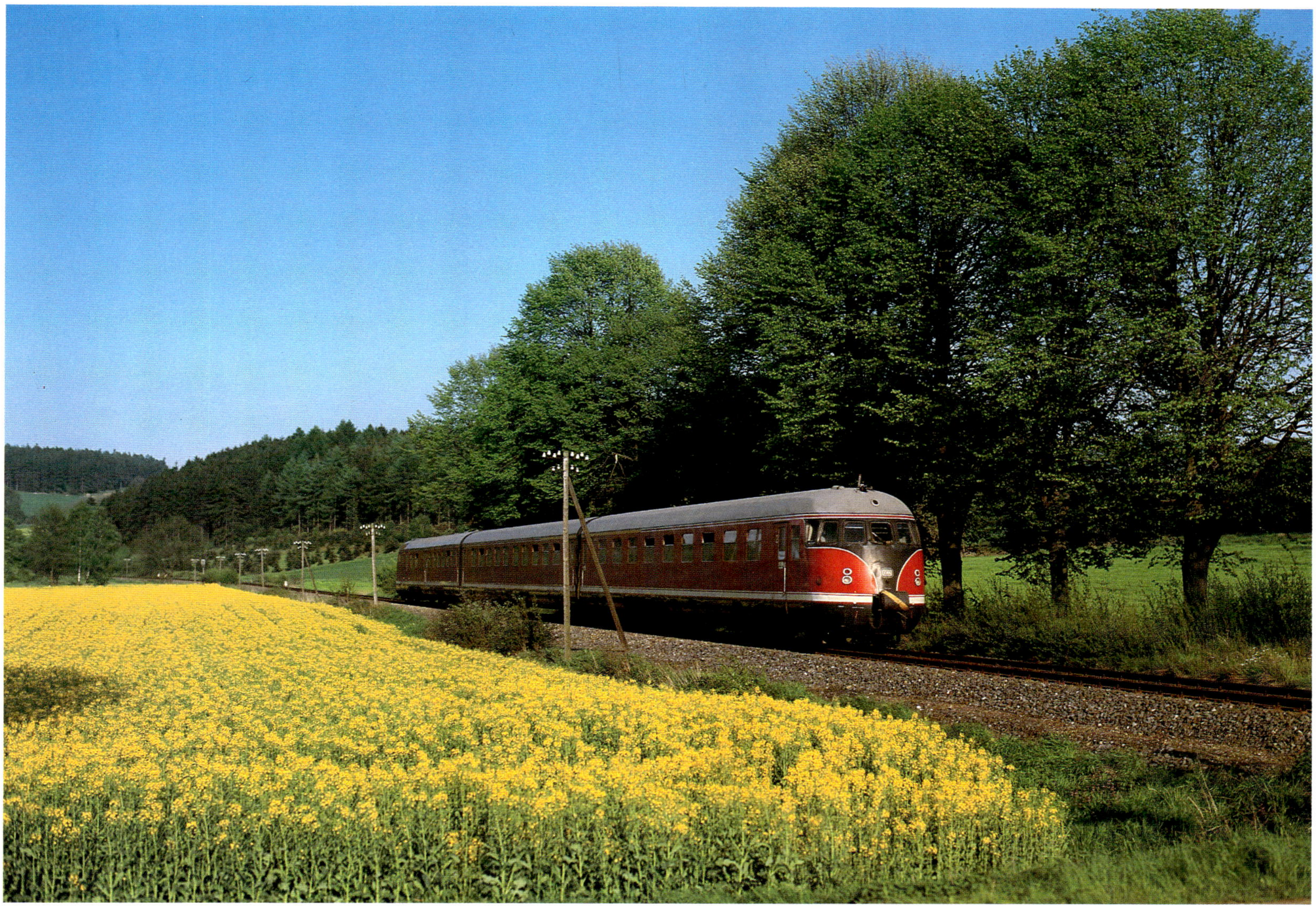

Oben: Im Herbst ist Zuckerrübenzeit. Leere Güterwagen für das Endprodukt bringt die Kleinlok 332 120 am 4. November 1983 von Salzgitter-Ringelheim zur Zuckerfabrik Baddekkenstedt und passiert auf halber Strecke die ehemalige Blockstelle Klein-Elbe. Nach Demontage der Signale fiel das alte Stellwerksgebäude wenige Tage nach dieser Aufnahme der Spitzhacke zum Opfer.

Rechts: Die Nord-Süd-Strecke überquert bei Nordstemmen auf einer mächtigen kastenförmigen Stahlbrücke die Leine, die kurz nach Sonnenuntergang die Farben des Abendhimmels widerspiegelt. Den Reisenden bietet sich an dieser Stelle ein Blick auf das Schloß Marienburg, dem einstigen Wohnsitz der Welfenfürsten. Das Bild zeigt den D 784 (Passau – Hamburg) mit der Münchener 111 085 am 12. Februar 1984 auf der Fahrt in Richtung Hannover.

Nächste Doppelseite: Dicht am Weserufer verläuft die Strecke Altenbeken – Northeim in der Nähe von Bad Karlshafen. Die Braunschweiger 216 162 hat mit dem E 3837 (Bielefeld – Odertal) soeben das Einfahrsignal passiert und wird in Kürze im Karlshafener Bahnhof halten (13. April 1984).

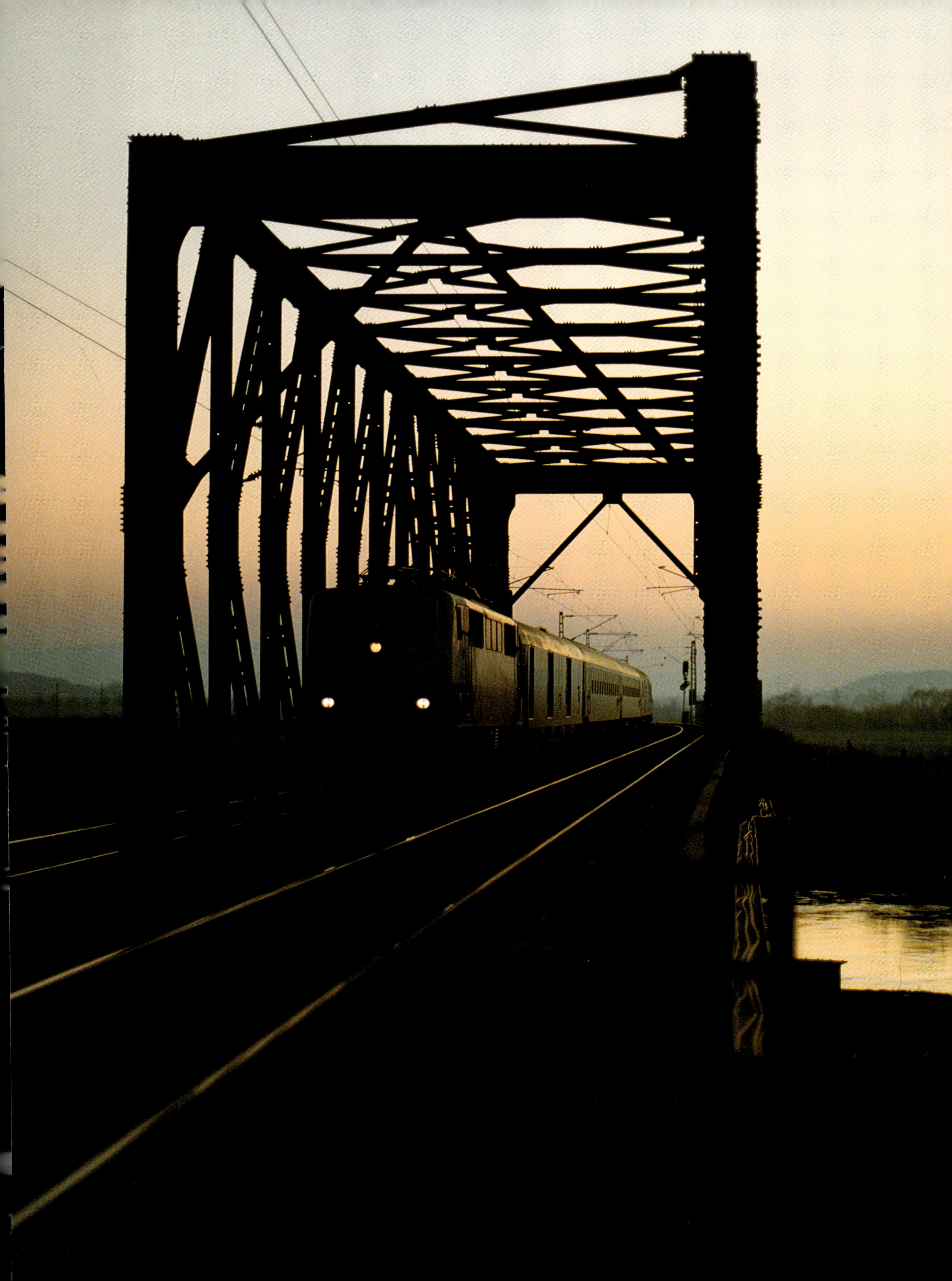

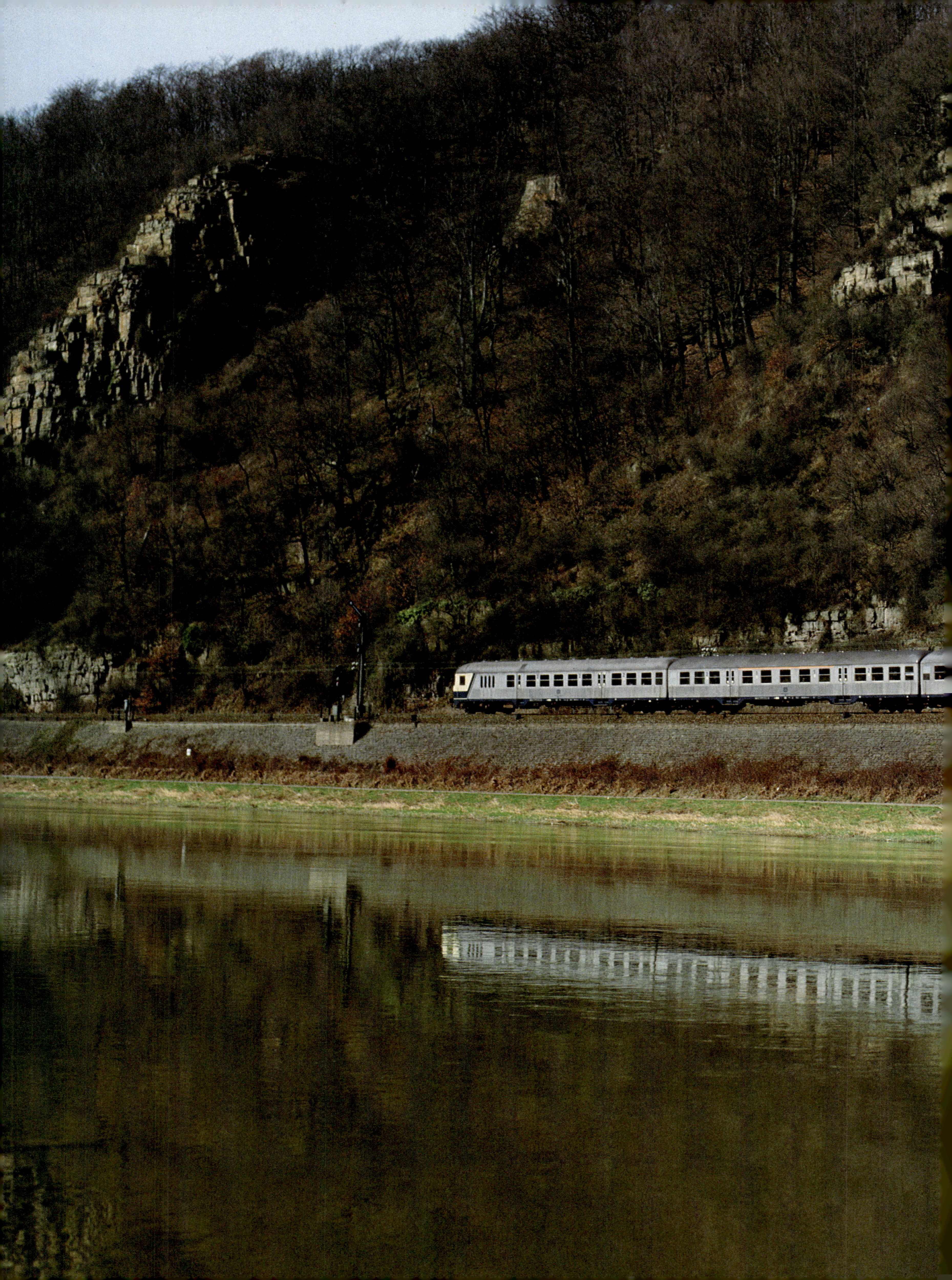

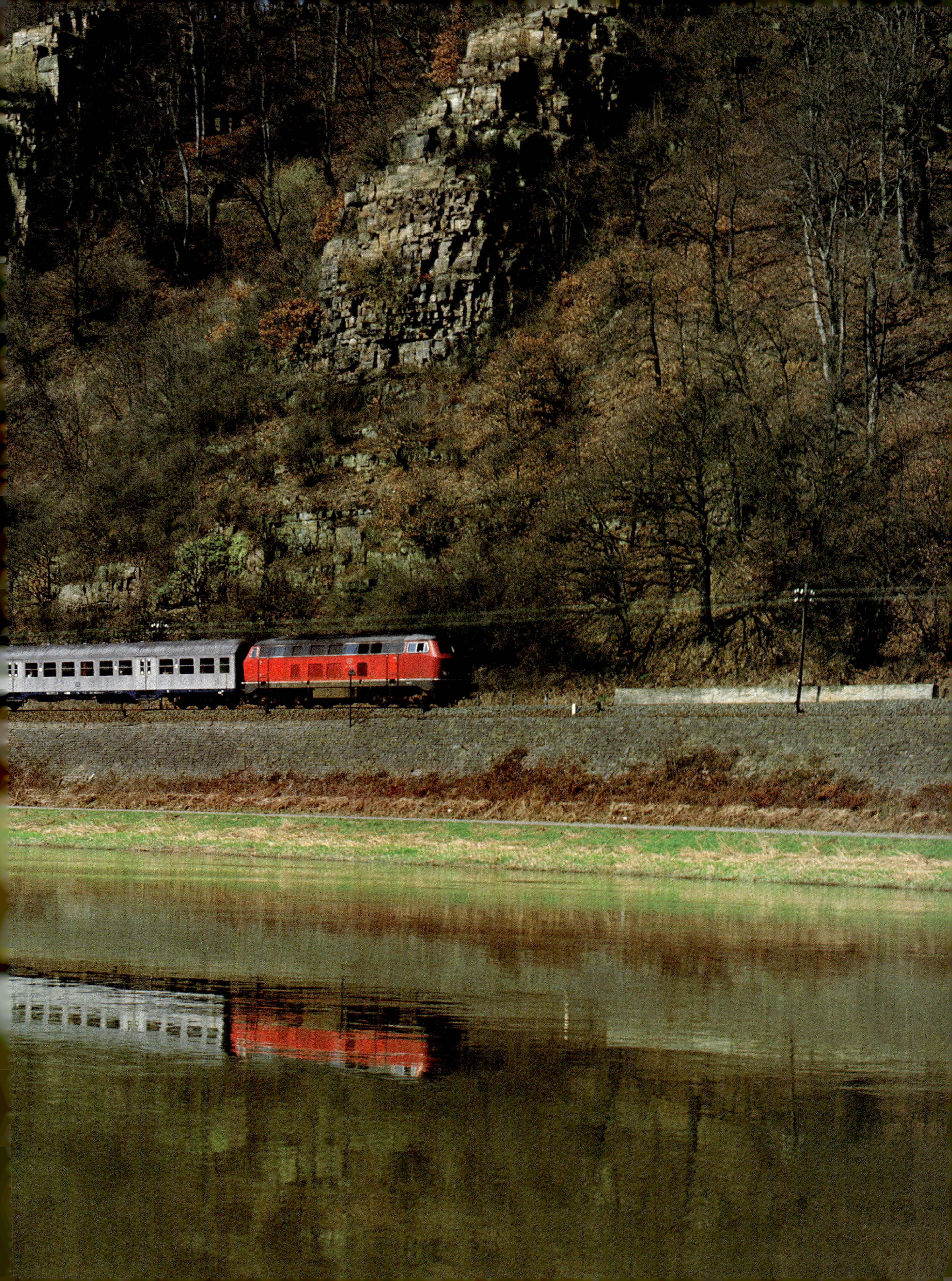

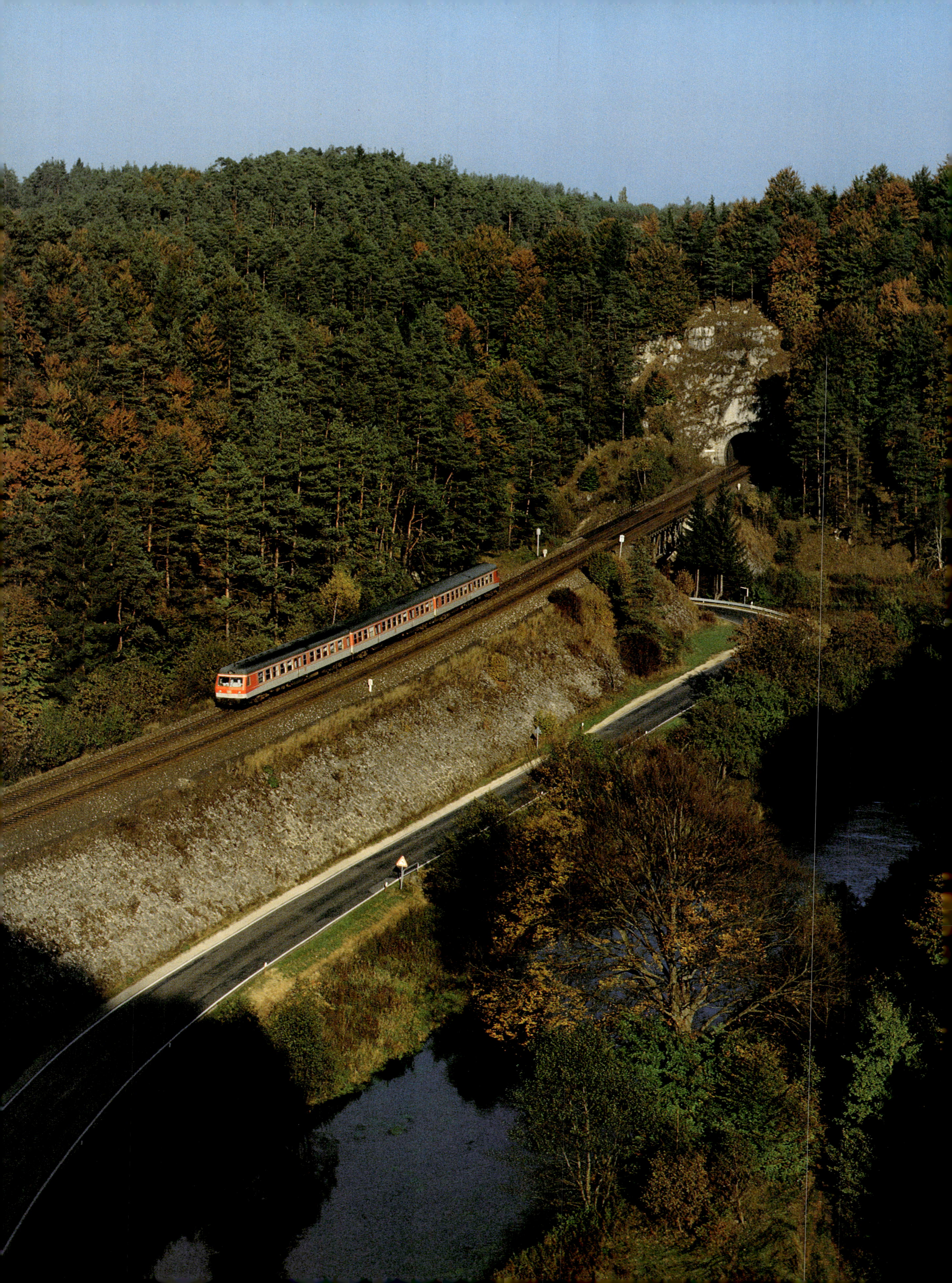

VOM STEIGERWALD
IN DEN BAYERISCHEN WALD

Durch die abwechslungsreichen Mittelgebirge Nordbayerns führt uns diese Reise. Steigerwald, Frankenwald, Fichtelgebirge, nördlicher Fränkischer Jura, Fränkische Schweiz, Oberpfälzer- und Bayerischer Wald prägen mit ihren teils sanft hügeligen, teils steil und wild emporragenden Höhenzügen das Landschaftsbild Frankens, der Oberpfalz und Niederbayerns.

Der ehemals nahtlose Übergang im Norden zum Thüringer Wald und ins Vogtland wurde nach dem Zweiten Weltkrieg durch die künstliche innerdeutsche Grenze unterbrochen, die alle historischen Gegebenheiten außer acht ließ. Im Nordosten bildet der Böhmerwald die Grenze zur Tschechoslowakei. Nach Süden ragen die Ausläufer des Bayerwaldes bis in die weite Flußebene der Donau hinein, während der Main mit seinen Zuflüssen den Norden und Nordosten Frankens beherrscht.

Dort, wo der Main seine volle Größe bereits erlangt hat, ist aus einer bis in die keltische Zeit zurückreichenden Siedlung im Herzen Mainfrankens die Stadt Würzburg entstanden. Im siebten Jahrhundert war Würzburg Sitz der fränkischen Herzöge, und nur einhundert Jahre später erhob Bonifatius die Stadt zum Bistum. Die günstige Lage förderte die weitere Entwicklung. Seine Blütezeit erlebte Würzburg im 17. und 18. Jahrhundert. Die Bauleidenschaft der Fürstbischöfe zeugt noch heute nachhaltig von Macht, Reichtum und auch Geltungsdrang der geistlichen und weltlichen Herren. Nachdem Würzburg im Zweiten Weltkrieg schwer getroffen wurde, sind die Altstadt und viele kulturgeschichtliche Baudenkmäler in mühevoller Arbeit wieder neu entstanden.

Erwähnung verdient besonders die ehemalige bischöfliche Residenz, 1719-1744 im wesentlichen unter der Leitung von Balthasar Neumann errichtet. Einmalig ist das monumentale Treppenhaus, das mit dem riesigen Fresko von Giovanni Battista Tiepolo geschmückt ist. Aber auch der Dom, die alte Mainbrücke mit ihren barocken Heiligenstatuen, über die man zur Festung Marienberg auf der anderen Mainseite hinübergelangt, legen Zeugnis ab von der Baukunst früherer Jahrhunderte. Zugleich ist Würzburg eine der bedeutendsten Eisenbahndrehscheiben Süddeutschlands. Von Norden her treffen hier die Nord-Süd-Strecke von den deutschen Seehäfen und die Linie aus dem Ruhrgebiet über Frankfurt zusammen. Ihren Anfang nehmen in Würzburg die Strecke über Bamberg in die DDR, die große Ost-West-Magistrale über Nürnberg, Regensburg nach Wien und die Verbindungen in die süddeutschen Metropolen Stuttgart und München.

Auch in Zukunft wird Würzburg als Ausgangspunkt der neuen Nord-Süd-Schnellbahn seine Bedeutung nicht verlieren.

Nicht so schnell wie in einigen Jahren der Inter-City-Expreß verlassen wir Würzburg in Richtung Bamberg. Eine der heute schon legendär zu nennenden E 18, deren Heimat in den letzten Jahren ihres Einsatzes Würzburg war, bespannt unseren Zug. 1935 als stärkste Einrahmen-E-Lok der Welt auf der Welt-Ausstellung in Paris mit dem Grand Prix ausgezeichnet, verdiente sie sich vor Eil- und Nahverkehrszügen ihr Gnadenbrot, bevor 1985 auch die letzten Exemplare den Weg allen alten Eisens gingen.

Bis Rottendorf verläuft die Strecke 810 gemeinsam mit der Hauptbahn nach Nürnberg, bevor sie in nördlicher Richtung abschwenkt. Über die Hochfläche der Gäuplatten eilen wir Schweinfurt entgegen, wo der Main wieder erreicht wird. Schweinfurt ist durch die Kugellagerwerke einer der wichtigsten Industriestandorte Frankens und das Kürzel «SKF» genießt Weltruf.

Ab hier folgt die 1854 eröffnete «Ludwigs-Süd-Nord-Bahn» dem Lauf des Mains. Wie an einer Kette reihen sich malerische Weinorte und Burgen aneinander. Links und rechts des Flusses rahmen rebenbestandene Berghänge das Tal ein. Die süffigen Weißweine, gekeltert aus Silvaner, Müller-Thurgau, Perle und Bacchus aus den Lagen um Mainberg, Zeil und Ebelsbach haben den Ruf des Frankenweines begründet. Abgefüllt werden sie in die bauchigen Bocksbeutel.

Viel zu schnell ist die Flußlandschaft durchfahren und Bamberg erreicht. Es lohnt sich, für die alte fränkische Kaiser- und Bischofsstadt mehr Zeit aufzuwenden. Zwischen zwei Armen der Regnitz, die sieben Kilometer unterhalb in den Main mündet, erstreckt sich die seit dem 12. Jahrhundert entstandene Bürgerstadt.

Während sich die Pegnitz mit vielen Windungen durch den fränkischen Jura schlängelt, kürzt die Bahnlinie Nürnberg – Bayreuth mittels zahlreicher Brücken und Tunnels zwischen Vorra und Neuhaus stark ab. Dort bietet sich von verschiedenen Stellen ein herrlicher Blick in das enge Tal. Bei Lungsdorf hat am 21. Oktober 1985 ein Nürnberger 614 als N 5662 (Neuhaus – Nürnberg Hbf) den 79 Meter langen Hufstätte-Tunnel durchfahren und wird in Kürze den Haltepunkt Rupprechtstegen erreichen.

Von der über 500jährigen Oberen Brücke blickt man auf «Klein-Venedig», in der Mitte der Brücke befindet sich das Alte Rathaus. Es verdankt seine einzigartige Lage der gemeinsamen Bedeutung für die durch den Fluß getrennte Bürgerstadt und Bischofsstadt. Am hohen Westufer gelegen, beheimatet die Bischofsstadt mit dem viertürmigen Dom eines der großartigsten Denkmäler des deutschen Mittelalters. In seinem Innern finden sich viele Werke des berühmten Holzbildhauers Tilman Riemenschneider.

Von Bamberg aus erschlossen früher zahlreiche Nebenbahnen die reizvolle Umgebung. Von den Strecken nach Schlüsselfeld in den Steigerwald, nach Scheßlitz, Dietersdorf und nach Maroldsweisach ist heute nur die zuletzt genannte erhalten geblieben – und auch sie soll ihres nördlichen Teils ab Ebern beraubt werden.

Auch die von Nürnberg kommende Hauptbahn nach Halle hat mit der deutschen Teilung viel von ihrer früheren Bedeutung als Mittelstück der Verbindung Berlin – München verloren. Bis Lichtenfels folgt die Strecke dem weiten Maintal, die Berge sind weit zurückgewichen. Bei Staffelstein erhebt sich hoch über dem Tal die Wallfahrtskirche Vierzehnheiligen – ein Glanzpunkt des fränkischen Barock. Nach Plänen von Balthasar Neumann 1743-1772 erbaut, steht sie an der Stelle, wo 1445 einem Schäfer die vierzehn heiligen Nothelfer erschienen sein sollen. Staffelstein hat aber auch als Geburtsort des Rechenmeisters Adam Riese (1492-1559) Berühmtheit erlangt. Gegenüber von Vierzehnheiligen steht auf dem Bergrand der anderen Talseite das schloßartige Kloster Banz, im elften Jahrhundert von Benediktinern gegründet. Die hochstrebenden Fassaden der Kirche und des Klosters aus goldgelbem Sandstein, 100 bzw. 150 Meter höher als die in der Ebene verlaufende Bahn, bieten dem Reisenden einen beeindruckenden Anblick, während von den Kirchen aus die Bahn wie Spielzeug wirkt.

Von Lichtenfels aus wollen wir Coburg einen Besuch abstatten. Die traditionsreiche Stadt, 1920 durch Volksabstimmung zu Bayern gekommen, war Teil des Herzogtums Sachsen – Coburg – Gotha. Durch die Grenzziehung ist der fränkische Teil von den Gebieten, die in der DDR liegen, völlig abgeschnitten. Erst mit der Öffnung des Grenzübergangs Rottenbach – Eisfeld hat Coburg wieder eine, wenn auch bescheidene, Rolle als Tor nach Thüringen übernehmen können. Die einst durchgehenden Bahnlinien aber sind unterbrochen geblieben und zu Stichstrecken degradiert worden.

Coburg wird von der gewaltigen Veste aus dem 16. Jahrhundert überragt. Die «Fränkische Krone» ist mit der dreifachen Ringmauer, den zwei Höfen und vier Basteien eine der größten Burgen Deutschlands. Ein besonderes Erlebnis ist der Aufenthalt an einem lauen Sommerabend auf dem hübschen, von alten Fachwerkhäusern umgebenen Markt, wenn der Duft aus den Wurstbuden, in denen über der Glut aus Kiefernzapfen die bekannten Coburger Bratwürste brutzeln, durch die Luft weht. Bei einem Schoppen Wein kann es auch spät werden, denn erst andertags setzen wir unsere Reise fort. Zuerst zurück nach Lichtenfels, geht es dann über Hochstadt – Marktzeuln, wo die Frankenwaldbahn nach Norden abzweigt, weiter am Main entlang nach Kulmbach, dem Eingangstor zum Frankenwald. Wahrzeichen der Stadt ist die mächtige Plassenburg, bis 1604 Sitz der Markgrafen von Brandenburg-Kulmbach. Heute beherbergt sie das «Deutsche Zinnfiguren-Museum». So mancher schafft den Weg zur hochgelegenen Burg hinauf aber nicht – die Verlockungen am Wegesrand sind einfach zu groß, denn für den Bahnreisenden ist der Genuß des berühmten Kulmbacher Gerstensaftes schließlich unbedenklich. An dieser Stelle muß unbedingt auf die exzellente fränkische Küche hingewiesen werden.

Machen wir von hier aus noch einen Abstecher zur Richard Wagner-Stadt Bayreuth. Früher konnte man zwischen zwei Wegen wählen: Über Thurnau auf einer herrlichen Nebenbahn oder über Neuenmarkt auf der Hauptbahn. Diese Wahl bleibt uns heute erspart, denn von der Nebenbahn ist nach Stillegung und Rückbau nur noch ein Teilstück übriggeblieben.

Durch die alljährlich im Juli/August stattfindenden Festspielwochen ist Bayreuth weltberühmt geworden. Die Aufführungen der Wagner-Opern, besetzt mit den besten Sängern der Welt, zählt zu den großen Ereignissen des Musikjahres. Das Bild Bayreuths wird auch heute noch durch Barockbauten und Rokokopaläste bestimmt. Im Haus Wahnfried, in dem Wagner lebte, befindet sich ein Museum.

Um die Fahrt nach Hof fortzusetzen, müssen wir bis nach Neuenmarkt-Wirsberg am Fuß der «Schiefen Ebene» zurückfahren. Diese Steigungsstrecke überwindet auf nur sechs Kilometern Länge einen Höhenunterschied von 140 Metern. In den letzten Jahren des Dampflokbetriebes pilgerten Tausende von Eisenbahnfreunden an diesen vielleicht berühmtesten Streckenabschnitt deutscher Eisenbahnen, um das akustische Erlebnis einer großen Schnellzugdampflok auf der Steigung nach Marktschorgast noch einmal zu verfolgen. An die turmhohen Rauchsäulen, die riesigen Dampfwolken, das Donnern und Stampfen der schwer arbeitenden Maschinen auf Bergfahrt, aber auch an die Schinderei des Heizers erinnern heute nur noch die im «Deutschen Dampflok Museum» in Neuenmarkt-Wirsberg aufgestellten Dampflokomotiven.

Die moderne Diesellok, die unseren Zug nach Hof befördert, bewältigt die Steilstrecke ohne sichtbare Anstrengung. In der für Oberfranken typischen, sanft gewellten Hügellandschaft zwischen Fichtelgebirge und Frankenwald dehnen sich weite Felder aus. In dem fast menschenleeren Gebiet taucht nur selten ein großer Bauernhof am Fenster auf. In Münchberg hält unser Zug nochmals kurz, dann geht es ohne Unterbrechung bis nach Hof.

Als wichtiger Industriestandort Nordbayerns mit Textilbetrieben, Brauereien, Maschinenfabriken und als Verkehrsknotenpunkt konnte Hof seine Bedeutung bewahren. Dennoch hat sich auch hier die Veränderung von der ehemals günstigen Lage zwischen Sachsen und Bayern durch die innerdeutsche Grenze zu einer Randlage negativ bemerkbar gemacht; auch steuerliche Vergünstigungen konnten die Abwanderung der Bevölkerung nicht stoppen.

In Hof haben wir den nördlichsten Punkt unserer Reise erreicht; von nun an wenden wir uns wieder Richtung Süden. Mit einem gerade eingetroffenen Schnellzug aus Görlitz, der hier in je einen Zugteil nach Stuttgart und München getrennt wird, fahren wir erneut am Naturpark Fichtelgebirge entlang. Der Fichtenwald, der die meisten Höhen bedeckt, gab dem Gebirge seinen Namen. Der Gebirgsknoten zwischen Böhmerwald und Oberpfälzer Wald, Erzgebirge und Frankenwald, erhält seine besondere Anziehungskraft durch die Verwitterung der Granitkuppen, wo vielfach Felslabyrinthe und Felsenmeere entstanden. Das Fichtelgebirge ist das Quellgebiet von Main, Saale, Eger und Naab, die sich nach allen vier Himmelsrichtungen wenden. Wegen der Abgeschiedenheit der großen Wälder, der Unberührtheit der Landschaft und der sauberen Luft wurde die Gegend zu einem bevorzugten Urlaubsziel.

Erwähnenswert ist auch, daß sich im Osten des Fichtelgebirges, in Selb, die bedeutendste Porzellanindustrie des Bundesgebietes befindet. Am Naturpark Steinwald, südlich von Marktredwitz, passieren wir zahllose kleine Teiche, bevor die Bahn bei Windischeschenbach auf die Waldnaab trifft. Ihrem Lauf folgt die Strecke bis Schwandorf. Hier müssen wir die «Bayerische Ostbahn» verlassen und tauschen unseren Schnellzug mit dem Eilzug nach Furth im Wald. Nach Überqueren eines Höhenzuges erreichen wir das Regental. Die erste Station ist Cham, wo wir auch diesen Zug schon wieder verlassen.

Cham ist die älteste Stadt des Bayerischen Waldes und liegt weit ausgebreitet in einer Senke des Flusses. Von der einstigen Wehrhaftigkeit zeugen heute nur noch der Straubinger Turm und das Burgtor mit seinen vier massiven Rundtürmen aus dem 15. Jahrhundert. Das Rathaus ist ein schöner spätgotischer Bau mit Erkern und Stufengiebeln.

Wir setzen unsere Fahrt fort in Richtung Süden mit einem modernen Triebwagen der Regentalbahn AG. Durch das wilde Flußtal gelangen wir immer tiefer in die urwüchsige Landschaft des Bayerischen Waldes hinein. Chamerau, Blaibach, Viechtach und Teisnach heißen die Stationen, die wir passieren. In Gotteszell hat die Privatbahn wieder Anschluß an die Bundesbahnstrecke, die von Plattling kommend nach Bayerisch Eisenstein führt. Sie bringt uns noch weiter in den Bayerwald hinein. Kaum eines der deutschen Mittelgebirge ist von solcher Schönheit und Unberührtheit. Um den Rosenberg herum geht es nach Regen, wo kurz vor der Stadt eine 49 Meter hohe Eisenbahnbrücke die Ohe überspannt. Polternd fahren wir über die größte Eisenbahnbrücke Bayerns, von der sich gleichzeitig ein schöner Blick über das tief eingeschnittene Tal bis weit auf den nächsten Höhenzug mit der Burgruine Weißenstein bietet. Kurz darauf erreichen wir Zwiesel, ein Zentrum des Fremdenverkehrs im Hinteren Wald.

Dieser Hauptzug des Bayerwaldes mit den markanten Gipfeln von Arber (1457 m), Rachel (1452 m), Dreisessel (1378 m) und Lusen (1371 m) ist der Kern des Nationalparks. Der urwaldartige Hochwald mit seinem dichten Baumbestand bietet in dem schwach besiedelten Gebiet vielen Tieren den heute selten gewordenen Lebensraum. Dagegen sind die ehemals einsamen Seen unterhalb von Arber und Rachel, die aus eiszeitlichen Gletschern entstanden sind, heute schon weitgehend vom Tourismus erschlossen. Nur wenige größere Betriebe haben sich in Zwiesel angesiedelt, dafür hat sich das traditionelle Handwerk, und hier besonders die Glasbläserei, behauptet. Seit dem 14. Jahrhundert wird hier Glas erzeugt. Auch für die Eisenbahn ist Zwiesel ein wichtiger Knotenpunkt.

Von hier aus erschließen drei Nebenbahnen den Bayerwald in verschiedene Himmelsrichtungen. Nach Westen ist es Bodenmais, am Fuß des Großen Arbers gelegen. Die ehemals in die CSSR durchgehende Verbindung im Norden über Bayerisch Eisenstein hat ihre einstige Bedeutung als Grenzübergang nach Böhmen durch den Eisernen Vorhang völlig verloren. Kurioserweise verläuft die Grenze mitten durch das früher gemeinsam betriebene Bahnhofsgebäude. Nach Osten führt die dritte Nebenbahn über Frauenau zum Luftkurort Grafenau. Grafenau wurde im 11. Jahrhundert gegründet und war im 17. Jahrhundert ein wichtiger Handelsplatz im Verlauf des «Goldenen Steigs», dem Handelsweg zwischen Passau und dem böhmischen Prachatitz, auf dem vorwiegend das kostbare Salz transportiert wurde.

Auf der einstündigen Fahrt am Rande des Nationalparks Bayerischer Wald bieten sich immer wieder interessante Ausblicke zu den Gipfeln von Rachel und Lusen.

Die geplante Verbindung von Grafenau nach Freyung, über die ein direkter Anschluß an die Dreiflüssestadt Passau hergestellt worden wäre, ist aus Geldmangel nie realisiert worden. So müssen wir die knapp 20 Kilometer von Grafenau nach Freyung mit der «Bayerwaldpost» zurücklegen, der Nachfolgerin des legendären Schienen-Straßen-Busses, der abschnittsweise die Straße oder auf Hilfsdrehgestellen die vorhandene Bahnstrecke benutzte. Auf dem Laufweg der Bayerwaldpost von Cham nach Passau hat sich aber in den über 30 Jahren nichts geändert.

Die heute für den Personenverkehr stillgelegte Nebenbahn Freyung – Passau verläuft ab Waldkirchen zuerst im Osterbach-, ab Fürsteneck durch das Ilztal. Letzteres ist eines der wenigen, unberührt gebliebenen Flußtäler Deutschlands. Den Schleifen der Ilz folgend windet sich die Bahn durch den Wald hinab zur Donau. In Passau angelangt, legen wir einen Tag zur Erholung und zum Kennenlernen der alten Bischofsstadt ein.

Auf einer Felshalbinsel zwischen Donau und Inn gelegen, wo schon die Römer eine erste Siedlung anlegten, beeindruckt Passau mit seinem südländischen Stadtbild. Alles überragend steht auf der höchsten Stelle der Dom St. Stephan, dessen Westteil ebenso wie die gesamte Altstadt nach dem großen Brand 1668 von italienischen Baumeistern im Barockstil neu aufgebaut wurde. Im Dom verdient die größte Kirchenorgel der Welt Beachtung. Eine Vorführung, die jeden Vormittag stattfindet, ist ein Genuß, den man sich nicht entgehen lassen sollte. Auf den Bergen über den Flüssen befindet sich die Veste Oberhaus, und gegenüber nach Süden Kloster Mariahilf.

Passau ist ein Lokwechselbahnhof zwischen der Deutschen Bundesbahn und den Österreichischen Bundesbahnen; hier beginnt die Westbahn nach Wien.

Wir aber wollen zur Weiterfahrt nach Regensburg einen der zahlreichen internationalen Schnellzüge benutzen.

Regensburg geht auf das wahrscheinlich im 5. Jahrhundert v. Chr. gegründete keltische Radasbona zurück. Im Jahre 179 legten die Römer auf dem Boden der heutigen Altstadt das Legionslager Castra Regina an, das sich zur Festung der Stadt entwickelte. Regensburg gehört mit seinen gut erhaltenen Baudenkmälern zu den schönsten Städten Deutschlands. Aus der Zeit der Romantik stammen die Steinerne Brücke, das Nordportal der Schottenkirche St. Jakob, die Wandmalereien in St. Emmeran; gotisch sind der Dom St. Peter und das Alte Rathaus.

Der letzte Abschnitt unserer Reise ist die Fahrt von Regensburg nach Nürnberg.

Die direkte Verbindung Nürnberg – Regensburg wurde erst lange Zeit nach der Bahnlinie über Schwandorf und Amberg geschaffen. Den geographischen Schwierigkeiten, denen der Eisenbahnbau damals gegenüber stand, offenbaren sich in den großen Viadukten bei Mariaort, Beratzhausen und Deining, dem über der Naab in den Fels gehauenen Abschnitt bis Etterzhausen und den vielen hochaufgeschütteten Dämmen. Wie im Fluge wird Nürnberg erreicht.

Die Stadt Albrecht Dürers, der Meistersinger und des Hans Sachs, des Taschenuhrerfinders Peter Henlein und der ersten deutschen Eisenbahn litt sehr an den Folgen des Krieges. Der alte Stadtkern teilt sich, wie heute noch gut zu erkennen ist, in zwei Bezirke auf: die Burgseite mit St. Sebaldus und die Lorenzer Seite. Hoch über der Stadt erhebt sich, auf Sandsteinfelsen errichtet, die große Burganlage. Drei Baugruppen kann man unterscheiden: Kaiserburg, Burggrafenburg und Kaiserstallung. Nürnberg besitzt auch berühmte Museen. Dazu zählt das Verkehrsmuseum, das Germanische Nationalmuseum sowie das Spielzeugmuseum. Als kulturelles und wirtschaftliches Zentrum ist Nürnberg Mittelpunkt des ausgedehnten mittelfränkischen Beckens. Bevor wir jedoch die Heimreise im Intercity nach München antreten, wollen wir es nicht versäumen uns ein Päckchen frischer Nürnberger Oblaten-Lebkuchen als Wegzehrung zu besorgen.

Mit über 40 Lokomotiven der Baureihe 194 war das Bw Ingolstadt neben dem Bw Nürnberg Rbf größter Stützpunkt dieser Gattung. Außer zahlreichen Güterzügen wurden aber auch einige Personenzüge bespannt. Dazu zählte der N 7445 (Saal – Regensburg), der am 15. September 1982 mit 194 071 das von den schroffen Felsen geprägte Donautal beim Haltepunkt Matting durchfährt.

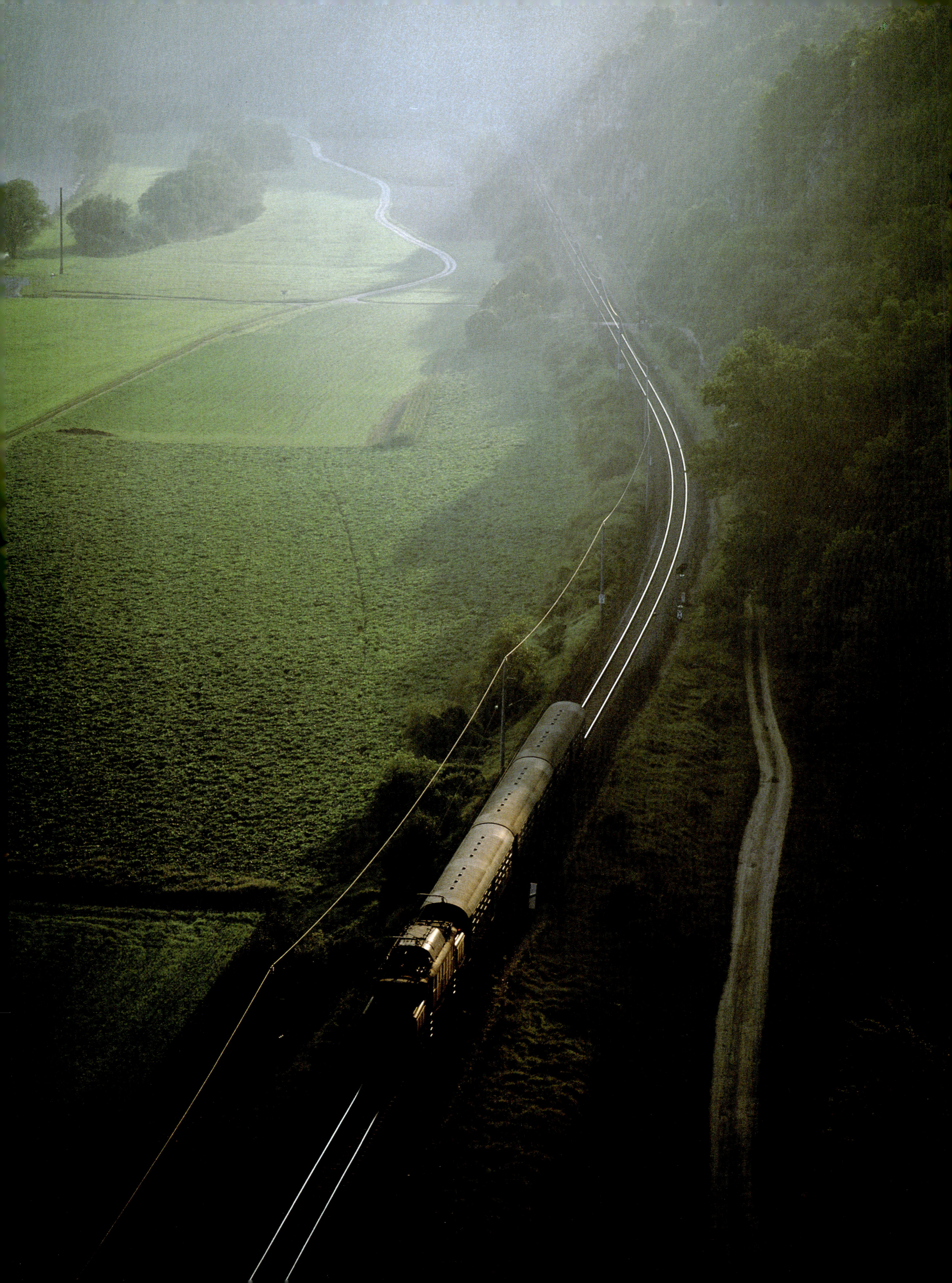

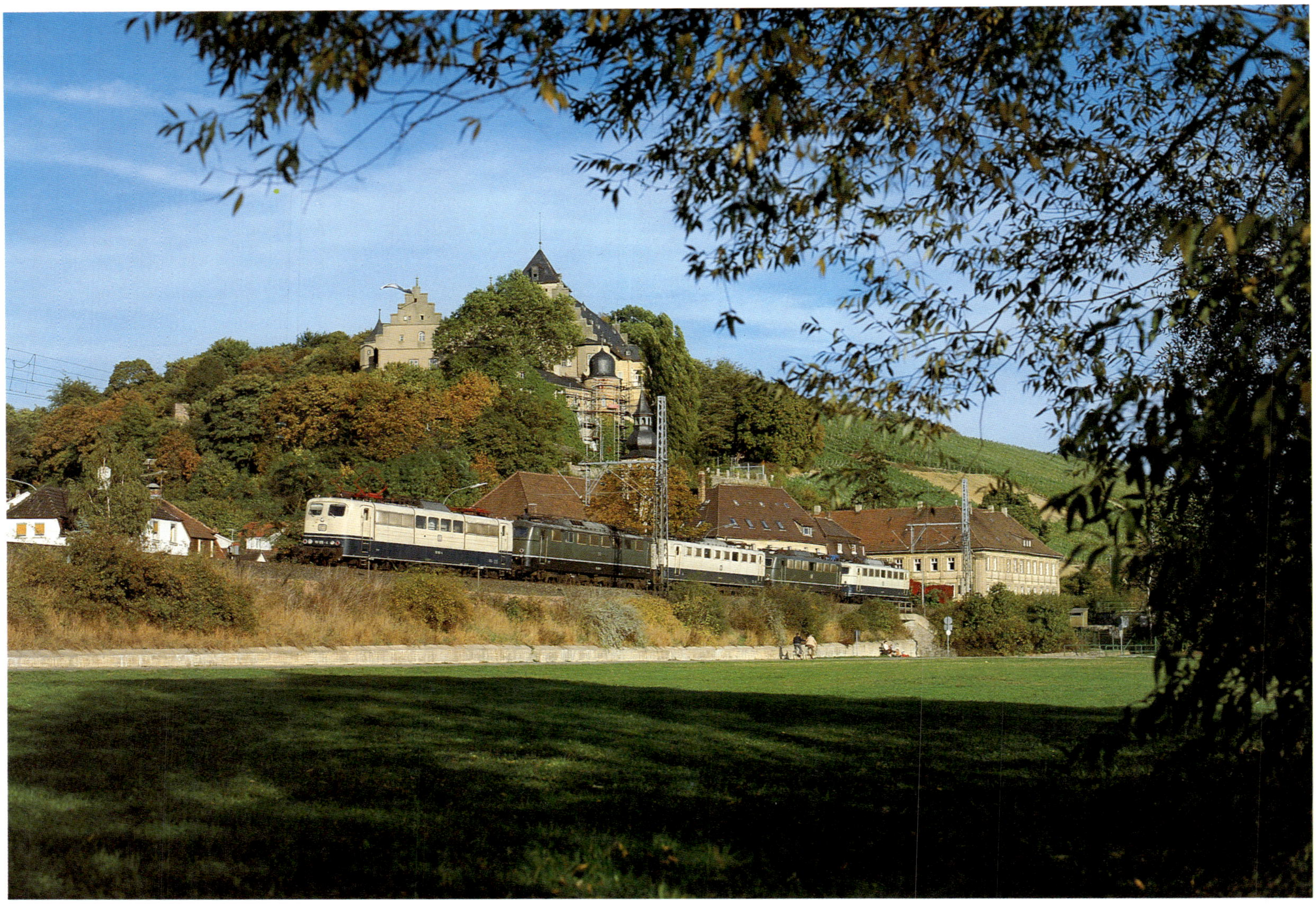

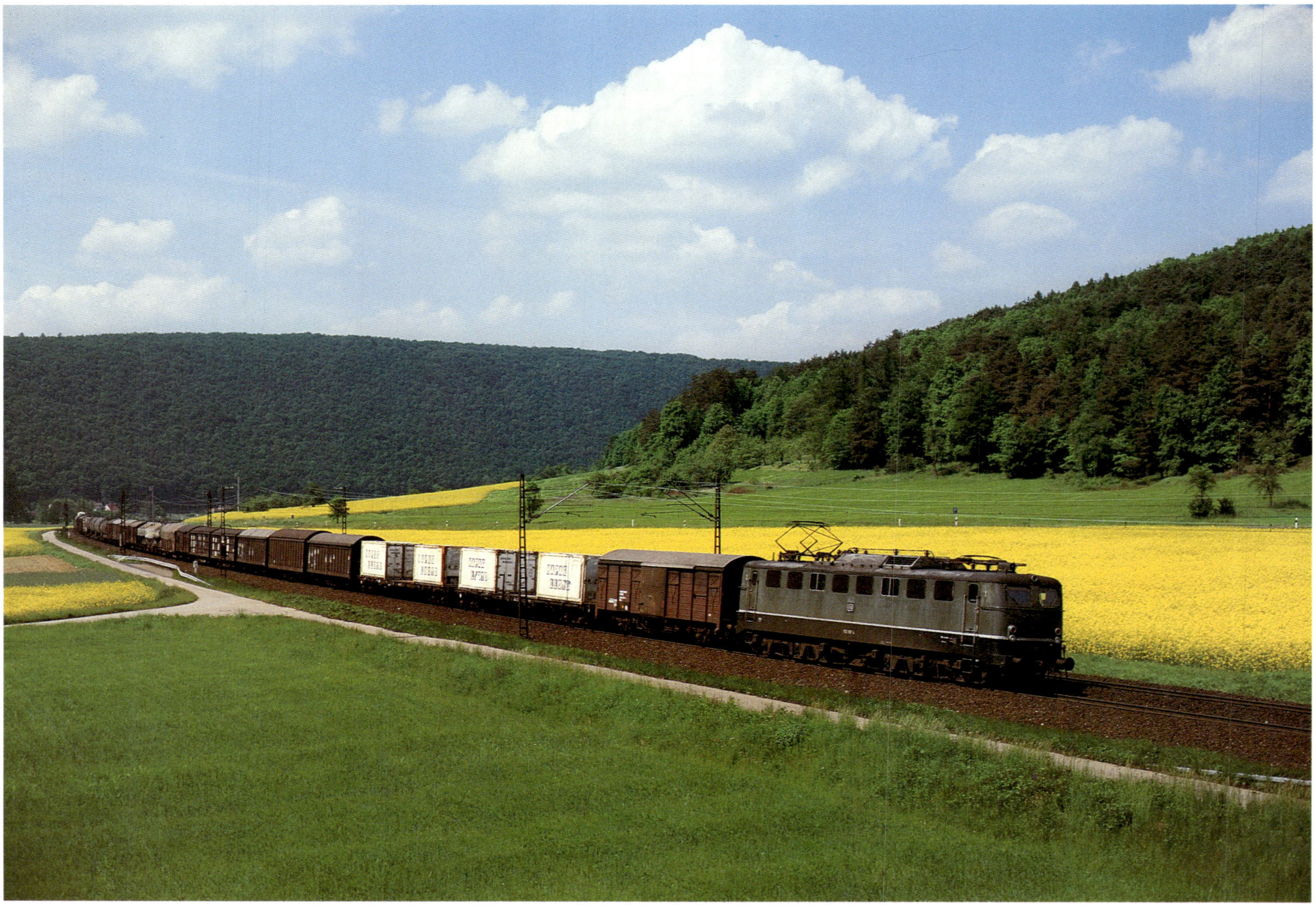

Links oben: Die Strecke von Würzburg nach Bamberg verläuft bei Schweinfurt unterhalb von Schloß Mainberg. Am 4. Oktober 1983 zog die Nürnberger 151 105 den ungewöhnlichen, aus 26 Achsen bestehenden Lokzug 85810 von Lichtenfels nach Würzburg.

Links unten: Ebenfalls dorthin unterwegs ist am 25. Mai 1985 die Bebraner 150 097 mit ihrem langen Durchgangsgüterzug. Sie hat vor wenigen Minuten den Bahnhof Gemünden durchfahren und schleppt ihren Zug durch die unterfränkische Mainlandschaft der Residenzstadt entgegen.

Oben: Abendstimmung begleitet 144 021 sowie die planmäßige Vorspannlok 141 350, die am 23. September 1983 den Nahgüterzug 65709 (Coburg Gbf – Lichtenfels) bei Grub am Forst befördern. Diese Leistung zählte zu einer ihrer letzten, denn am folgenden Tag schied die Baureihe 144 aus dem Bestand der Deutschen Bundesbahn aus. Zum Abschied winkt der Lokomotivführer der Würzburger 144 den Fotografen zu.

Doppelseite: Nur wenige Kilometer weiter entstand am 28. Oktober 1979 die Aufnahme des N 7026 (Lichtenfels – Neustadt b. Coburg). Bei Haarbrücken spiegelt sich die 144 121 mit ihrer aus «Silberlingen» bestehenden Garnitur in einem Fischteich. Auch diese Strecke wurde durch die innerdeutsche Grenze unterbrochen, sie führte einst bis ins thüringische Sonneberg.

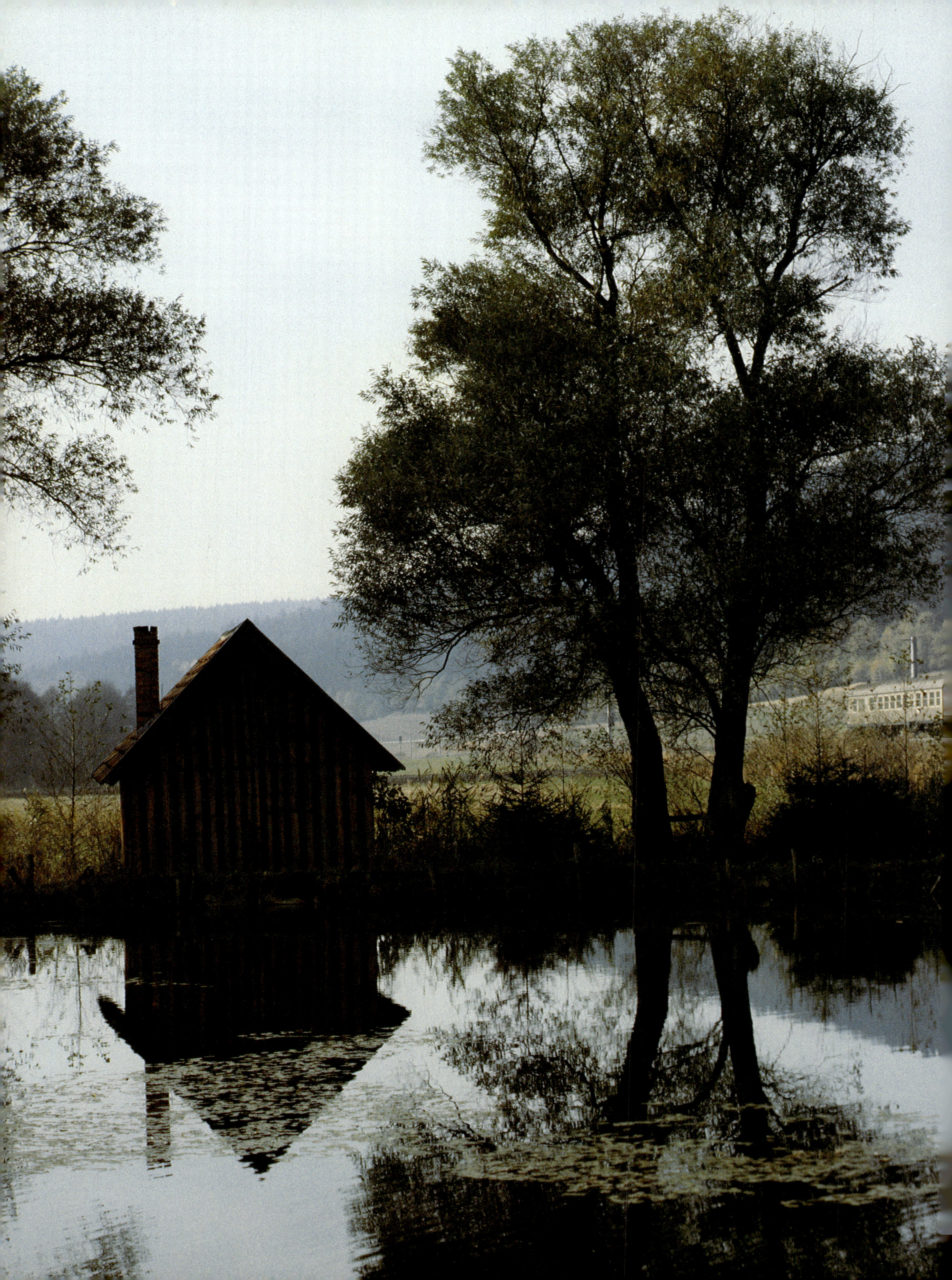

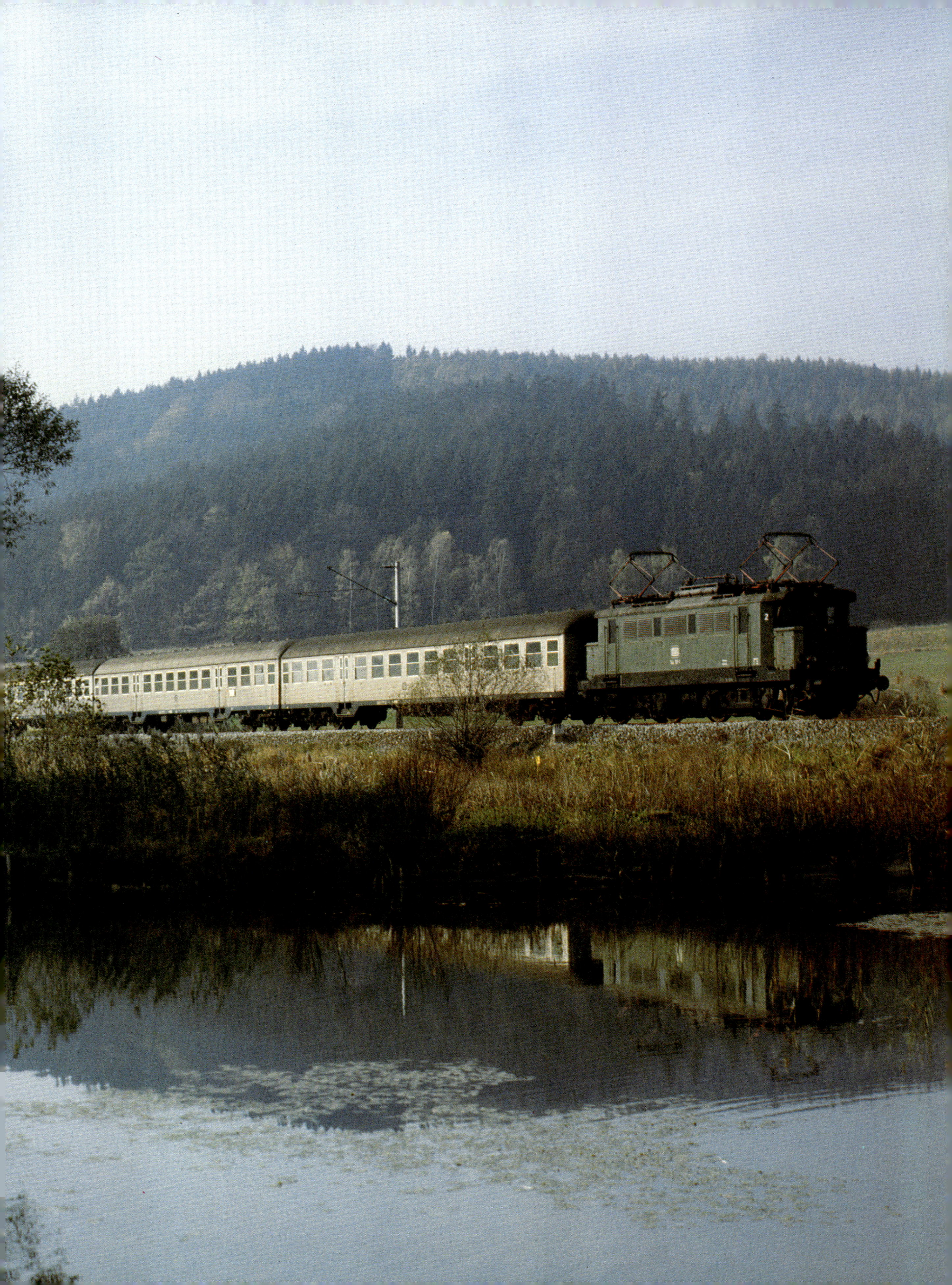

Links: Mit ihrem rot-beigen Farbkleid ist die Regensburger 218 217 nicht nur eine Einzelgängerin in ihrer Baureihe, sondern gleichzeitig auch ein begehrtes Fotoobjekt.
Am 24. März 1982 befährt sie mit N 7637 die Querverbindung von Kirchenlaibach nach Marktredwitz entlang des Naturparks Steinwald, aufgenommen in der Nähe des Weilers Aign.

Rechts oben: Für eine Schienenbusgarnitur der Baureihe 798/998 mußte am 2. Juni 1984 die Hofer 211 294 einspringen.
Sie bringt den nur aus zwei «Umbauwagen» gebildeten Nahverkehrszug N 5310 von Neufahrn/Niederbayern nach Straubing und verläßt hier gerade den Bahnhof Niederlindhart. Die morgendliche Ruhe wird dadurch kaum gestört.

Rechts unten: Von der schon tiefstehenden Abendsonne angestrahlt wird die Regensburger 218 423, die mit ihrem D 495 (Straßburg – Hof) in den Sonneburg-Tunnel einfährt. Der Zug hat soeben den im Hintergrund gelegenen Hufstättetunnel bei Lungsdorf hinter sich gelassen und fährt weiter durch das Pegnitztal nach Bayreuth (19. Juli 1985).

Links: Durch Felsen direkt an die Donau gedrängt müssen zwischen Passau und Seestetten an der Strecke Passau – Nürnberg Bahn und Straße mit geringstem Raum auskommen. Nach Passieren der berühmten Löwenwand kann der Lokführer der 118 020 den E 3422 von Passau nach Würzburg am 17. Mai 1984 wieder beschleunigen.

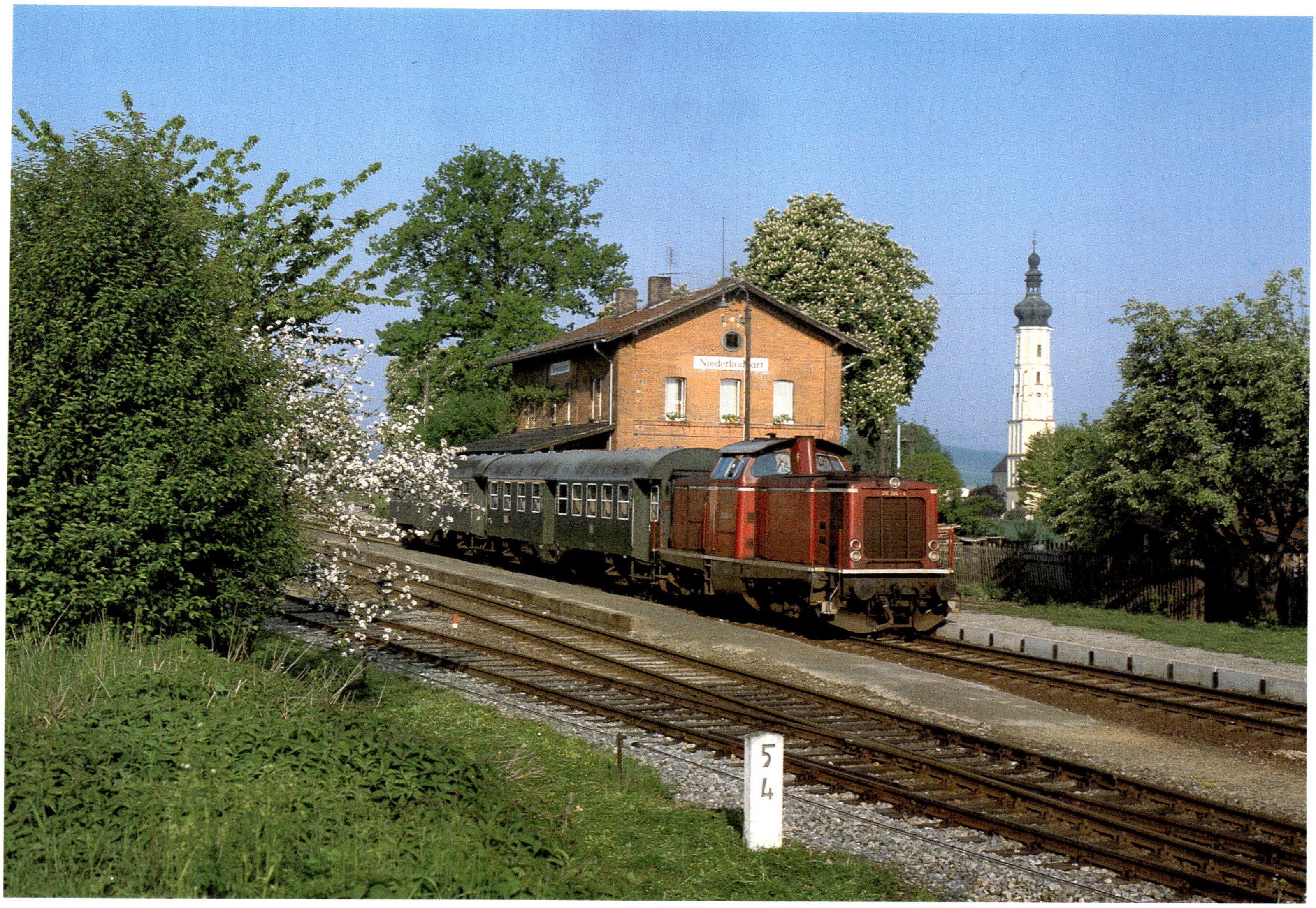
211 294-4
5
4

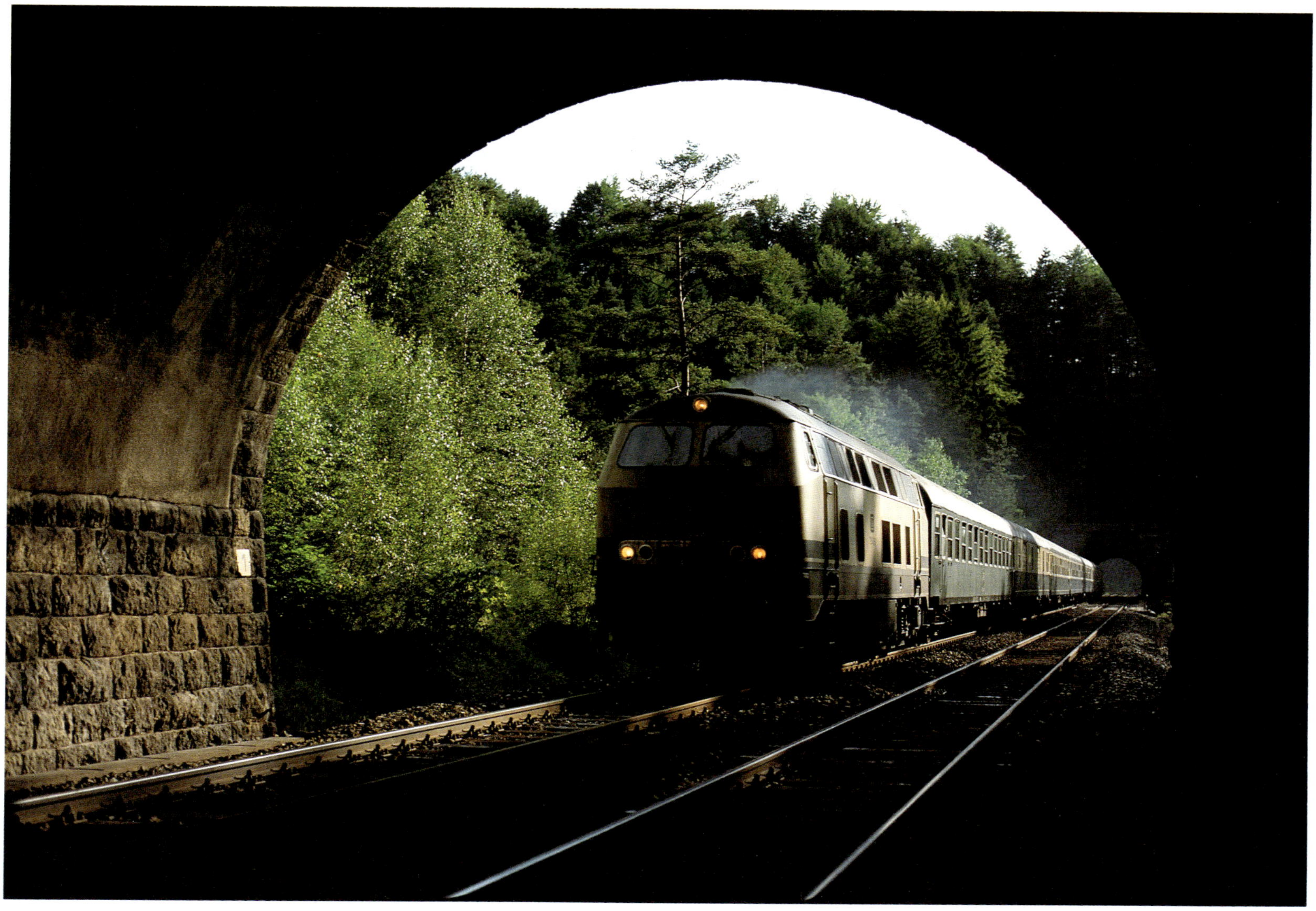

Oben: Ein abwechslungsreiches Einsatzgebiet finden die Hofer Schienenbusse auf den Nebenbahnen der Oberpfalz. Auf der Strecke von Wiesau nach Bärnau, die im Personenverkehr nur noch bis Tirschenreuth befahren wird, befindet sich am frühen Morgen des 24. März 1982 eine dreiteilige Garnitur als N 7903 auf dem Rückweg nach Tirschenreuth.

Rechts: Gut durch Bahnlinien erschlossen war das wirtschaftlich schwach strukturierte Zonenrandgebiet des Bayerischen Waldes; doch gerade hier zeigt sich der Rückzug der Bahn aus der Fläche besonders deutlich. So wurde neben anderen auch die landschaftlich reizvolle Nebenbahn Passau – Freyung, auf der am 23. April 1982 noch eine Schienenbusgarnitur als N 7104 bei Oberöd verkehrte, für den Personenverkehr stillgelegt.

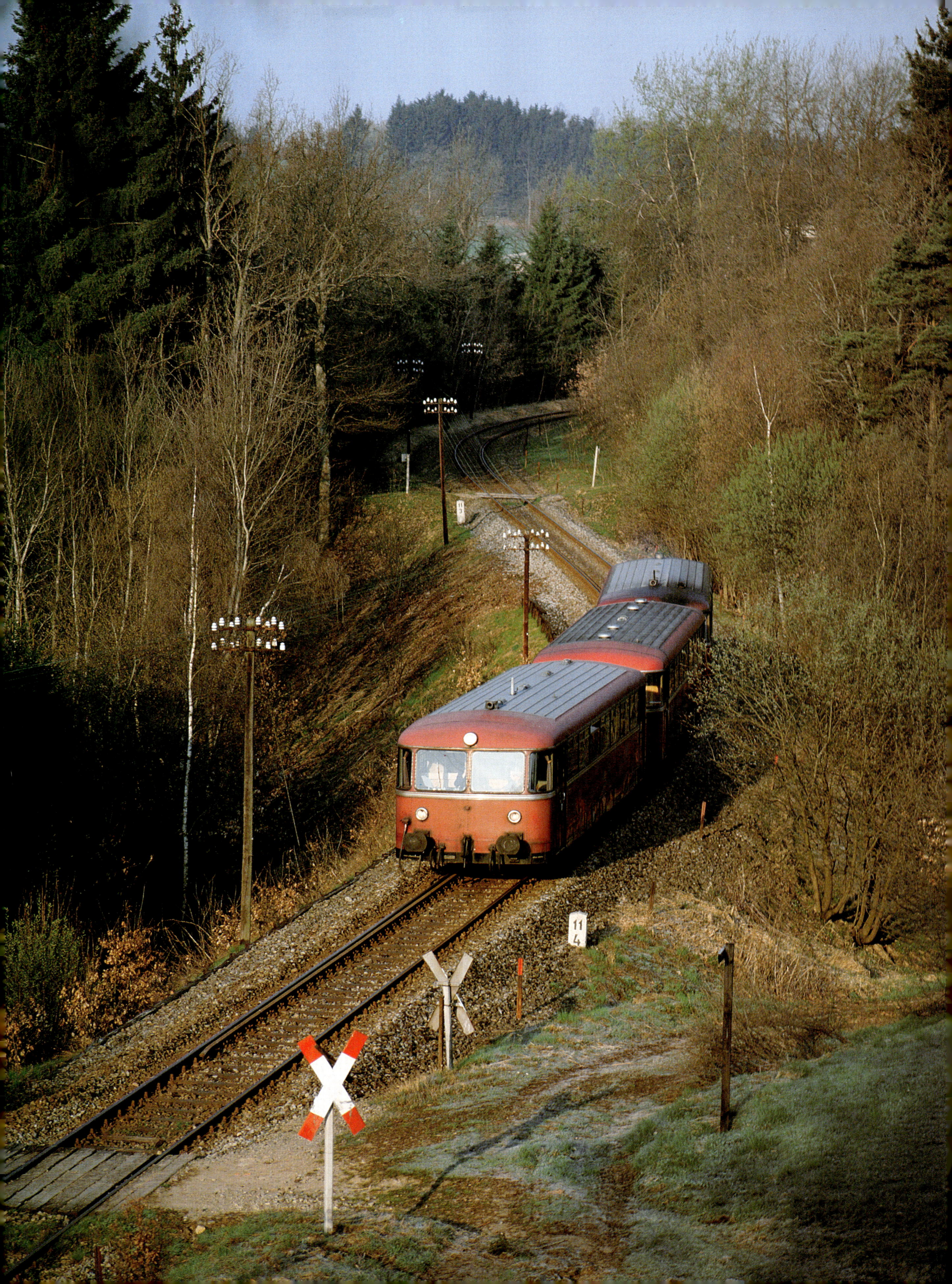

Besser als um andere Nebenbahnen ist es noch um die Strecken im Raum Zwiesel bestellt, die durch Urlauberverkehr ein höheres Fahrgastaufkommen haben. Dennoch soll auch auf der Verbindung von Zwiesel nach Bayerisch Eisenstein der Personenverkehr eingestellt werden.
Am 24. Juli 1985 brachte je eine 601-Garnitur Urlauber aus dem Ruhrgebiet und Norddeutschland nach Bodenmais und Grafenau. Auf der gemeinsamen Rückfahrt als Lt 29881 nach München-Ost entstand bei Regen die Aufnahme auf der imposanten Ohebrücke.

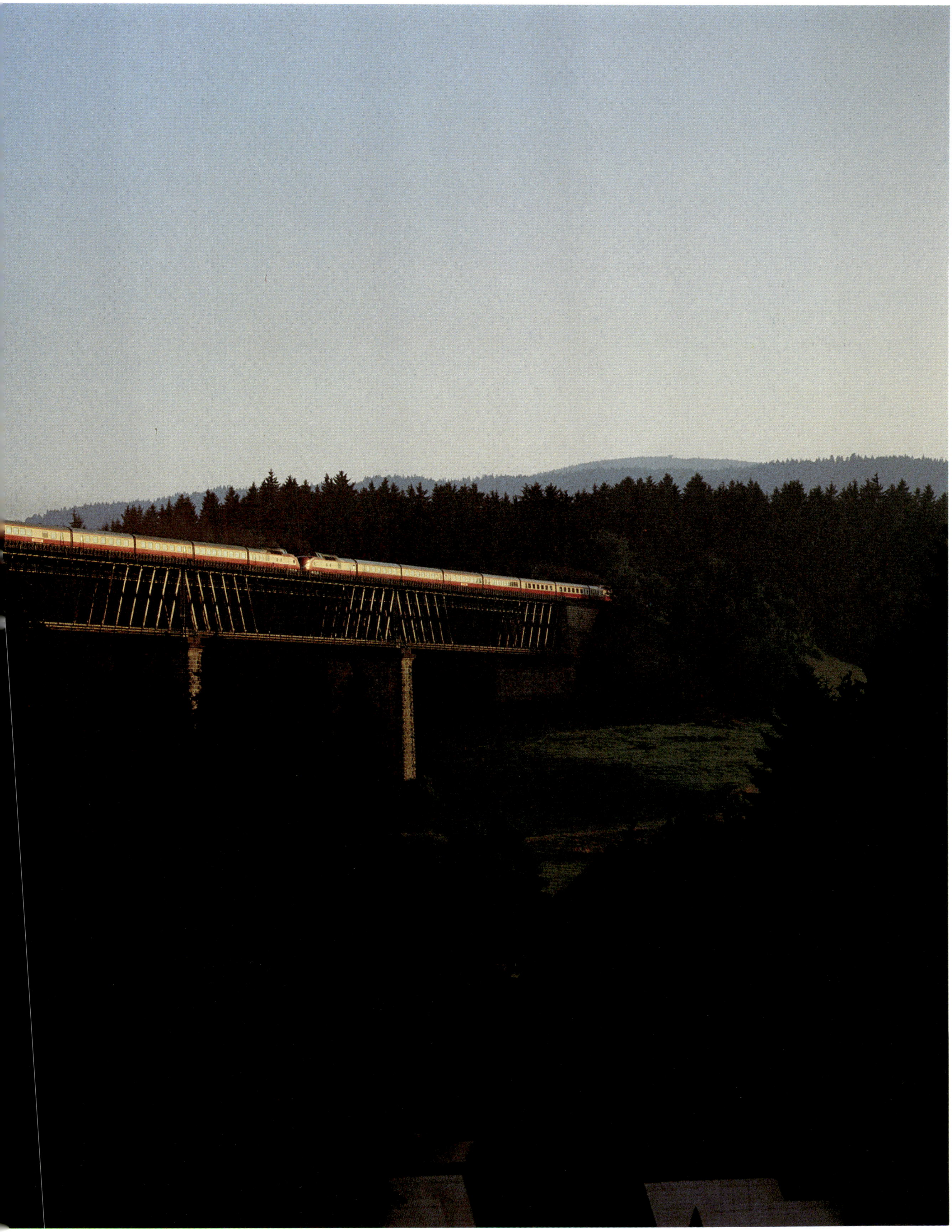

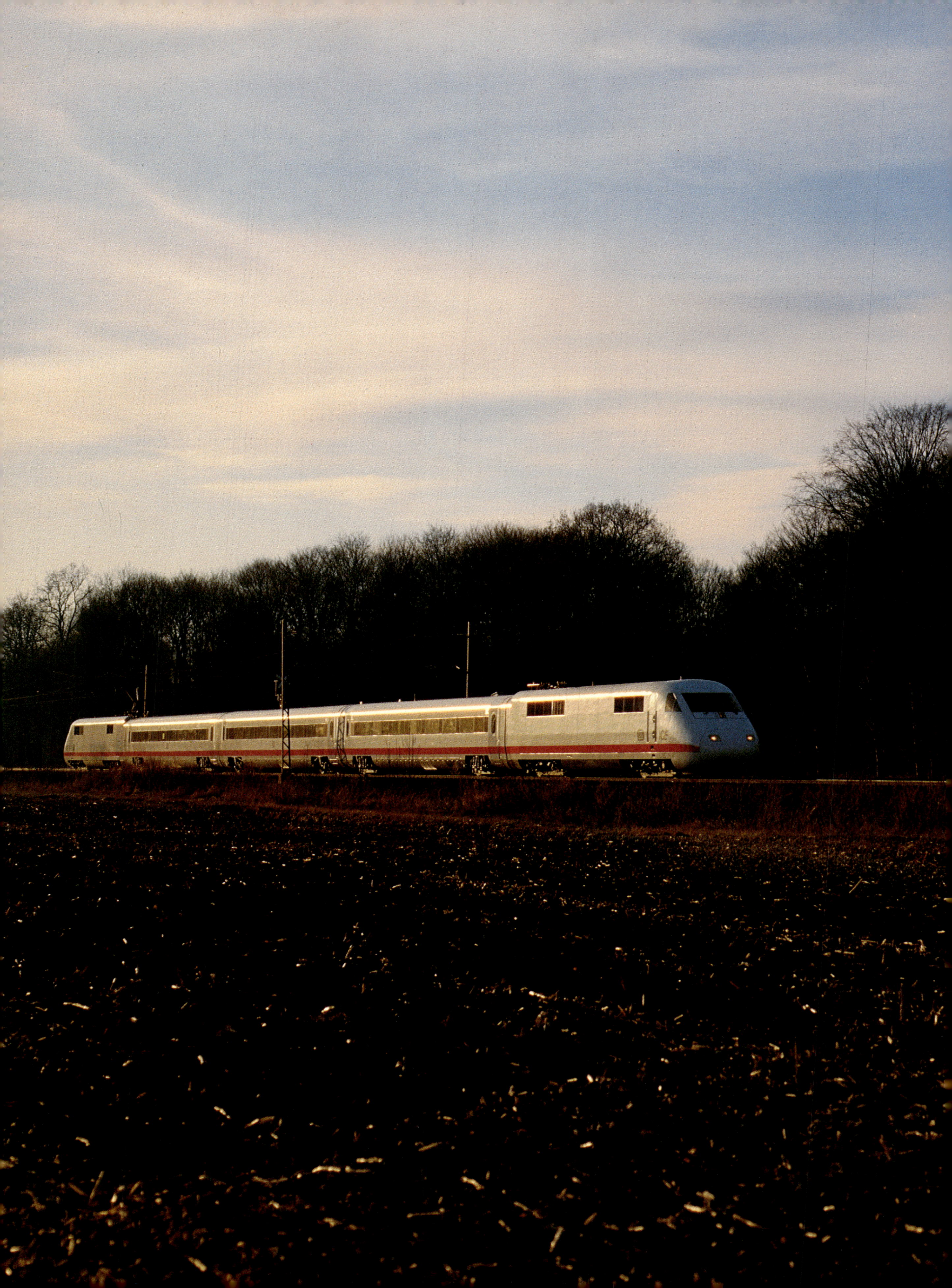

VOM ALLGÄU
IN DAS BERCHTESGADENER LAND

«Behütet von den ausgestreckten Bergen zu beiden Seiten des Rheintals, schwimmt es angekettet im Wasser.»

Von Lindau ist die Rede, und wer an einem sonnigen Tag am Ufer des «Schwäbischen Meeres» steht und über die glitzernde Wasseroberfläche auf die schneebedeckte Bergspitze des Säntis, auf die Appenzeller Alpen und auf den Bregenzer Wald blickt, wird verstehen, warum schon 1921 der elsässische Dichter René Schickele ins Schwärmen geriet.

Lindau, die einzige bayerische Stadt am 653 qkm großen Bodensee, wurde auf einer Insel gegründet. In der Altstadt stehen die Häuser dicht gedrängt, und längst hat sich die Stadt auch am Festlandsufer ausgebreitet. Die vielen von Gotik, Renaissance und Barock geprägten Straßenbilder des alten Stadtkerns laden zu einem gemütlichen Stadtbummel ein. Am Hafen mit seinen beiden weitausholenden Molen, die den Schiffen Schutz vor den Naturgewalten bieten, befinden sich die beiden Wahrzeichen Lindaus, der 6 Meter hohe bayerische Löwe und der 33 Meter hohe Leuchtturm. Von hier aus verkehren Schiffe über den Bodensee nach Bregenz in Österreich, nach Rorschach in der Schweiz sowie nach Konstanz, Wasserburg, Friedrichshafen und Meersburg. Unmittelbar neben dem Hafen befindet sich auch der Bahnhof. So besteht die seltene Möglichkeit, mit wenigen Schritten Schiff oder Bahn zu erreichen.

Nachdem wir den Vormittag in der Inselstadt verbracht haben, benutzen wir für unsere Reise über München in das Berchtesgadener Land den Intercity «Bavaria», ein Zug mit interessanter Geschichte. Schon seit langer Zeit stellt er eine Tagesverbindung zwischen München und Zürich her, wechselte aber in den vergangenen Jahren mehrmals seine Zuggattung. Er wurde vom Schnellzug zum Trans-Europ-Expreß aufund dann wieder zum Schnellzug abgewertet; anschließend erfolgte erneut eine Aufwertung zum Fernschnellzug und schließlich die Steigerung zum Intercity. Er fuhr sowohl mit drei Wagen als auch als Zwölfwagenzug, und berühmte Lokomotiven standen an seiner Spitze.

Kurz nach elf Uhr trifft der IC, der ausschließlich aus modernen klimatisierten Wagen der Schweizerischen Bundesbahnen im orangenen Farbkleid besteht, von einer E-Lok der SBB gezogen, im Lindauer Kopfbahnhof ein. Umgespannt wird er aber auf zwei Dieselloks der Deutschen Bundesbahn, da Lindau nur von österreichischer Seite her elektrifiziert ist.

Pünktlich um 11.20 Uhr ertönt das Abfahrtssignal. Über den 400 Meter langen Damm erreicht die Bahn das Festland. Durch die Gartenstadt – wie der Festlandteil Lindaus wegen seiner großzügigen Anlage genannt wird – und ausgedehnte Obstkulturen geht die Fahrt in weiten Schleifen durch die bis ans Ufer reichenden Ausläufer des oberschwäbischen Hügellandes bergan. Bis Hergatz müssen fast 200 Meter Höhenunterschied überwunden werden.

Wer diese Reise zur Frühlingszeit unternimmt, kann auf dem kurzen Abschnitt zwischen Bodensee und Allgäu einen Wechsel der Jahreszeiten erleben. Während am Seeufer in Lindau, begünstigt durch das milde Klima, die exotisch anmutenden Magnolienbäume und japanischen Zierkirschen blühen und sich die Natur von ihrer schönsten Seite präsentiert, liegt nur 20 Kilometer weiter alles unter einer dichten Schneedecke verborgen. Rauh und abweisend zeigen sich die Hänge.

Nachdem wir in Hergatz in Richtung Kempten abgeschwenkt sind, befinden wir uns bereits mitten im Allgäu. Das zum Voralpengebiet gehörende Hügel- und Bergland aus Molasserücken und Moränenwällen erstreckt sich als der südlichste Teil von Bayerisch Schwaben zwischen Bodensee und Lechtal und greift im Nordwesten bis ins württembergische Schwaben über. Die Gebirgskette der Allgäuer Alpen, ein Teil der Nördlichen Kalkalpen, bildet nach Süden den Anschluß zu den österreichischen Bundesländern Vorarlberg und Tirol.

Die vom IC «Bavaria» benutzte Bahnlinie, die «Allgäubahn», gehört zu den reizvollsten deutschen Eisenbahnstrecken und ist eine der ältesten Hauptbahnen in Bayern. Weil man beim Bahnbau 1850 bis 1853 die Berge und Hügel lieber umfuhr als sie zu untertunneln, entstand eine ungewöhnlich kurvenreiche, dem heutigen Bahnbetrieb allerdings sehr hinderliche Trasse. Dafür kann der Reisende aber die herrliche Landschaft im Verlauf der Fahrt in aller Ruhe genießen.

Auch früher schon wurden mit berühmten Schienenfahrzeugen Vorstellungsfahrten durch ganz Deutschland unternommen, um die Züge einem breiten Publikum zu zeigen – so etwa mit dem Schienenzeppelin. Vom 26. November bis zum 21. Dezember 1985 wurde auch der ICE in insgesamt 24 Städten gezeigt und kurze Demonstrationsfahrten durchgeführt. Letzte Station dieser Rundreise war Saarbrücken. Auf der Rückfahrt nach München als Dsts (Dienstzug für Sonderzwecke) 80457 entstand diese Aufnahme bei Nersingen am 21. Dezember 1985.

Bei Oberstaufen wird mit 789 Metern der höchste Punkt der Strecke erreicht. Unmittelbar hinter dem Bahnhof ist der Weg vom Oberen Argental ins Aachtal durch einen massiven Bergrücken, der gleichzeitig die Wasserscheide zwischen den beiden Tälern darstellt, versperrt. Hier war den Bahnerbauern keine Wahl geblieben, und die Allgäubahn erhielt doch noch einen Tunnel.

Nach Durchfahren des kurzen Tunnels eröffnet sich überraschend ein ganz neuer Ausblick auf die Bergwelt. Durch das Aachtal geht es hinab zum Alpsee und an seinem Nordufer entlang nach Immenstadt. Hier zweigt die Stichstrecke nach Oberstdorf ab, der südlichsten Stadt Deutschlands, die sommers wie winters ein beliebtes Ferienziel ist.

Auf den anschließend noch verbleibenden fünfzehn Minuten Fahrt bis nach Kempten wird kurz nach dem Bahnhof Martinszell der Niedersonthofener See passiert. Wie der Alpsee ist auch er ein Paradies für Angler und Wassersportler.

Immer wieder fallen die charakteristischen Bauernhöfe auf, die einzeln, weit in den Tälern verstreut gelegen, das Bild der Landschaft prägen.

Kempten ist der erste Halt unseres Zuges, den wir nutzen wollen, um uns in der Stadt umzusehen und die Reise etwas langsamer fortzusetzen. «Das Zentrum des Allgäus», dessen Ursprung auf eine keltische Siedlung zurückgeht, blickt auf eine wechselvolle Geschichte zurück. Nach den Kelten ließen sich die Römer hier nieder; im Dreißigjährigen Krieg versank die Stadt in Schutt und Asche. Von den später wieder errichteten Gebäuden sind noch heute die ausgedehnten Anlagen der barocken Residenz und das im Stil der Renaissance erbaute Rathaus sehenswert.

Aber auch aus eisenbahntechnischer Sicht bietet Kempten Interessantes. 1969 erhielt die Stadt anstelle des alten Kopfbahnhofes einen modernen Durchgangsbahnhof. Darüber hinaus kam Kempten als Heimat von zahlreichen Prototypen besonders leistungsfähiger Diesellokomotiven große Bedeutung zu. Hier konnten die beiden einzigen sechsachsigen Diesellok und die neun Gasturbinenloks der DB vor den schweren Reisezügen auf der «Allgäubahn» ihre Tauglichkeit eindrucksvoll unter Beweis stellen.

Nach diesem kleinen Exkurs verlassen wir Kempten in Richtung Buchloe und überqueren auf einer mächtigen Brücke das unmittelbar hinter dem Bahnhof liegende, tief eingeschnittene Tal der Iller. Der weitere Verlauf der Bahnlinie bis Kaufbeuren ist wiederum von langen Steigungsabschnitten und zahllosen Kurven gekennzeichnet. Bekannt und vor allem zu Dampflokzeiten gefürchtet war die Günzacher Steige. Von den damaligen Problemen ist aber heute nichts mehr zu spüren.

Kurz vor Kaufbeuren wird der Bahnhof Biessenhofen durchfahren. Nichts an dem schlichten und kleinen Gebäude erinnert heute noch an seine einstige Bedeutung: von hier aus trat König Ludwig II. seine Bahnreisen im eigenen Hofzug an.

Seinen Spuren folgend, steigen wir in Kaufbeuren um und lassen uns nach Füssen bringen. Zwar kann man im modernen Nahverkehrszug nicht mehr nachvollziehen, wie prunkvoll der König einst in seinem luxuriös ausgestatteten Salonwagenzug reiste. Doch die Fahrt durch die weitgehend unberührte Landschaft ist auch heute noch ein Genuß. Vorbei an satten Wiesen, stillen Weihern, sauberen Dörfern und dem herrlich klaren Hopfensee gelangen wir nach Füssen. Von hier an haben wir es bequemer als der König, denn selbst die schönste Kutsche rüttelte ihre Passagiere mehr durcheinander als der Bus, der die Besucher heute zum Ziel bringt.

965 Meter hoch über dem Meer ist hier auf einer Bergkuppe 1861–1886 das Märchenschloß Neuschwanstein nach den Plänen von Christian Jank und E. Riedel entstanden. Mit seinen Türmen und Zinnen erscheint es tatsächlich wie ein in Realität umgesetztes Märchen. Fast unscheinbar nimmt sich dagegen Schloß Hohenschwangau aus, das gleichwohl zu den bedeutendsten deutschen Schlössern gezählt werden muß. Noch ein drittes Schloß befindet sich hier, so ungewöhnlich dies angesichts der Lage auch anmutet: das Hohe Schloß in Füssen, eine im 13. und 16. Jahrhundert erbaute Sommerresidenz der Augsburger Fürstbischöfe.

In deren Heimatstadt, die unser nächstes Ziel ist, fahren wir am folgenden Tag mit einem zwischen beiden Städten verkehrenden Eilzug.

Die 2000jährige Stadt besitzt seit langem große Bedeutung durch die Lage an der Kreuzung zweier alter Handelswege. Die reichen Kaufleute aus vergangenen Zeiten haben uns ein herrliches kulturgeschichtliches Erbe hinterlassen. Neben Rathaus, Dom und den prachtvollen Bürgerhäusern der Maximilians- und Karolinenstraße lohnt sich vor allem ein Besuch der Fuggerei, die vom Augsburger Kaufmannsgeschlecht der Fugger im 16. Jahrhundert gestiftete älteste Sozialsiedlung der Welt. Für 1,71 DM Jahresmiete finden bedürftige Augsburger hier noch heute eine Bleibe.

Ein besonderes Erlebnis stellt die anschließende Bahnfahrt von Augsburg nach München dar. Erstmals zur Internationalen Verkehrsausstellung 1965 verkehrten zwischen beiden Städten hochwertige Züge mit einer planmäßigen Höchstgeschwindigkeit von 200 km/h, so daß die Fahrzeit bis auf 29 Minuten geschrumpft ist. Obwohl wir rasend schnell über die Schienen gleiten, läßt der ruhige Lauf der Wagen und die behagliche Atmosphäre im Abteil die Geschwindigkeit kaum spüren.

Erst in Pasing wird die rasante Fahrt gedrosselt. Durch das verwirrende Durcheinander der Gleise im Vorfeld des Münchener Hauptbahnhofes rollen wir scheinbar direkt auf die Frauenkirche zu. Sanft kommt der Zug unter den riesigen Hallen des mit 36 Gleisen größten Kopfbahnhofes der DB zum Stehen.

Schon hier umfangen uns Trubel und Hektik der Großstadt. Die bayerische Landeshauptstadt ist mit ca. 1,3 Millionen Einwohnern nach Berlin und Hamburg die drittgrößte Stadt der Bundesrepublik Deutschland. Sie ist nicht nur Regierungs- und Verwaltungssitz, sondern auch wirtschaftliches und mit 36 Theatern kulturelles Zentrum in Süddeutschland.

Obwohl München mit U- und S-Bahn über ein modernes und leistungsfähiges Nahverkehrsnetz verfügt, konnte sich die «Tram» als geliebtes und beliebtes Verkehrsmittel behaupten. Mit ihr können wir direkt am Hauptbahnhof eine ungewöhnliche Stadtrundfahrt beginnen, die uns ohne Mühe und Anstrengung viele wichtigen Baudenkmäler nahebringt.

Vom Bahnhofsvorplatz geht es über den Stachus, vorbei an Sendlinger- und Isartor, entlang des weltberühmten Deutschen Museums zum Max-Weber-Platz. Zurück fahren wir am Maximilianeum vorbei, dem Sitz des bayerischen Landtages, durch die prunkvolle Maximiliansstraße zum Mittelpunkt des alten München, dem Marienplatz. Hier im Herzen der Stadt steht das gotische Neue Rathaus, weithin bekannt durch das tägliche Glockenspiel mit dem Schäfflertanz.

Nur wenige Schritte weiter befindet sich das bekannteste Münchener Wahrzeichen, die Frauenkirche. Von nahe erscheinen ihre Türme mit den «welschen Hauben» noch imposanter.

In einem der vielen Münchener Biergärten empfiehlt sich zwischendurch eine Brotzeit mit frischen Weißwürsten, Brezen und einer Maß als Stärkung vor der Besichtigung der zahlreichen weiteren Sehenswürdigkeiten. Ein Spaziergang durch den Englischen Garten oder einfach ein Bummel über den Viktualienmarkt und durch die Fußgängerzone lassen die berühmte Münchener Atmosphäre lebendig werden.

Ebenso vielfältig wie die Möglichkeiten in der Stadt sind auch die Ausflugsziele der näheren und weiteren Umgebung. Das sternförmig ausgehende Bahnnetz erlaubt eine Vielzahl von Tagesausflügen. Einmalig sind die von der Bundesbahndirektion München mit dem «Gläsernen Zug» durchgeführten Tagestouren. Dieser elektrische Triebwagen hat seinen Namen von dem ganz aus Glas bestehenden oberen Aufbau, durch den ein ungehinderter Blick auf die Bergwelt zu einem unvergeßlichen Erlebnis wird. «Reisen und Schauen» heißt daher der Wahlspruch der Bummelfahrten mit dem mittlerweile über 50 Jahre alt gewordenen urigen Gefährt.

Wer in den Bergen und rund um die oberbayerischen Seen wandern will, erreicht den Starnberger See, den Tegernsee, den Kochelsee, den Schliersee, den Isarwinkel, den Pfaffenwinkel, Oberammergau, das Werdenfelser Land, Garmisch-Partenkirchen und die Zugspitze in kürzester Zeit. Der Besuch auf Deutschlands höchsten Berg, der 2963 Meter hohen Zugspitze, wird ohne Anstrengung ermöglicht, besteht doch im Bahnhof Garmisch-Partenkirchen direkter Anschluß an die Zugspitzzahnradbahn.

Für die Fahrt in den Chiemgau benutzen wir einen ausgefallenen Weg: über Großhesselohe, Holzkirchen, durch das Mangfalltal, über Bad Aibling nach Rosenheim – eine Strecke, die als einziger D-Zug der Schnellzug aus Dortmund benutzt.

Bei Großhesselohe überqueren wir die Isar, wo sich von der 31 Meter hohen Brücke ein faszinierender Blick auf das tief eingeschnittene Flußtal ergibt. Im wildromantischen Mangfalltal, das wir bei Kreuzstraße erreichen, bietet sich uns von der etwas höher am Hang entlangführenden Bahnlinie eine unvergleichliche Aussicht: im Tal rauscht die Mangfall, kleine Wasserfälle unterbrechen den Flußlauf, vereinzelt tauchen Forellenteiche auf, die sich harmonisch in die Landschaft einfügen und von überhängenden Sträuchern eingesäumt sind. In einer langgezogenen Rechtskurve umfahren wir bei Grub den sogenannten Teufelsgraben, ein tief eingeschnittenes Tal aus der letzten Eiszeit.

In Rosenheim heißt es Umsteigen, denn der Schnellzug fährt von hier aus weiter über Kufstein nach Zell am See. Wir sind bereits am Tor zum Chiemgau angelangt. Den besonderen Reiz erhält die Landschaft zwischen Inn und Salzach durch die Vielfalt. Anmutiges und Majestätisches, hohe Berge und tief eingeschnittene Täler, Badeseen und sanfte Hügel reihen sich aneinander.

So verlassen wir mit dem nächsten Zug Rosenheim in Richtung Salzburg. Vorbei am Simsee, einem der wärmsten Seen Bayerns, geht es mitten in den Chiemgau hinein.

In Mauerkirchen, nur wenige Kilometer hinter dem Kurort Endorf, fällt ein außergewöhnlich spitzer Kirchturm auf, der so gar nicht zu den gemütlichen Zwiebeltürmen dieser Gegend passen will. Immer näher rücken die Berge, bis plötzlich nach einer weiten Kurve auf der rechten Seite die tiefblaue Fläche des Chiemsees auftaucht. Mit 82 km^2 ist er der größte der bayerischen Seen. Noch bevor wir seine drei Inseln zwischen den Scharen von Segelbooten ausmachen können, halten wir auch schon in Prien.

Zur Schiffsanlegestelle im Hafen von Stock dampft von hier ein allen technischen Fortschritt ignorierendes Bähnchen, dem man die Fahrt gar nicht so recht zutrauen will.

Weil am Nachbargleis aber schon der Schienenbus wartet, der Touristen, vom Einkauf Heimkehrende oder einfach Reiselustige wie uns nach Aschau bringen soll, machen wir zuerst einen Abstecher dorthin. Kaum einhundert Meter hinter dem Bahnhof biegt die Zweigstrecke von der Hauptbahn ab. Zunächst geht es steil bergan, direkt auf die Berge zu, und je näher wir Aschau kommen, desto höher scheinen die Felsmassive zu wachsen. Auf den letzten beiden Kilometern bietet sich uns schließlich ein freier Blick auf das am Fuße des 1808 Meter hohen Geigelsteins und der Kampenwand liegende Städtchen. Im Vergleich zu den gewaltigen Bergriesen scheint das auf einer Anhöhe errichtete Schloß Hohenaschau winzig zu sein. Mit der Seilbahn kann man eine «Gipfelbesteigung» der 1669 Meter hohen Kampenwand vornehmen und den Ausblick genießen.

Zuverlässig bringt uns der rote «Nebenbahnretter» nach diesem Ausflug wieder zurück nach Prien. Nach einer Übernachtung fahren wir am nächsten Morgen mit der Schmalspurbahn, die bereits seit 1887 Reisende zu den Chiemseeschiffen bringt, zum Hafen, um von dort zu den Inseln zu gelangen. Als erstes erreichen wir die Herreninsel. Auch hier hat König Ludwig II. bauen lassen. Nach dem Vorbild von Versailles entstand Schloß Herrenchiemsee, doch wurden mit dem Tod des Königs 1886 die Arbeiten eingestellt – Versailles blieb einmalig. Auf der benachbarten Fraueninsel leben noch heute Benediktinerinnen in dem von Herzog Tassilo III. gegründeten Kloster. Die kleinste der Inseln ist die unbewohnte Krautinsel. Zwischen Herren- und Fraueninsel gelegen, wird sie von deren Sehenswürdigkeiten vollkommen in den Schatten gestellt.

Nach dieser Schiffsrundfahrt bringt uns das Dampfbähnchen rechtzeitig nach Prien und zum Anschlußzug zurück. Von nun an weichen uns die Berge nicht mehr von der Seite. Nach jeder Kurve bietet sich ein neuer Blick auf die weißen Gipfel. Am Fenster ziehen verträumte Dörfer mit den typischen Zwiebelkirchtürmen und Höfe mit blumengeschmückten Balkonen vorbei.

Viel zu schnell ist Freilassing erreicht, wo unser Zug geteilt wird. Der vordere Zugteil fährt weiter ins benachbarte Salzburg, während an unsere Wagen eine andere Lok ansetzt, um uns nach Berchtesgaden zu bringen.

Auf der Fahrt dorthin kommen wir zuerst nach Bad Reichenhall, bekannt durch sein heilsames Jodsalz, das hier seit Jahrhunderten gefördert wird. Windgeschützt liegt die Stadt in einem weiten Talkessel der Saalach am Eingang zum Berchtesgadener Land.

Nach Ausfahrt aus dem Bahnhof wird unserer E-Lok die gesamte Kraft abverlangt, um die lange Steigung hinauf nach Hallthurm zu bewältigen. Hier ist auch mit 693 Höhenmetern der höchste Punkt der Strecke erreicht. Wir sind nun mitten im Berchtesgadener Land, das sich einst im Besitz des reichsunmittelbaren Augustinerklosters Berchtesgaden befand. Hohe, teils schroffe Alpengipfel umschließen diesen südöstlichsten Winkel Bayerns. Ein kurzer Blick zurück am Haltepunkt Winkl zeigt einen ungewöhnlichen Berg: Er hat das Aussehen eines liegenden Gesichtes und man meint eine «krumme Nase» und eine «Kinnform» erkennen zu können. Die Einheimischen haben ihm daher den Namen «Schlafende Hexe» gegeben.

Ab Bischofswiesen verläuft die Strecke im engen und tief eingeschnittenen Tal der Bischofswieser Ache; eingerahmt von Felsen, windet sich unser Zug Berchtesgaden entgegen.

Unter den zahlreichen Gipfeln fällt einer besonders auf: der 2713 Meter hohe Watzmann, dessen breite und abweisende Ostwand direkt zum Königssee hin abfällt. Den See konnte man früher auch mit der Bahn erreichen: eine elektrische Stichbahn diente bis zum Jahr 1966 der Beförderung der Touristen. Inzwischen ist diese Strecke vollkommen abgebaut. Dafür kann man heute noch mit der Grubenbahn in das Berchtesgadener Salzbergwerk einfahren. Wem das aber zu ungemütlich ist, der sollte mit dem Ausflugsschiff eine Fahrt über den Königssee unternehmen, um die berühmte Wallfahrtskirche St. Bartholomä zu besuchen. Als Alternative hierzu bietet sich ein Ausflug auf den 1855 Meter hohen Kehlstein an, von wo sich ein grandioser Blick auf das Gipfelmeer der Alpen bietet. Hier in Berchtesgaden endet unsere achte und letzte Reise.

Von der Nordseeküste bis zu den Alpen haben wir Sehenswürdigkeiten besichtigt und die unterschiedlichsten Landschaften, die am Abteilfenster vorbeizogen, gesehen. Ohne Streß und Hektik haben uns Züge bequem zum nächsten Ziel befördert. Wir haben hier das Reisen im «klassischen» Sinn betrachtet, eine möglichst schnelle Überwindung der Entfernung stand dabei im Hintergrund.

Bahnfahren kann gerade in der heutigen Zeit ein unvergleichliches Erlebnis sein.

Ein besonders schöner Blick in die Allgäuer Alpen bietet sich bei Unterthalhofen an der «Allgäubahn» zwischen Lindau und München.
Am 7. April 1985 führten zwei Maschinen der Baureihe 218 des Bw Kempten den IC 162 «Bavaria» (München – Zürich), dessen orangefarbene Wagengarnitur der Schweizerischen Bundesbahnen in der Landschaft weithin sichtbar ist.

Die klare Luft nach einem kräftigen Sommergewitter ermöglichte am 9. Juni 1983 diesen Blick in die Ammergauer Alpen.
218 907, eine ehemalige Gasturbinenlok der Baureihe 210, zieht die planmäßige Triebwagengarnitur als E 3731 (Füssen – Augsburg) kurz vor dem stillgelegten Haltepunkt Hopfensee. Im Hintergrund ist das malerische Schloß Neuschwanstein zu erkennen.

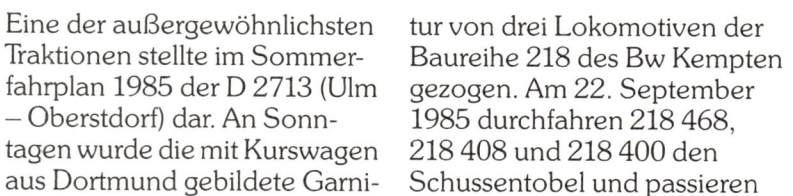

Eine der außergewöhnlichsten Traktionen stellte im Sommerfahrplan 1985 der D 2713 (Ulm – Oberstdorf) dar. An Sonntagen wurde die mit Kurswagen aus Dortmund gebildete Garnitur von drei Lokomotiven der Baureihe 218 des Bw Kempten gezogen. Am 22. September 1985 durchfahren 218 468, 218 408 und 218 400 den Schussentobel und passieren dabei gerade den aus dem Volkslied bekannten – aber aufgelassenen – Bahnhof Durlesbach.

Nur noch im Reisebürosonderverkehr sind die ehemaligen TEE/IC-Garnituren der Baureihe 601 anzutreffen. Allerdings ohne Reisende befuhr am 24. Juni 1983 eine Garnitur als Leertriebwagen 29586 (Lindau – Oberstdorf) die Allgäubahn auf ihrem reizvollen Abschnitt am Alpsee bei Immenstadt. Zu dieser frühen Morgenstunde störte noch kein Freizeitkapitän oder Wassersportler die spiegelglatte Wasserfläche.

Haltinger und Kemptener Lokomotiven der Baureihe 218 teilen sich nahezu den Gesamtverkehr auf der «Hochrheinstrecke» zwischen Lindau und Basel.
Umlaufbedingt wurde der E 3395 (Radolfzell – Lindau) am 4. Mai 1985 in Doppeltraktion gefahren, es führen 218 283 und 218 281. Der Zug hat vor wenigen Minuten Sipplingen verlassen und fährt bei Goldbach entlang des Überlinger Sees durch den Frühling in Richtung Lindau.

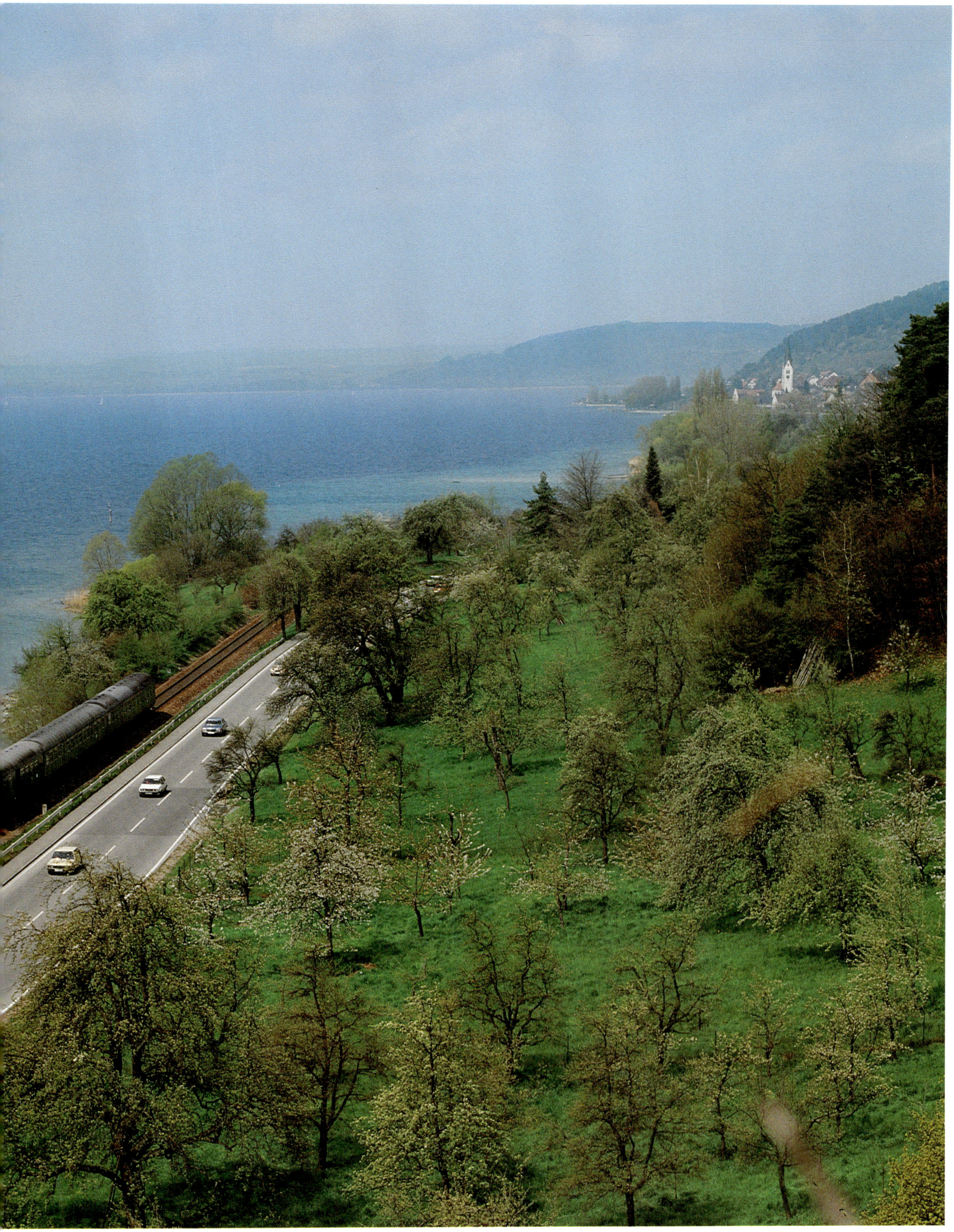

Oben: Erst am späten Vormittag lichtete sich am 1. Dezember 1984 der dichte Nebel über dem Peißenberg und hinterließ dieses beeindruckende Schauspiel. Kurz nach Verlassen des Haltepunktes Hohenpeißenberg zieht die Augsburger 212 020 den N 5660 (Weilheim – Schongau) durch die dick mit Rauhreif überzogene Landschaft.

Rechts oben: Getrennt hat sich die DB inzwischen auch vom sogenannten «Öchsle», der von Warthausen nach Ochsenhausen führenden oberschwäbischen Schmalspurstrecke mit einer Spurweite von 750 mm. Am 3. September 1982 hat die 251 903 schon über die Hälfte ihrer Tagestour hinter sich gebracht. Sie befindet sich hier mit Üg 69722 auf der Rückfahrt nach Warthausen und passiert gerade den Ort Reinstetten.

Rechts unten: Eine der letzten Strecken der Deutschen Bundesbahn mit planmäßigem Einsatz von Reisezugwagen der Gattung B3yg, den sogenannten «Dreiachsern», war der 27 Kilometer lange Abschnitt zwischen Krumbach und Günzburg.
Ein herrlicher Sonnenaufgang mit Morgennebel ermöglichte diese Stimmungsaufnahme einer Augsburger 212 mit N 6862 bei Neuburg/Kammel. Hinter der Lok läuft außerdem noch ein Güterzugbegleitwagen der Gattung Pwghs im Zugverband mit.

143

◁ Doppelseite: Die Strecke München – Augsburg zählt zu einer der am häufigsten befahrenen Bahnlinien in Süddeutschland. Auf dieser Magistrale spiegelt sich unweit des kleinen Ortes Hochdorf die untergehende Sonne am 29. April 1984 in der Seite des IC 613 «Gorch Fock» aus Kiel und seiner Zuglok 103 235.

Mit den fünf Lokomotiven der Baureihe 120 erprobte die DB zum ersten Mal die neue Antriebstechnik mit Drehstrom-Asynchronmotoren. Am Abend des 29. Mai 1984 hebt sich auf dem Damm bei Unterweilbach eine Vertreterin dieser Gattung mit IC 560 «Prinzregent» (München – Frankfurt/M.) gegen die untergehende Sonne und den Wolkenhimmel ab.

Erst nach Sonnenuntergang entstand zwischen Mering und Hochdorf am 25. April 1984 die Aufnahme einer Lok der Baureihe 140, die sich mit einem Durchgangsgüterzug in Richtung der bayerischen Landeshauptstadt abmüht.

Oben: Durch die Triebwagen der Baureihe 628/928 werden die «Nebenbahnretter» der Baureihe 798/998 nach und nach abgelöst. Zu dem Einsatzgebiet dieser neuen Fahrzeuge zählen nicht nur Nebenbahnen, sondern auch nichtelektrifizierte Hauptbahnen, so die Strecke von Augsburg nach Weilheim.
Nur kurz scheint die Sonne am 24. November 1984 in den Waldeinschnitt hinter dem «Klosterhaltepunkt» St. Ottilien, der gerade von 928 101 und 628 101 als N 5613 (Augsburg–Weilheim) durchfahren wird.

Rechts oben: Eine höchst ungewöhnliche, aber für den Betrachter nicht minder erfreuliche Überraschung bot am 9. Dezember 1980 die Bespannung des N 6610 (Oberammergau – Murnau). Um eine Lokleerfahrt wegen Ausfall des Nahgüterzuges 67664 zu vermeiden, wurde 169 005 vor den Nahverkehrszug gespannt. Gleichzeitig ersparte sich das Personal dadurch das lästige Umsetzen der Lokomotive 169 003, die am Zugschluß mitläuft. Der Zug hat gerade den Bahnhof Altenau verlassen.

Rechts unten: Einen besonderen Reiz verlieh die schon tiefstehende Sonne und der aufwirbelnde Schnee am 6. Januar 1981 der Frankfurter 103 157 mit ihrem IC 582 «Amalienburg» auf der Fahrt von München nach Hamburg, kurz vor Erreichen des nördlichen Endpunktes der S-Bahn-Linie S 2 Petershausen.

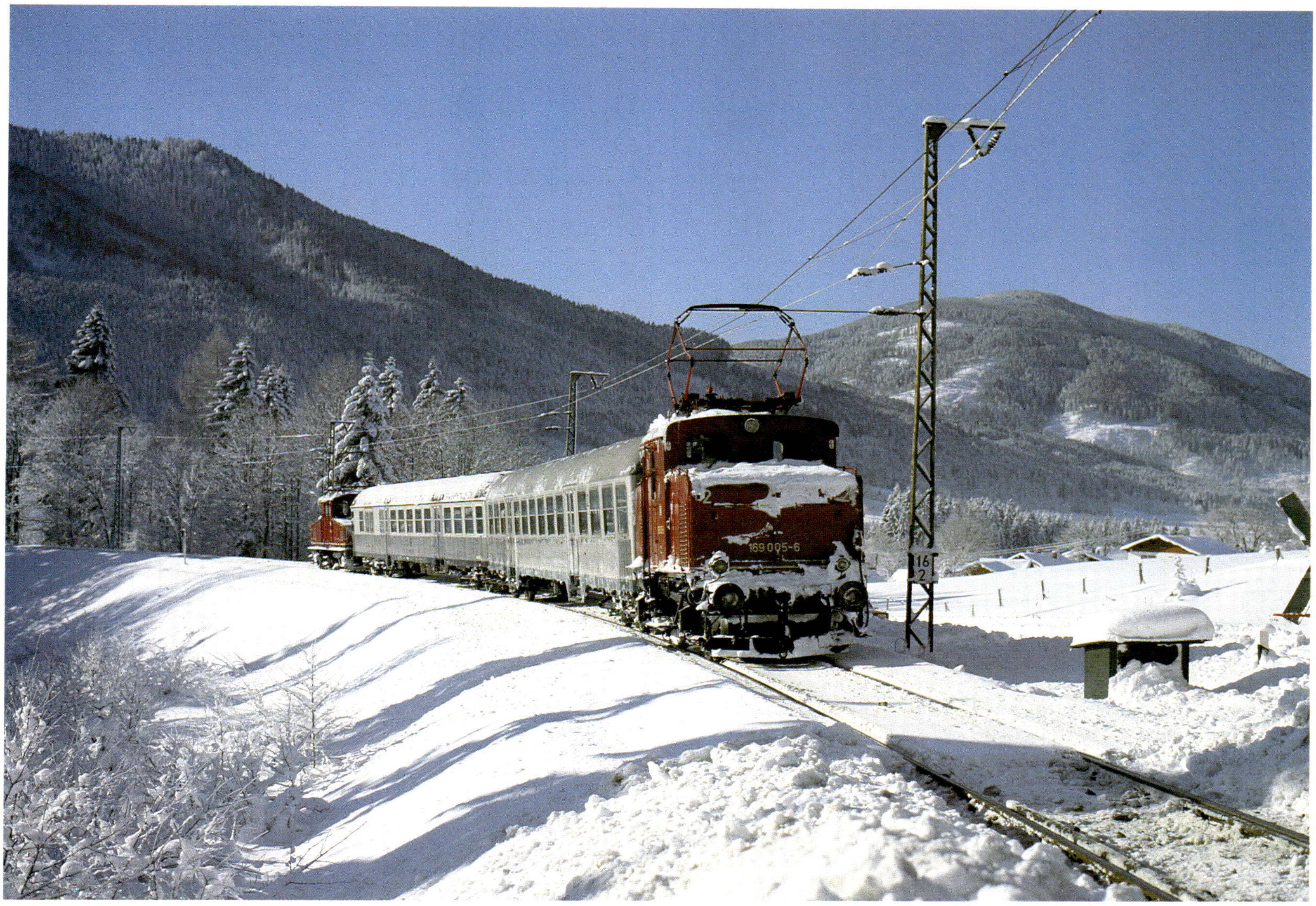
169 005-6

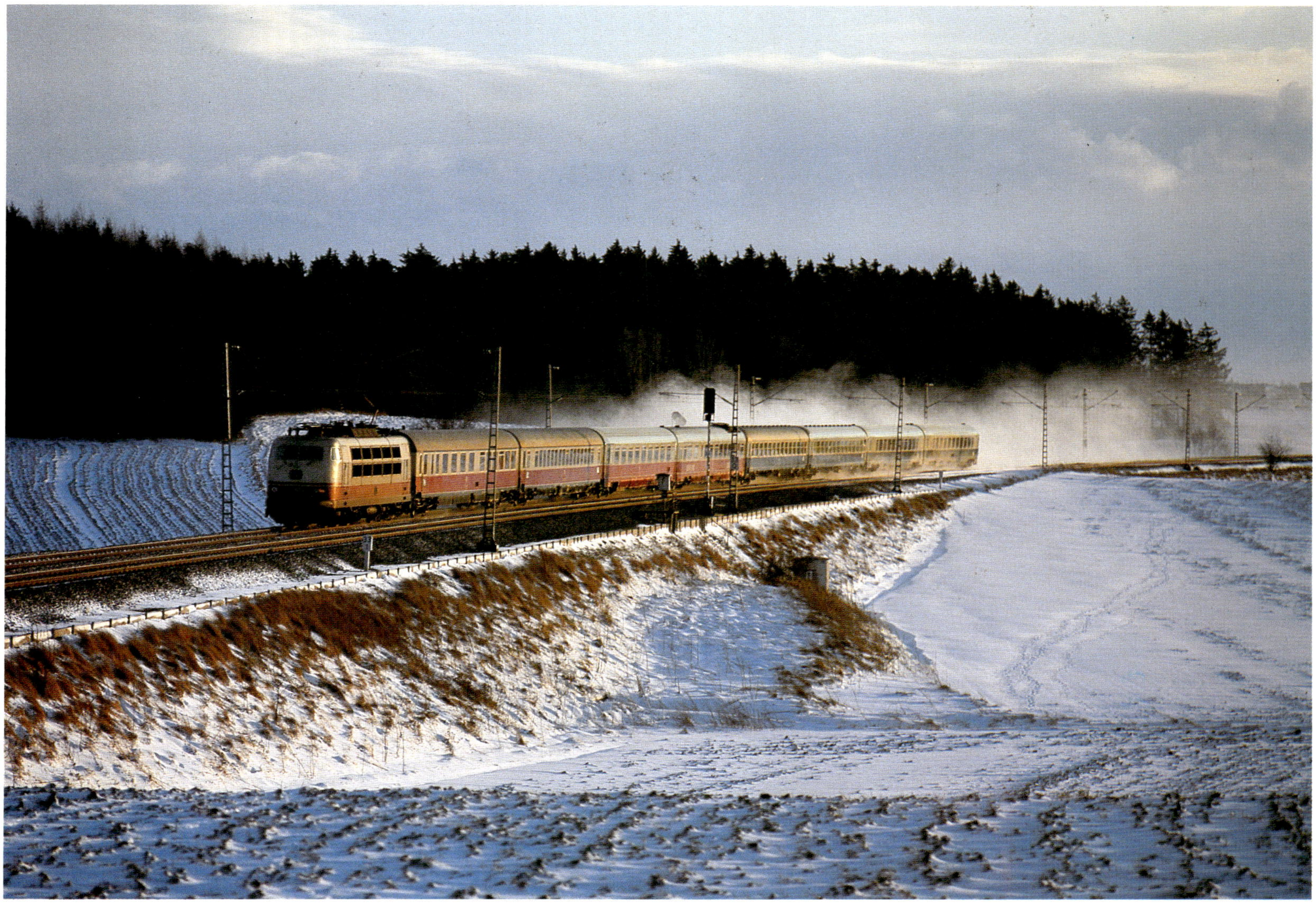

Oben: Nahverkehr im Münchener Großraum, das bedeutet eine schnelle und zumeist komfortable Beförderung in den Olympia-Triebwagen der Baureihe 420. Auf der Strecke München Ost – Herrsching entstand bei Weßling am 18. November 1984 die Aufnahme des 420 040.

Rechts: Die 47 in München beheimateten Lokomotiven der Baureihe 140 bespannen neben Eil- und Güterzügen auch zahlreiche Abstellzüge. Im Abendlicht des 8. August 1985 war eine Vertreterin dieser Maschinen mit einem kurzen Wagenzug vom Pasinger Abstellbahnhof nach München Hbf unterwegs, sie passiert hier ihre Dienststelle, das Bahnbetriebswerk München Hbf.

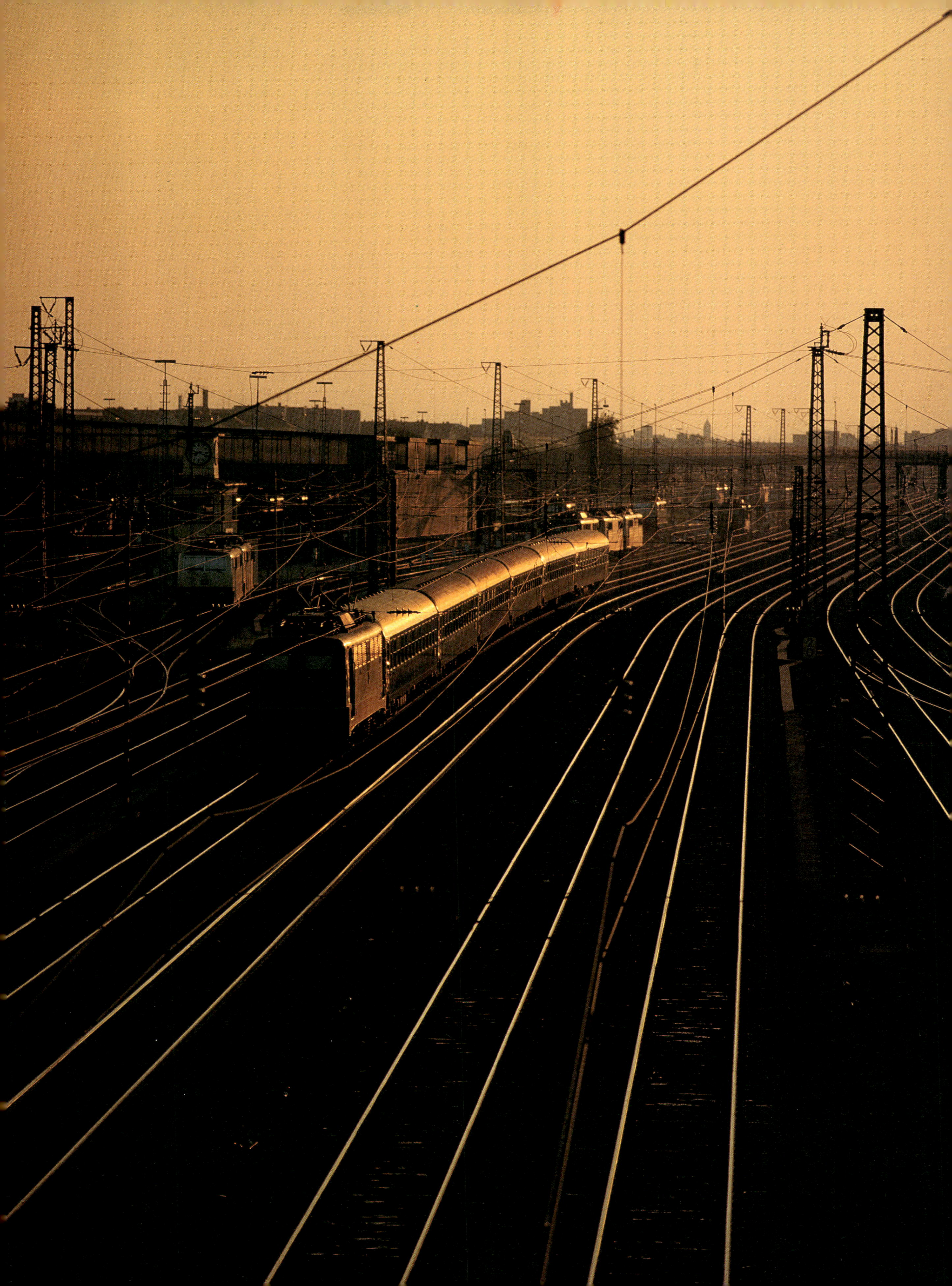

Die Flüsse Ammer und Lech sorgen zwischen Weilheim und Schongau häufig für dichten Morgennebel. Die Augsburger 212 179 hat am 2. November 1984 den langen Steigungsabschnitt vom Bahnhof Peißenberg hinauf zum Haltepunkt Hohenpeißenberg mit ihrem N 5658 fast geschafft. Sicherlich erleichtert die zunehmende Sicht auch den beiden Lokführern ihren Dienst.

Seit dem 29. September 1985 ruht der Personenverkehr auf dem Teilstück Mühldorf – Wasserburg Bf der Strecke Mühldorf – Rosenheim. Damit endet ein Stück bayerischer Eisenbahngeschichte. Grund für die Einstellung waren die beiden großen Innbrücken bei Königswarth und Jettenbach. Während die Jettenbacher Innbrücke seit 1979 nicht mehr von Schienenfahrzeugen befahren werden durfte und zum überdachten Fußgängersteg «degradiert» wurde, erging es der 252 Meter langen und 40 Meter hohen Königswarther Brücke etwas besser. Im Sonnenaufgang am 21. Februar 1984 zeichnet sich die Silhouette einer Rosenheimer 798-Garnitur gegen den Morgenhimmel ab.

Links: Ein seltener Gast auf der Strecke Holzkirchen – Rosenheim ist der «Gläserne Zug», der 491 001. Am 21. April 1984 führte ihn seine Ausflugsfahrt als Et 17785 von München nach St. Johann in Tirol durch diese landschaftlich reizvolle Gegend. Gut besetzt passiert er noch in alter «olympiablauer» Farbgebung die kleine Kirche unweit des Ortes Grub im Mangfalltal.

Rechts oben: In verschiedenen Farbanstrichen präsentieren sich mittlerweile die Lokomotiven der Baureihe 111. Auf dem oberen Bild durcheilt die Düsseldorfer 111 115 die oberbayerische Mooslandschaft zwischen Penzberg und Staltach in der Nähe von Iffeldorf. Die Lok diente in den vergangenen Jahren einem Großversuch zur kostengünstigeren Betriebsabwicklung im Einmannbetrieb auf der Strecke Tutzing – Kochel.

Rechts unten: Als erste Maschine der Deutschen Bundesbahn präsentiert sich die Münchener 111 068 in der neuen Farbgebung des Jahres 1986. Nach verschiedenen, teilweise recht auffallenden Farbkompositionen bekam sie schließlich dieses Farbkleid.
Mit dem IC 512 «Wetterstein» (Mittenwald – Hannover) fährt sie durch das Voralpenland bei Huglfing am Staffelsee.

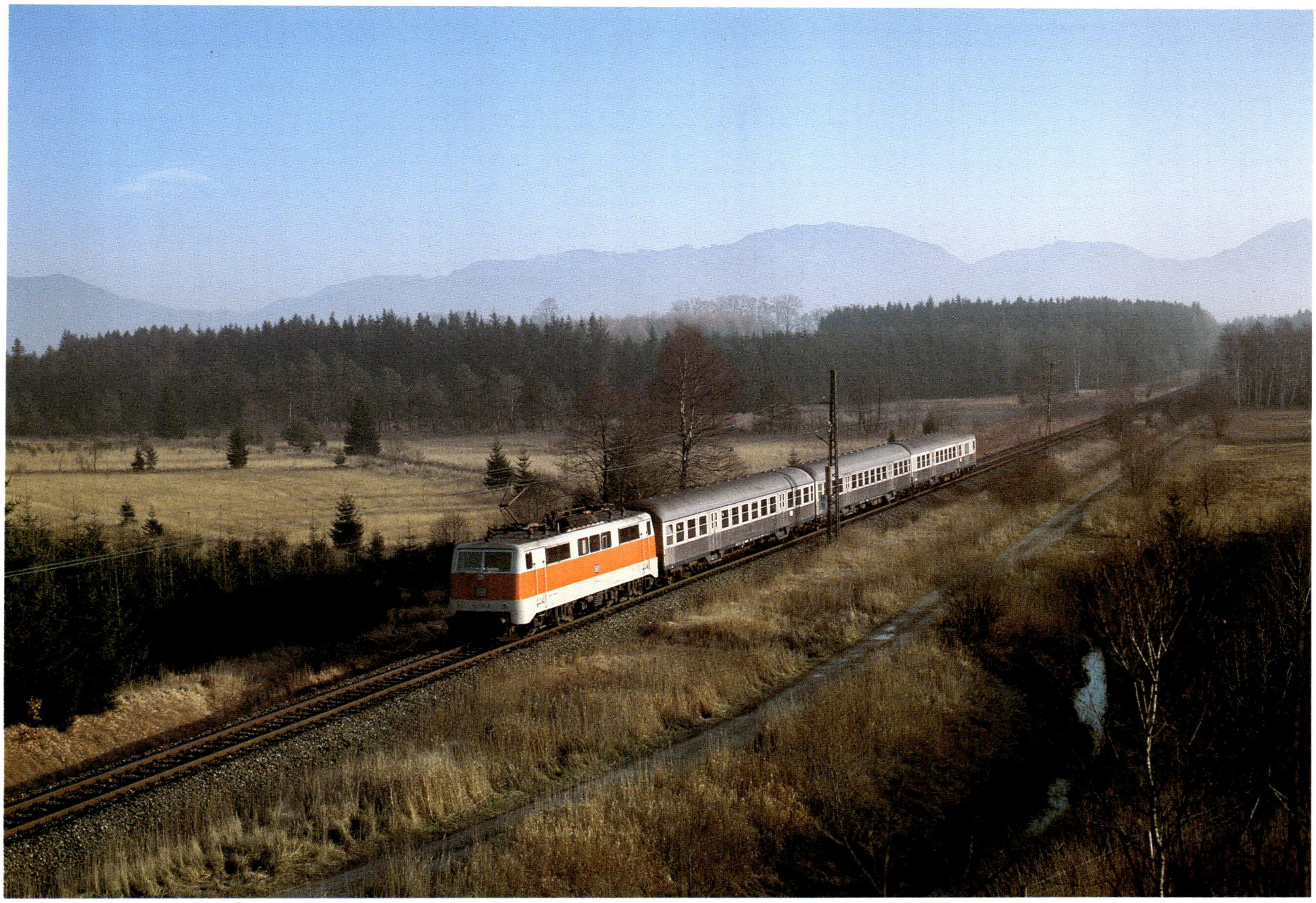

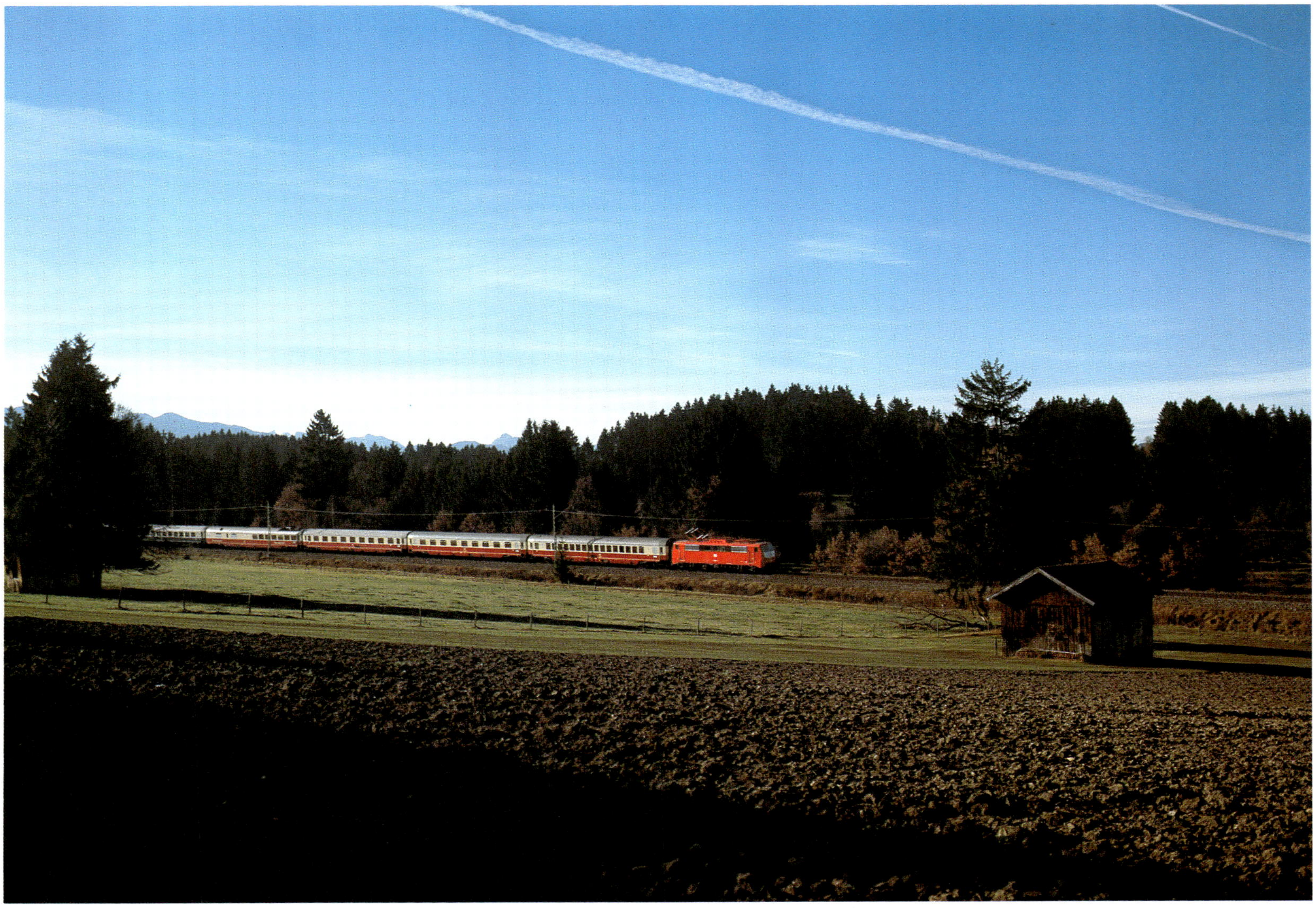

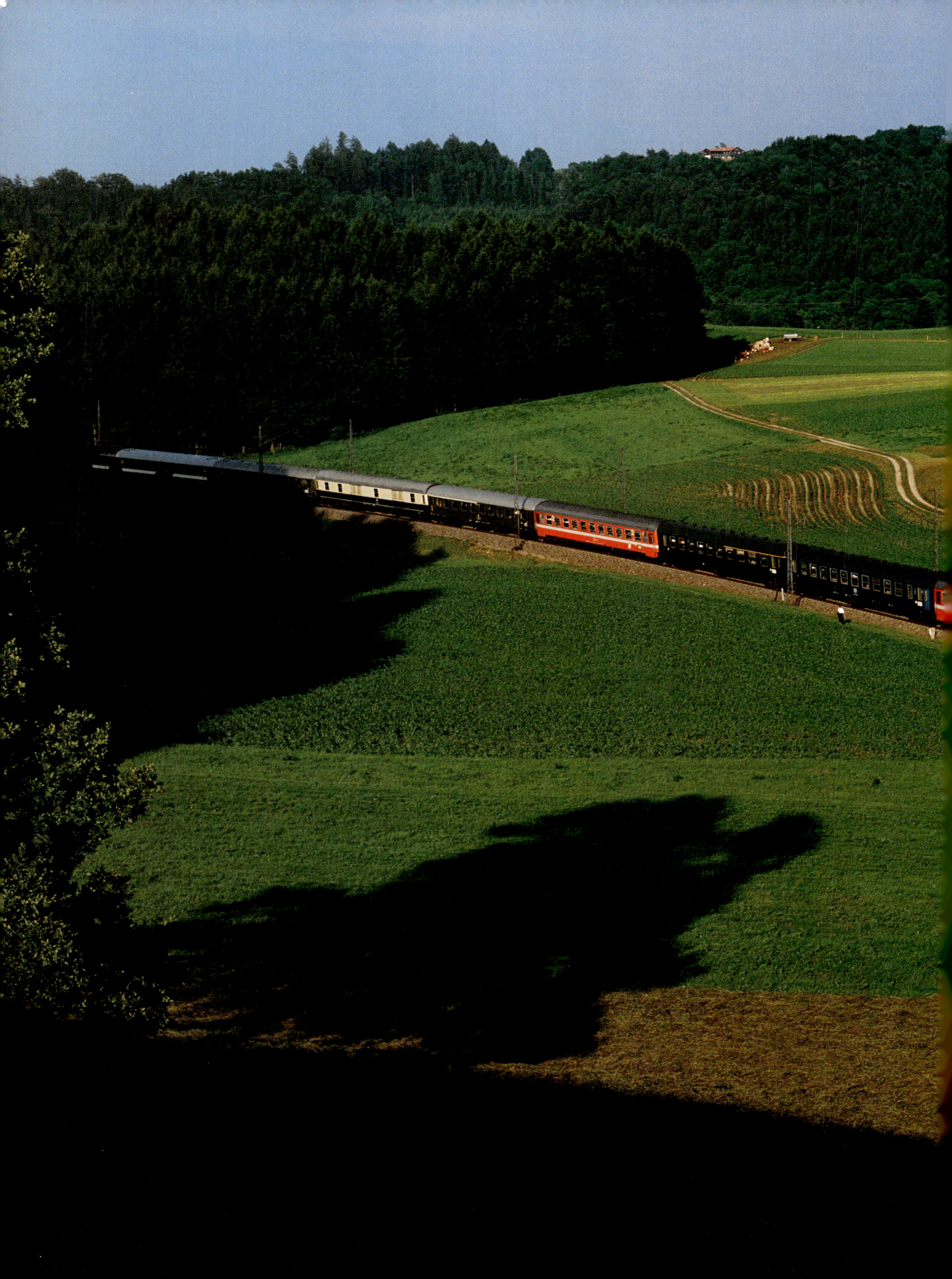

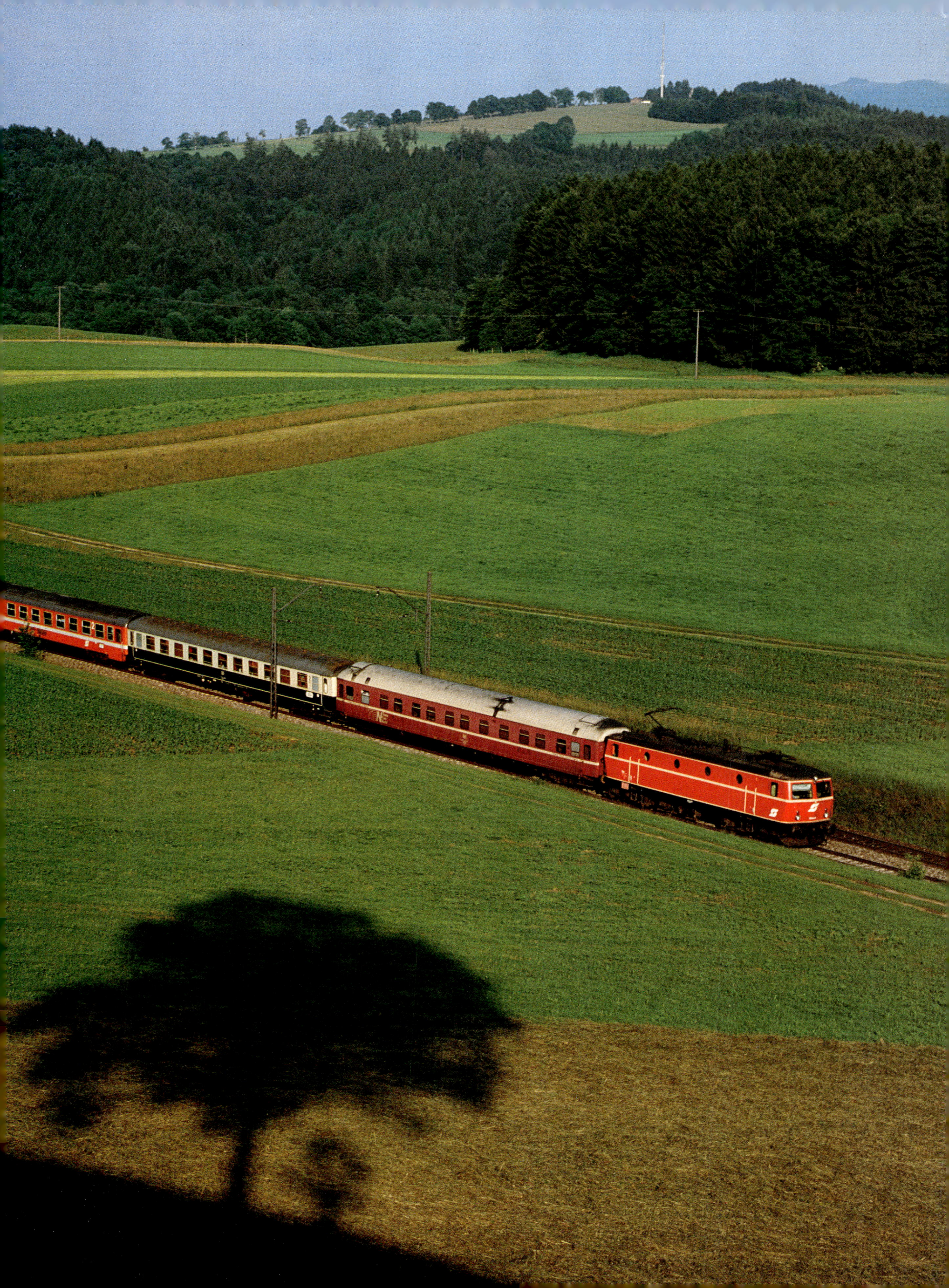

◁ Doppelseite: In der Bundesbahndirektion München werden deutsche und österreichische Lokomotiven im Verbund vor Schnell-, Eil- und Güterzügen eingesetzt. Dadurch läßt sich der zeitaufwendige Lokwechsel an den Grenzbahnhöfen einsparen und Fahrzeit gewinnen. So bespannte die österreichische 1044.44 am 30. Juni 1985 den D 218 «Tauern-Expreß» (Split – Ostende) bis nach München Hbf. Sie befährt im Abendlicht den kurvenreichen Abschnitt zwischen Traunstein und Bergen bei Axdorf.

Oben: Die österreichischen Verkehrspolitiker haben sich zum Ziel gesetzt, den Schwerlastverkehr bis 1990 zum Großteil von der Straße auf die Schiene zu verlagern. Ausgeruhte Fahrer, entlastete Straßen und Umwelt oder eine eingesparte Zugmaschine sind die Vorteile. Auf den Strecken von und nach Salzburg und Kufstein werden zahlreiche Züge bereits als «Rollende Landstraße» und im «Kombinierten Ladungsverkehr» gefahren, die zum Teil schon ab Norddeutschland eingesetzt werden. Mit einem solchen Zug war 194 183 des Bw Ingolstadt am 1. November 1984 bei Vachendorf von München-Laim Rbf nach Salzburg-Gnigl unterwegs.

Rechts oben: Die Nachfolge der jahrzehntelang im Berchtesgadener Land eingesetzten Altbau-E-Loks der Baureihe 144.5 traten nach deren Abstellung Anfang der achtziger Jahre Lokomotiven der Baureihen 111 und 140 an. Am 30. Dezember 1983 war 140 037 vom Bw München Hbf mit dem N 5512 (Berchtesgaden – Freilassing) zwischen Winkl und Hallthurm unterwegs.

Rechts unten: «Gemeinsam geht es besser» — so bedarf am 8. Juli 1984 eine 601-Garnitur Nutzvorspann der Münchener 111 082 von Freilassing nach Berchtesgaden, um den sieben Kilometer langen Steigungsabschnitt zwischen Bad Reichenhall und Hallthurm mit einer Höhendifferenz von 227 Metern zu überwinden. Die Leergarnitur 29681 hat soeben den Bahnhof Bischofswiesen durchfahren und rollt nun Berchtesgaden entgegen.

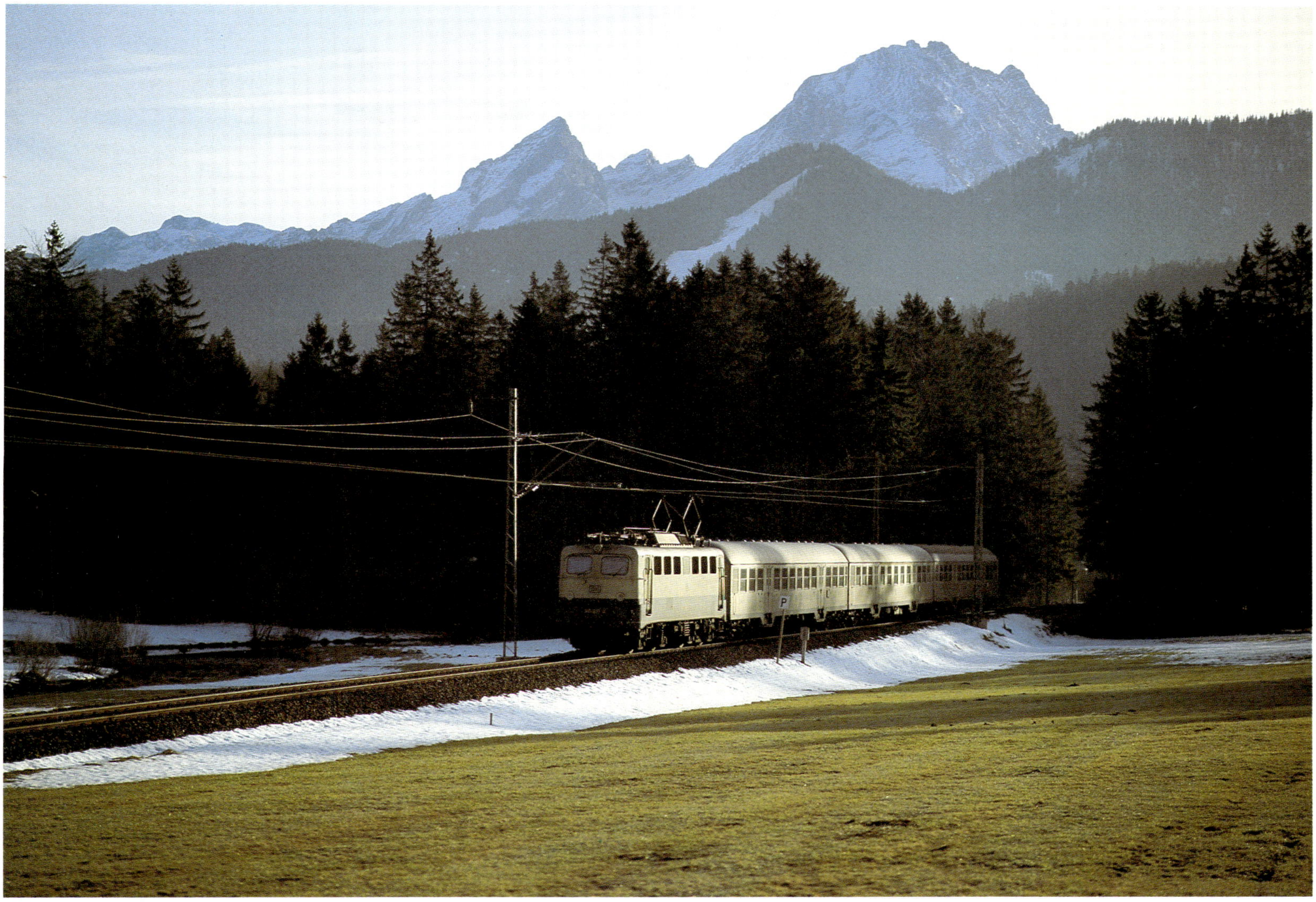

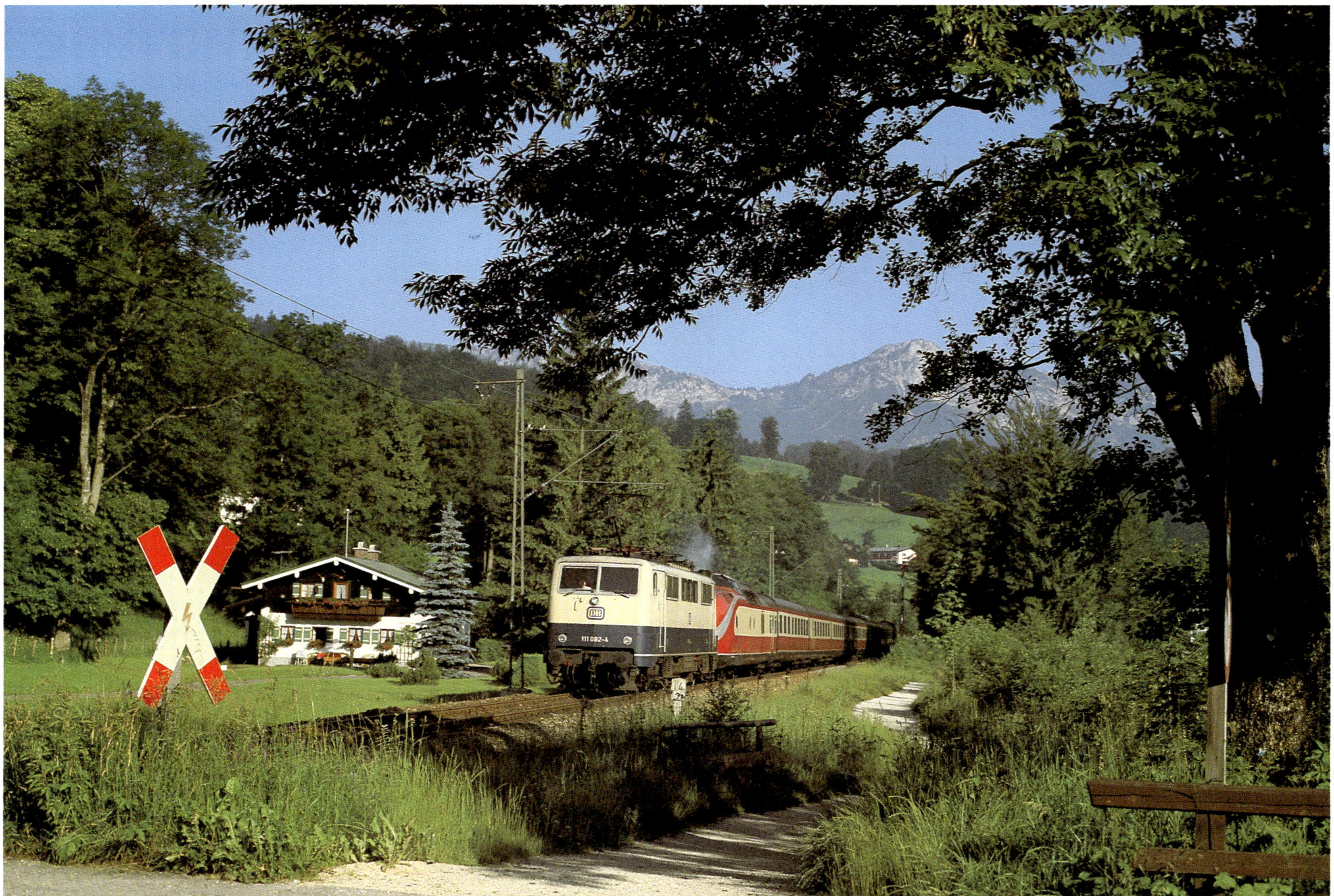
111 082-4

Sonnenuntergang über den Chiemgauer Bergen; im letzten Tageslicht durcheilt eine Münchener 111 mit einem Sonderzug am 16. Februar 1985 das tief verschneite Alpenvorland bei Axdorf.